通貨オプション入門

Alan Hicks [著]

一般社団法人
金融先物取引業協会 [監訳]

Foreign exchange options-An international guide to
options trading and practice, second edition

一般社団法人 **金融財政事情研究会**

監訳者はしがき

本書は、Fenics社の元社員であったAlan Hicks氏が執筆した"Foreign exchange options: An international guide to currency options, trading and practice"（以下「原書」という）を翻訳したものである。原書はその副題にあるとおり、通貨オプション取引の理論と実務を体系的にまとめた手引書であり、1993年に初版が公刊され、1998年に第2版が出版された。原書は、通貨オプション取引について、オプションに関する基礎理論、取引から発生するリスクの管理、取引に関する契約や法規制などを広範に網羅しており、その出版以来、今日に至るまで、海外で通貨オプション取引を行い、また利用する人々の教本として長く利用されてきた定評のある実務書である。原書の特徴は、通貨オプション取引に関する書籍によくみられる数式を多用した解説ではなく、実務的な視点から通貨オプション取引にかかわる基礎理論から、リスク管理、契約内容さらには規制に至るまで広く目配りをして書かれている点にある。

本書は、金融先物取引業協会（以下「協会」という）の投資教育事業プロジェクトの活動成果の一環である。協会は、2016年度に、投資者教育、従業者教育および市場環境の整備に資するため、5カ年計画で投資教育事業プロジェクトを立ち上げ、協会が所掌する代表的な金融商品である通貨オプション取引、先物取引（Futures）およびFX証拠金取引について一般投資家、事業法人および金融機関向けの教育・啓蒙コンテンツを作成することを目指し、活動を行っている。協会における翻訳事業としてすでに完了したものとしては、米国の先物取引業界の関連研究機関であるIFM（The Institute for Financial Markets）によって作成された"Futures & Options"の翻訳があり、その成果は協会のウェブサイトにおいて公開されている。本書は、それに次ぐ、翻訳事業の成果である。これまでも協会は、『金融先物取引の知識』を編集し、通貨オプション取引に必要な知識の提供を会員向けに行ってき

た。しかし、実務で行われている通貨オプション取引の実態の解説を含む総合的な内容としては必ずしも十分なものではなかった。そこで、通貨オプション取引の機能をより体系的に習得していただくことを期待し、通貨オプション取引の自主規制機関である協会が、上述した特徴をもつ原書を翻訳することとしたものである。

本書は、全13章から構成されている。なお、原書の第11章は、英国の規制について説明しているが、本書においては、原書の第11章の翻訳は割愛し、それにかわって本書の第11章は日本における通貨オプション取引に対する法規制を概観した書き下ろしとなっている。

また、原書の第13章は「カウンターパーティ・リスク」であるが、現在では金融機関のリスク管理手法が多様化・高度化し、原書が書かれた当時と大きく異なることから、同章の解説はリスク管理の専門書に譲り、本書では割愛した。

本書の翻訳内容について簡単に各章の概要を述べる。

第1章「基本」では、オプションの基礎的な知識、基本的な役割および用語について説明される。

第2章「マーケット」では、店頭通貨オプション市場と取引所通貨オプション市場について説明される。ただし、取引所取引は、取引所の統廃合や取引所システムの高度化などにより原書の書かれた当時と現状は大きく異なっていること、また、世界の通貨オプション取引のシェアは現在では圧倒的に店頭取引が大きく、日本において行われている通貨オプション取引の大半は「店頭通貨オプション取引」であると考えられることから、取引所通貨オプション市場についての記述部分の翻訳は割愛し、店頭通貨オプション市場に絞って翻訳した。

第3章「オプションの特性」では、オプションの基礎的な知識、基本的な利用方法について簡単な取引事例とプレインな商品を用いて説明を行っている。原書が書かれた当時と、現在の状況との違いは脚注で補完した。

第1章〜第3章の読者層としては、オプションの基礎について理解したい

一般投資家・事業法人、およびオプションを始めようとする金融機関の従業員等を想定している。

　第4章「プット・コール・パリティ」では、オプションの基礎的な知識および通貨オプション取引に特徴的な基本的メカニズムが記載されている。

　第5章「オプションの組合せ」では、オプションの組合せによる基礎的なストラテジーについて記述しており、一般的なオプションの教科書で解説されている組合せオプションが網羅されている。また、実務的な観点から組合せオプションの利用価値等についてのコメントも付されている。

　第6章「オプション・プライシング」では、オプションの価格決定の要素、方式について記述しており、数式のみで解説されている教科書等と異なり、実務的な観点から各種の計算要素が簡便に説明されている。

　第4章〜第6章の読者層としては、通貨オプション取引の基礎的な知識を有している一般投資家・事業法人がさらに深くそれについて理解しようとする場合、およびすでに通貨オプション取引を取り扱っているが自己取引を行っていない金融機関やオプションの自己取引を開始する金融機関の従業員等を想定している。

　第7章「オプション取引のリスク」では、オプショントレーディングの基本が記述されており、従来のオプション取引に関する教科書等と異なり、オプション取引をディールする場合の各種リスクに関する要点がまとめられている。

　第8章「オプション・ポートフォリオのヘッジとトレーディング」では、オプション取引のポートフォリオ・マネージメントについて記述している。第7章をさらに深掘りした内容であり、オプション取引についてディールし、ポートフォリオで管理する実務に根差した管理手法について解説をしている。

　第9章「店頭取引における市場慣行」では、オプション市場の慣行等について記述しており、オプション取引を実際に店頭市場で執行する場合の実務について解説されている。取引参加者として心得ておくべき市場の慣行等を

習得するうえで必読の内容となっている。

第10章「アクティブ・ポートフォリオのマネジメントとコントロール」では、オプション取引のポートフォリオに対するリスク管理等について、リスク・マネージメントの視点からとらえたオプション取引について解説されている。規模や市場取引に対する経営のプライオリティの違いにより、実務においては金融機関ごとに大きな違いが生じてくる分野であると考えられる。

第11章「日本における通貨オプション取引等に係る規制」では、通貨オプション取引にかかわる日本の規制等について、原書にはない内容を書き起こしている。日本の規制に着目し、店頭通貨オプション取引が金融商品取引法上の金融先物取引に該当すること等の解説から始まり、新たな店頭デリバティブ取引規制の位置づけ、自主規制規則、個人向け取引に対する規制等についても言及されている。

第12章「通貨オプションに適用される契約条件」では、通貨オプション取引に関する契約等全般について、原書を翻訳した内容に加え、原書にない現在の部分を書き足している。まずは、原書が書かれた当時の1990年代の知識を翻訳により明らかにし、それ以降から現在まで、そして最新の状況について概説する形式とした。日本では通貨オプション取引の契約関連の知識をまとめて解説する書籍が少なく、本書の目的でもある通貨オプション取引の健全な発展のためには、基礎知識として通貨オプション取引に係る契約関連の知識習得が必須である。

第13章「エキゾチック・オプションとその未来」は、主要なエキゾチック・オプションの基本的知識を提供する。原書をそのまま翻訳しているが、原書の第2版で大幅に加筆された部分である。エキゾチック・オプション取引の代表的な商品がほとんど網羅され、数学的なアプローチではない、実務面の解説書として価値があると考えられる。現在の状況との違いは計算するPCの処理能力ぐらいであり、基本的な記述は現在でも妥当する。相違部分については、脚注で補完している。

上述したように、本書は原著をそのまま翻訳したものではない。現在の日

本の読者にとっては意味が乏しいと思われる一部の記述は翻訳の対象とせず、逆に追加的な説明が必要と思われる情報を監訳者の責任において追加している。本書がこのようなかたちをとることについては、原著の著作権を管理しているエルゼビア社の承諾を得ている。

　以下、日本における通貨オプション取引の沿革を概観しておく。通貨オプション取引が日本で初めて行われたのは1984年であった。通貨オプション取引は、当初刑法の賭博罪との関係やデリバティブ取引の銀行法上の取扱いが不明確であった。「オプション」としてではなく、先物為替予約の一種の選択権付先物為替予約として取り扱われていた。日本における選択権付先物為替予約の第1号契約は、1984年に商社と銀行との間で締結されたが、同年、同様の取引が石油大手と銀行との間でも締結された。

　通貨オプション取引を選択権付先物為替予約として取引していた時代に、海外では通貨オプション取引の売却とローンを組み合わせたCurrency Convertible Loanが開発され、広く利用されるようになった。これは、売却したオプションのプレミアムをローンの返済金利と相殺することで、金利負担を減少させる商品である。当時は明確なヘッジ効果が認められるオプションの購入はできたが、オプション（選択権付先物為替予約）の売却については、直接のヘッジ効果が認められず、顧客がオプションの売り手となりうるのかどうかは不明確であった。ところが、1980年代後半に、オプションの売却を伴っていても、ローンにオプションを組み込んだ商品の販売が規制当局により認められたことから、日本においてもインパクトローンに通貨オプション取引を組み込んだ商品が広く事業法人向けに販売されるようになった。

　その後、日本における通貨オプション取引は、通貨のもつ変動リスクをヘッジするための有効な手段として活用され、取引高も順調に増加した。1980年代後半より大手邦銀が通貨オプション取引の専門部署を相次いで立ち上げた。当時は、顧客と約定したオプション取引について欧米の大手銀行にカバー取引を依頼することが多く、いわゆるオプション・ポジションから発生するリスクを自ら管理するまでには至っていなかった。しかし、大手邦銀

がオプション・デスクを立ち上げ、東京市場にも、邦銀、外銀間の相対取引が行われるインターバンク・オプション市場が誕生したことで、銀行間取引を媒介する海外のオプション・ブローカーも東京に進出した。

1990年代に入ると世界的にIT技術が飛躍的に向上し、またハード面でもコンピュータの小型化および高性能化が進んだ。これにより通貨オプション取引のリスク管理のレベルを向上させた銀行は、従来の顧客取引をカバーする取引にとどまらず積極的に自己取引を行い、通貨オプション取引によってトレーディング収益を追求する業務を開始した。1990年代はドル円相場が100円を超える円高になり、また大規模介入による円安押し上げなど激しく相場が変動した。日本の輸出・輸入業者は、為替相場の変動によりその業績が翻弄されたことで、高ボラティリティ下でのヘッジの必要性を強く認識し、通貨オプション取引によるヘッジニーズが高まった。そのなかで外国銀行を中心に、消滅条件等の顧客の要望を織り込んだ、エキゾチック・オプションと呼ばれる、プレーン・バニラ・オプションのペイオフを変形するオプションの開発が進んだ。このオプションは価格式がプレーン・バニラ・オプションにおいて一般的に利用されている価格式に比べ、はるかに複雑であり、オプションの適正価格の把握がむずかしく、いわゆる「オプションのブラックボックス化」が進行し、通貨オプション取引の販売勧誘をめぐるトラブルを生む要因となった。

2000年代になると通貨オプション取引の利用は専門的な知識をもった大手の顧客から中小企業に拡大する。その大きな原動力となったのが合成長期先物為替取引である。これは円とドルの金利差が大きく開いている市場環境を利用し、オプション取引のコールとプットを組み合わせ、通常の先物為替予約契約ではできない、数年間にわたる同一価格による、実質的な先物為替予約契約を作成するものである。

2008年のリーマン・ショック後の円高局面では、通貨オプション取引を利用した多くの事業法人が通貨オプション取引により大きな損失を被り、金融機関は取引を抑制する一方、事業法人も通貨オプション取引に二の足を踏む

ようになり、対顧客取引高は四半期ベースでみると一時ピーク時の5分の1以下にまで減少した（2006年度第4四半期対2012年度第1四半期）。

　このように、通貨オプション取引の日本における沿革には起伏があり、決して順風満帆に発展してきたわけではなかった。業者の側および投資家の側が通貨オプションの理論と通貨オプション取引の実務について、より的確な理解をもつことは、日本における通貨オプション取引の健全な発展にとって有意義であると考えられる。

　本書が、金融機関のフロント、ミドル、バックオフィスにおいて通貨オプション取引にかかわる業務に従事する方々にとって、通貨オプション取引の意義・機能とそのリスクを理解することに寄与することを祈念する。それとともに、通貨オプション取引を利用する投資者・事業法人の方々が、通貨オプション取引の有するヘッジ機能とそのリスクについて基本的かつ正確な知識を得て、実務において通貨オプション取引がその本来の機能を適切に発揮することを願う。

　本書の翻訳は、協会元専務理事の後藤敬三氏や事務局長の山﨑哲夫氏を中心とする協会の関係者に加え、日本における通貨オプション取引の創成期から当該業務に携わられたアーク東短オルタナティブ株式会社取締役会長藤澤哲史氏、株式会社三菱総合研究所代表取締役社長森崎孝氏、およびミドルオフィスで契約等を担いデリバティブ取引についての著作も多いみずほ銀行グローバルマーケッツ業務部参事役植木雅広氏がご担当くださった。また、本書の監修には、学習院大学経済学部の勝尾裕子教授、筑波大学ビジネスサイエンス系の弥永真生教授、筑波大学ビジネスサイエンス系の木村真生子教授、公益財団法人金融情報システムセンター常務理事髙橋経一氏の協力を得た。厚く御礼を申し上げる。

東京大学大学院法学政治学研究科教授

神作　裕之

日本語版刊行にあたって

　アラン・ヒックス氏による "Foreign Exchange Options" は、通貨オプション市場について実践的かつ平易に記した優れた入門書といわれております。弊社FENICS でも新入社員研修に最適な教材として長年使用され続けており、今回の日本語版の出版は私共にとりましても特別な感慨がございます。アラン・ヒックス氏は以前FENICS の社員として活躍されていた時期もあり、このような良書が広く世に知られることは大変素晴らしいことであると考えます。

　通貨オプション市場は、新しい金融規制が次々に発効するなか、事業法人やリテール顧客などのバイサイドからの通貨オプション商品の需要が増えるにつれ、日々進化し続けています。

　しかしながら、デリバティブ取引市場については近年、世界各地で否定的な見方も出ており、監督当局や各国の業界団体内でも教育および透明性確保の重要性が従来以上に増しています。

　現在の通貨オプション取引の国際的な規範を遵守し、市場を健全に発展させるために、本書のような教育的ツールを活用する取組みはサービスプロバイダや業界全体にとって市場の信用を維持するうえで非常に重要です。また、最良慣行を守り、その遵守状況を監視するため、今後も引き続きテクノロジーが重要な役割を果たしていくことになるでしょう。

Richard Brunt（Managing Director FENICS）

金沢　淳夫（東京支店長）

謝　辞

　「通貨オプション入門」の刊行にあたり、紙幅を頂戴しましたので、出版に至るまでに各方面から寄せられたご指導ご支援をご紹介し、御礼を申し上げます。

　すでにご高承の方も多いと存じますが、一般社団法人金融先物取引業協会（以下「協会」といいます）は、金融商品取引法に基づく金融商品取引業協会として、会員の皆様のご理解とご支援のもとにさまざまな業務を実施していますが、所管するデリバティブ取引に関する投資教育事業は、業務の主要な柱の一つとして、長期計画のもとに取り組んでいるところです。

　本書は、同計画に基づく教材充実の第二弾として取り組んだもので、先行する "Futures & Options" の翻訳に続き、公益財団法人資本市場振興財団より貴重なご支援をいただきました。本書の意義等について神作先生が述べられているとおり、現代経済社会に大きなウェイトを占める外国為替市場の主要ファクターである通貨オプション取引について、市場関係者、投資者をはじめ、広く読者の皆様に情報提供を図るもので、内容面でも取組面でも、協会にとり、将来にわたる貴重な資産を得られたと存じます。小村武理事長、小林信介前専務理事、福山登志彦専務理事をはじめ同財団の皆様に衷心より御礼を申し上げます。

　店頭通貨オプション取引が協会の所管となったのは2005年度からですが、本書は、学識経験者、市場関係者と協会役職員が共通の場で作業し、上梓する初めての書籍です。全13章は翻訳と書き下ろしより構成されていますが、神作裕之東京大学教授、弥永真生筑波大学教授、勝尾裕子学習院大学教授、木村真生子筑波大学教授、髙橋経一公益財団法人金融情報システムセンター常務理事の皆様には、全章を通じて監修の労をおとりいただきました。また、森崎孝株式会社三菱総合研究所代表取締役社長、藤澤哲史アーク東短オルタナティブ株式会社取締役会長、植木雅広みずほ銀行グローバルマーケッ

ツ業務部参事役の皆様には、ご要職にありながら、ご多忙ななかを翻訳・執筆に貴重な時間をお割きいただきました。皆様のご尽力に対し深く御礼を申し上げます。

　また、本書は、協会員だけではなく、通貨オプション取引に興味をおもちの方々に広く書店や図書館で手にとり読んでいただきたいと考え、投資教育事業として初めて取り組んだ商業出版物でもあります。版権の取得から校閲、印刷、取次・書店への配本に至るまで、協会スタッフにとって不慣れな出版のすべてのプロセスにおいて、一般社団法人金融財政事情研究会の皆様には懇切なご指導とご助言を賜りました。とりわけ企画当初から相談に乗っていただいた乾文男会長、谷川治生出版事業担当理事、そして翻訳文の細部にわたり丹念に編集をして下さった株式会社きんざいの花岡博出版部長に厚く御礼申し上げます。本書の制作を通じ出版ノウハウの一端に触れたことは、今後、協会が変化の激しい環境に対応し、投資教育事業を発展させていくうえで有益な経験となった次第で、この点についても深く感謝いたします。

　最後になりましたが、細見協会専務理事と山﨑統括役・事務局長には、原著の著者Alan Hicks氏が執筆時に所属し、本書でも紹介されているFenics社の金沢淳夫日本支店長との間で、同社よりお申し出のあったさまざまなご協力の実現を図るとともに、上述の大先達の皆様の執筆参加をいただく等の各般の努力を重ねられました。また、これを支えて、協会事務局では、尾澤総務部主任調査役、佐々木調査部調査役をはじめ、事務局の皆様が常に変わらぬご努力を傾けられたことをご紹介して筆を擱きたく存じます。

一般社団法人金融先物取引業協会

元専務理事　**後藤　敬三**

原著まえがき

　本書の初版発行以来の5年間、通貨（FX）オプションは、店頭（OTC）市場において急速な拡大を続けている。現在では「プレーン・バニラ」オプションと呼ばれている通常のヨーロピアン・タイプのオプションは、主要通貨においてきわめて流動性が高く、その商品の幅は「エキゾチック」の利用によって大幅な広がりをみせた。上場オプションは、それほど成功していない（近年は全般的に取引高が減少している）ものの、市場全体のなかで依然として重要な役割を果たしている。この第2版は、こうした変化を考慮に入れて改訂・拡張されており、説明用に多数の新たな図表を追加している。たとえば、急速に発達しているエキゾチック・オプション市場に関する章は拡張され、いまや文章全体の25％を占めている。

　国際決済銀行（BIS）による最近の調査によれば、現在の世界の為替取引高は、1日当り1兆3,500億米ドルにのぼるという。通貨オプションはこのうち約6％を占め、金額ベースでは約800億米ドルとなっている。この1日当りの通貨オプションの取引高は、かなりの規模だが、これまでにこのテーマについて書かれた書物、特に最も大きく支配的なセクターであるOTC市場について書かれたものは非常に少ない。これまでに通貨オプションについて書かれた書物は、値付け（プライシング）やヘッジの計算式、または証券取引所や先物取引所に上場されたオプションの仕組みのいずれかに的を絞ったものとなる傾向があった。

　本書は、通貨オプションにおいて代表的な二つの取引所であるフィラデルフィア証券取引所（PHLX）とシカゴ・マーカンタイル取引所（CME）を取り上げつつ、OTC市場を詳細に検討することによって、そうした状況を是正するように努めている。また、つい最近の、パリのフランス国際金融先物取引所（MATIF）、およびニューヨークとダブリンのニューヨーク綿花取引所（NYCE）の金融先物部門（FINEX）における通貨オプション上場につい

ても取り上げている。読者は基礎から学ぶことが可能になっており、専門用語については適宜解説を併記した。オプションを利用して外国為替リスクをヘッジする利点を、さまざまな戦略によって示しており、さらに、大手の国際的な銀行によって実践されている為替オプションの売買とヘッジについても詳細に説明した。本書の全体を通して、基本的に強調していることは、実用性、つまり、市場で実際に何が起こっているか、どこで、いつ、だれによって何が行われているか、ということである。オプションの理論については、多くの（優良な）書籍を書店で入手することができる。

いくつかの章は、市場への新規参入者、（外国為替リスクをヘッジしたい）商品の利用者、およびトレーダーの興味を一般に引くであろう値付け、オプション取引リスク、およびOTC市場慣行の説明に充てられている。さらにこれらに続く章では、シニア・マネージャー、トレジャラー、リスク管理部門を運営する非常に重要な人物、または大手金融機関の「ミドル・オフィス」担当者が関心をもつであろうオプション・リスクの説明、そのコントロールと管理、および規制上の報告要件について説明している。これらの章の目的は、トレーダーの役割と市場の仕組みについての理解を深めることである。

さらに続く章で取り扱っているOTC市場における契約条項（新たなInternational Currency Options Market terms [ICOM]1997年版、および発行されたばかりのForeign Exchange Options Master Agreement [FEOMA]を含む）、およびカウンターパーティー・クレジットリスクについては、オプション取引部門の運営を成功させるために必要な、統合的な管理についてより詳細に理解したいと考える経営陣、監査人および会計士らが関心をもつだろう。

通貨オプションの会計処理は、5年前の単純なコストベースの概念から発展し、現在では米国の財務会計基準審議会（FASB）や英国の会計基準審議会（ASB）などの適切な会計審議機関によってそれ以降に発行されたさまざまな基準の対象となっている。デリバティブの発展と、そうした取引によって銀行が被った巨額の損失問題が、その後のより厳格な管理や可視化の必要

性をもたらしたのである。会計基準はいまも進化を続けており、現在では国家間（特に米国と英国を比較した場合）や金融機関間などにおいて明確な差異が発生している。その結果、FXオプションの会計処理は、本書の取扱範囲を大きく超えるものとなったため、このテーマに関する章は廃止することとした。ただし、ASBの承認を受けた英国銀行協会の「会計実務勧告書」については、参考として付録Ⅲに収録した。

「エキゾチック」オプションを扱った最終章は、大幅に拡張され、いまや本書の4分の1超を占めるに至った。これによって、現在取引されるオプションの相当な比率を占めるこれらのハイブリッド商品の市場について、詳細に説明することが可能になった。

これらはすべて、1982年12月に米国でPHLXが初の通貨オプション契約（英ポンド－米ドル間）を上場させて以来、長い道のりを経たものである。PHLXは通貨オプションのブームの立役者として認識されているが、その後まもなくCMEが通貨先物オプションで続いた（PHLXは現物の外国為替を扱っている）。ただし、すべての取引所において順風満帆というわけではなかった。ロンドン証券取引所とロンドン国際金融先物取引所（LIFFE）の通貨オプション商品は、ともに失敗に終わっている。

それでもなお、米国の二つの取引所で上場されたオプションは、銀行が顧客に提供しているオプションをヘッジすることを可能にした。しかし、1984年前後には銀行が相互の値付けを開始し、インターバンク、つまりOTC市場が誕生した。取引所はリードを守り続けていたものの、1987年頃にはOTC市場に追い抜かれ、それ以来OTC参加者が、取引所に関連する価格を決定しており、その2者の間の「サヤ取り」の余地はほとんどなくなっている。両市場の長所と短所については、市場に関する別の章で説明する。

本書は、ロンドン、シンガポール、およびニューヨークのOTC市場に焦点を当てているが、それは大多数の市場参加者（ブローカーを含む）がこれらの市場に集中しているからである。ロンドンは特に、（イングランド銀行を通じた）規制監督、および（英国銀行協会のLICOM、ICOMおよびFEOMAの条

項を通じた）OTC市場の契約条項の発達において、有益な役割を果たしてきた。さらに最近では、欧州指令（European Directive）のもとで適正資本指令（Capital Adequacy Directive）が導入され、通貨オプションを取引する銀行の検討事項がさらに増えることとなった。適切な当局によって発行された公告、指針および指令、ならびに英国銀行協会および国際スワップ・ディーラー協会（ISDA）によるICOMおよびFEOMA文書（通貨オプションに適用される部分）は、全文を付録Ⅳに収録しているので、本書はそれらを参照する目的でも活用できる。

フランス、スイス、日本など他の主要地域もOTC市場の発展において重要な役割を果たしており、その状況は今後も続くと認識されている。

この版では用語集が追加され、第14章と付録の間に収録されている。使用されている表現は、外国為替取引および通貨オプションに適用される英国銀行協会の冊子 "BBA Treasury Terminology 97" と同じである。

最後になるが、読者の皆様には、本書では、SWIFTによって考案された国際プロフェッショナル市場通貨コードを使用していることにご留意いただきたい。つまり、DEMはドイツマルク、GBPは英ポンド、USDは米ドル、といった具合であり、たとえばDEM／USDは、米ドルに対するドイツマルクの外国為替取引を示している。

Alan Hicks

【監訳者紹介】

神作　裕之（かんさく　ひろゆき）

東京大学大学院法学政治学研究科教授。1986年東京大学法学部卒業、2004年より現職。専門は商法・資本市場法。

近著として、『金融法講義（新版)』（共著；岩波書店、2017年）、責任編集『資本市場研究会編・企業法制の将来展望（2017年度版)』（財経詳報社、2017年）、『ドイツ会社法・資本市場法研究』（共編；中央経済社、2016年）、『会社裁判にかかる理論の到達点』（商事法務、2014年）、「金融商品取引法の規定に違反した者による議決権行使の制限」前田重行先生古稀記念『企業法・金融法の新潮流』（商事法務、2013年）、神田秀樹ほか編著『金融商品取引法コンメンタール第4巻』（商事法務、2011年）第166条、167条、158条の18〜158条の21、等。

現在、金融審議会金融制度スタディ・グループメンバー、同審議会ディスクロージャーワーキング・グループメンバー、法制審議会会社法制部会（企業統治等関係）委員、法制審議会信託法部会幹事、関税・外国為替等審議会臨時委員等。

弥永　真生（やなが　まさお）

筑波大学ビジネスサイエンス系教授。明治大学・東京大学卒業。専門は商法・金融関連法・制度会計。

主著：『リーガルマインド会社法』（有斐閣、2015年）、『会計監査人の責任の限定』（有斐閣、2000年）、『会計基準と法』（中央経済社、2013年）、『デリバティブと企業会計法』（中央経済社、1998年）、『コンメンタール会社法施行規則・電子公告規則』（商事法務、2015年）、『コンメンタール会社計算規則・商法施行規則』（商事法務、2017年）、『監査人の外観的独立性』（商事法務、2002年）、'Cyber Law in Japan'(Kluwer, 2017). 'Developments in Islamic banking/finance by Japanese players and regulation', 31 JIBLR 225, 2016. 'Virtual Currency−Regulation and Challenges in Japan', 32 JIBLR 283, 2017.

勝尾　裕子（かつお　ゆうこ）

東京大学大学院経済学研究科博士課程単位修得。学習院大学経済学部専任講

師、助教授、准教授を経て、現在、学習院大学経済学部教授。専門は企業会計。

主著：'The IASB and ASBJ Conceptual Frameworks: Same Objective, Different Financial Performance Concepts', with C. M., *Accounting Horizons*, Vol. 29, No. 1, 2015. 'Goodwill Accounting Standards in the USA, the UK, France and Japan,' with C. G. and C. M., *Accounting History*, 2018.

木村　真生子（きむら　まきこ）

筑波大学ビジネスサイエンス系教授。津田塾大学学芸学部英文学科卒業。外資系証券会社勤務を経て、筑波大学大学院ビジネス科学研究科企業科学専攻修了。博士（法学）。専門は商法・証券法。主著等：「AIと契約（第6章）」宍戸常寿＝弥永真生編『AI・ロボット法』（有斐閣、2018年）、「電子商取引と契約（第7章）」松井茂記＝鈴木秀美＝山口いつ子編『インターネット法』（有斐閣、2015年）、「カナダのインサイダー取引規制（1）～（5・完）」筑波ロー・ジャーナル12号95～111頁（2012年）、13号1～25頁（2013年）、17号25～36頁（2014年）、18号27～52頁（2015年）、20号27～57頁（2016年）。

髙橋　経一（たかはし　のりかず）

1981年東京大学経済学部卒業。現在、公益財団法人金融情報システムセンター常務理事。1985年日本銀行に入行し、1987年大蔵省銀行局へ出向、2005年日本銀行政策委員会室参事役、2008年同行岡山支店長、2013年仙台支店長を歴任し、2015年情報サービス局長を最後に退職、現職に至る。

【翻訳者紹介】

森崎　孝（もりさき　たかし）第9章担当

東京大学経済学部卒業。現在、株式会社三菱総合研究所代表取締役社長。1978年三菱銀行（現三菱UFJ銀行）に入行し、2008年常務執行役員、三菱UFJフィナンシャル・グループ常務執行役員を兼務。2012年三菱東京UFJ銀行専務取締役、2014年同行副頭取、2016年三菱総合研究所顧問、副社長執行役員を経て現在に至る。

藤澤　哲史（ふじさわ　てつふみ）第10章担当

東京大学法学部卒業。現在、アーク東短オルタナティブ株式会社取締役会長。1976年より住友銀行（現三井住友銀行）に32年間在籍し、新潟支店長、市場営業部長、デリバティブ営業部長、SMBCキャピタルマーケット（ニューヨーク）社長、参与を歴任。その後、大和証券SMBCでは取締役（ストラクチャードファイナンス担当）、日興コーディアル証券では常務執行役員（資本市場共同本部長）として、証券会社の経営管理に従事する。ほか、マスターカードジャパンの上席副社長としてカスタマーリレーションズ部門を統括。

植木　雅広（うえき　まさひろ）第12章担当

東京大学法学部卒業。現在、みずほ銀行グローバルマーケッツ業務部参事役。1986年第一勧業銀行（現みずほ銀行）に入行。本所支店、国際資金為替部、市場金融部等で勤務。2000年三和銀行に移籍。２度の合併により勤務先がUFJ銀行、三菱東京UFJ銀行と変わるが、デリバティブズ営業部、金融商品開発部等に勤務。2008年みずほコーポレート銀行（現みずほ銀行）に移籍。ALM部、グローバルマーケッツ業務部にて勤務し、現在に至る。邦銀６行に所属したが、1990年から現在までの約28年間、デリバティブ取引の法務・ドキュメンテーションを担当。1999〜2007年東京外国為替市場委員会・法律問題小委員会の委員を務める。金融法学会会員、ISDA日本支部ドキュメンテーション・コミッティー等のメンバー。1995年よりデリバティブ取引の英文契約書（ISDA契約書）の実務参考書の執筆活動を開始。現在まで改訂を重ねている著書『必携デリバティブ・ドキュメンテーション』シリーズ（近代セールス社刊）は業界のバイブルとされているロングセラー。

後藤　敬三（ごとう　けいぞう）第１〜６章（いずれも翻訳部分）担当

京都大学法学部、放送大学教養学部卒業。現在、立教大学経済学部特任教授（2014年〜）。2002年財務省退職。2008〜2017年一般社団法人金融先物取引業協会専務理事。

山﨑　哲夫（やまざき　てつお）第6（翻訳外部分）、7、8、13章担当

千葉大学人文学部卒業。現在、一般社団法人金融先物取引業協会統括役・事務局長、龍谷大学経済学部非常勤講師。

1980年に三和銀行入行。シティバンク、エヌ・エイ、アジア地区通貨オプション・ヘッド、第一勧業銀行（現みずほ銀行）、あおぞら銀行（旧日本債券信用銀行）市場部門担当執行役員を歴任。2010年7月より金融先物取引業協会調査部長を経て現在に至る。

著書に『財務担当者のための通貨オプション入門』（共著：東洋経済新報社）がある。

尾澤　隆浩（おざわ　たかひろ）第11章担当

京都大学文学部卒業。一般社団法人金融先物取引業協会総務部主任調査役。

証券会社勤務を経て、2006年より同協会に勤務。自主規制ルールの整備等に多く携わる。

目　次

第1章　基　本

第2章　マーケット

第3章　オプションの特性

第6章　オプション・プライシング

第9章　店頭取引における市場慣行

第10章　アクティブ・ポートフォリオのマネジメントとコントロール

第11章　日本における通貨オプション取引等に係る規制

凡　例

●本書の解説はユーロ導入以前に欧州各国で流通していた通貨を使用している。また、その表記は原著執筆当時（1990年）にSWIFTによって考案され使用されていた国際プロフェッショナル市場通貨コード（＊）に準拠している。

　例：ドイツマルク（DEM）、オランダギルダー（NLG）、英ポンド（GBP）、
　　　米ドル（USD）、日本円（JPY）など

　（＊）　現在はISO4217通貨コードが使用されている。

●本書は原著執筆当時（1990年）の情報のままで邦訳を行い、適宜訳注で補足することを原則としている。ただし、第2章のうち「取引所通貨オプション市場」、第6章のうち「価格計算システム」に関する記述は現在の状況と大きく異なるため、「取引所通貨オプション市場」は翻訳対象外とし、「価格計算システム」は新たに訳者によって書きおろしている。また、原著の第13章「Counterparty credit risk」も同様な理由で章ごと割愛し、原著の第14章を本書の第13章として繰り上げている。

●原著にある脚注は原則としてそのまま記している。また、訳者において解説が必要と思われた用語については、一般社団法人金融先物取引業協会の調査資料等を参考としつつ、訳注で補足を行っている。

●固有名詞等の明らかな誤りは修正を行い、その他については原著どおりとしている。

●原著には付録（Appendix）がⅠからⅣまであったが、いずれも原著当時の英国で利用されていたガイドラインや経理処理に関するものであり、日本の読者には不要と判断し割愛している。

第 **1** 章

基　　本

オプションは株式、商品（例：金、銀、コーヒー、小麦等の農産物）、外国為替（通貨）など、多くの既存の「実物」商品に利用することができる。近年においては、金融先物の出現に伴い、現物商品ではなく先物契約を引き渡す先物についてのオプションが利用できるようになってきた。

すべての場合において、オプションの基本的な要件は常に、原資産価格にボラティリティがあることである。結局のところボラティリティがなければ、価格変動リスクはなく、その結果、オプションに対する需要もない。事実、そういった場合のオプション価格は現資産価格と同じ、つまり、オプションのコストはゼロとなる。

外国為替（FX）市場は伝統的にボラティリティが非常に高いので、通貨オプションは必然的に、エクスポージャー（リスクにさらされている状態）をカバーするプロダクトとして用いられる。

1 定　　義

オプションの保有者（買い手）は、ある通貨について、あらかじめ決められた量をあらかじめ決められた価格で、将来の期日に、他の通貨に交換する権利をもつが、これは義務ではない（注：通貨、量、価格、期日はすべて前もって決定される[i]）

2 プレミアム（オプション料）

この権利（オプション）を得るために、買い手は売り手（ライターと呼ばれることがある）にプレミアムと呼ばれる手数料を支払う

プレミアムは通常、取引の2営業日後（「スポット」（原注1））に支払われ、買い手の損失の上限となり、したがって、売り手の利益の上限となる。

---

i　一部のエキゾチック・オプションでは例外がある。

外国為替市場では、「スポット」は、取引日（ディールの行われた日）より通常２営業日後である、通貨が交換される受渡日（決済日）のことを指している。したがって、今日スポット・ディーラーが外国為替取引契約を締結する場合、今日が木曜日ならば、「スポット日付」は２営業日後の翌月曜日（銀行休業日がその間にはないとする）となる。

3 コールとプット

　オプションは、コール（特定の通貨を買う権利）かプット（特定の通貨を売る権利）となる。

　外国為替においては、交換される２要素が、商品と１種類の通貨という組合せではなく、そのいずれもが通貨であるので、他の市場にはみられない混乱が生ずるときがある。たとえば、株式については、すべての売買は株式単位で行われ、支払は通貨である。つまり、１万株を967で買う（そして９万6,700GBPを支払う）、あるいは、5,000株を467で売るというようなかたちである。売買される単位は常に明らかで、通貨（この場合はGBP）が取引の単位となることはなく、支払の方法である。しかし、外国為替市場においては、二つの通貨のうちいずれかを取引すると、一方の通貨の購入が他の通貨の売却となることが通常である。取引単位となる共通の商品はない。この結果、スポット（通常２営業日後に受渡しを行う取引）またはフォワード（将来の受渡しを行う取引）と呼ばれる交換レートは、一方の通貨に対する他方の通貨価値により表現される。たとえば、１USD当り1.70DEM、あるいは、１DEM当り0.5882USDのように表現される。これは他の市場とは大きく異なる。株式市場では相場は１種類で表現され、たとえば、１株当りのDEMとなる（DEM当りの株数ではない）。

　オプションについてこれらが意味するところは、ある通貨のコール・オプションは、当該通貨ペアの他方のプット・オプションでなければならないということである。たとえばDEM／USD取引で、DEMのコールはUSDのプットである。なぜならば、DEMコール・オプション保有者のDEMを買う権利

が行使されれば、その保有者はDEMを買うためにUSDを売る必要があるからだ。この点から、通貨オプション取引を開始する際は、コールとプットは、明確に定義されることが必要である。「USDに対するGBPのコール」(a sterling Call against the USD) という表現はだれに対しても通用するが、「GBPのコールおよびUSDのプット」(a Call on sterling, Put on USD) と表現したほうがよりよい。

4 権利行使

オプションの買い手は常に、受渡しを求める権利も、求めない権利ももっている。受渡しを求めるときには、オプションの買い手は、売り手に受渡しを求める権利を「行使」する旨を伝える必要がある。オプションの権利行使とは、オプションの消滅とスポット価格での外国為替取引の締結を意味している。

オプションは、利益を生む場合にのみ行使される。オプションの権利行使価格よりもスポット市場での価格が有利なときにオプションを行使することはありえない。行使されなかったオプションは無価値なものとして消滅する。

5 オプション・タイプ

オプションは、消滅するまではいつでも権利行使ができる「アメリカン・タイプ」と、権利行使期日にのみ権利行使ができる「ヨーロピアン・タイプ」のいずれかとなる。いずれの場合も、店頭オプションについては、権利行使日より2営業日後（スポット）に、上場オプションについては別の期間（通常、若干長いものとなる）後に、受渡し（引渡し）が実施される。

店頭市場では、アメリカン・タイプのオプションはほとんど例をみないが、他方、PHLX（フィラデルフィア証券取引所（ヨーロピアン・タイプおよび

アメリカン・タイプの両方を上場する[ii]））では、本書の執筆時点においてアメリカン・タイプの取引量がより大きくなっている。

　アメリカン・タイプのオプションは、権利行使により取得する通貨が引き渡す通貨より高金利である場合、ヨーロピアン・タイプに比べて、より高い価格となる。

6　権利行使価格（ストライク・プライス）

あらかじめ決められた権利行使の際の交換価格

　権利行使価格（ストライク、ストライク価格、ストライキング価格ともいう）は通常、外国為替市場でのスポットレートないしフォワードレートの実勢価格に近い価格が選ばれるが、任意の合理的な価格水準に設定することができる。オプション価格（プレミアム）は、権利行使価格とスポット価格の相対的な関係にきわめて敏感である（第6章参照）。買い手によっては、オプションプレミアムの水準を先に決めて、その範囲で権利行使価格を決めることを選好する。

7　本源的価値

権利行使価格が、原資産である外国為替相場（アメリカン・タイプではスポットレート、ヨーロピアン・タイプではフォワードレート）に対して高い場合における両者の差

　本源的価値は、権利行使された場合の価値を示している。たとえば、GBPのコール（USDのプット）のヨーロピアン・タイプのオプションについて、権利行使価格がGBP当り1.50USD、消滅日（権利行使期日）におけるスポット相場が1.60USD／GBPである場合を例にとる。本源的価値は0.10USD

---

ii　PHLXは、現在では、Nasdaqの一部門Nasdaq PHLXとなっている。

（1.60 − 1.50）となり、正の値をとることから、このオプションの権利行使をすれば、GBPを実勢相場より安いレベルで調達することができる。この場合には買い手はほぼ確実にオプションを権利行使する。

　上記の例でスポットレートが1.45であった場合、オプション保有者は、市場でGBPを1.45USDで調達できるので、GBPを1.50USDで調達することができるオプションに正の価値はない。この例では、オプションに本源的価値はなく、無価値で消滅する。逆に、1.50USDで権利行使されるGBPのプット・オプションは、本源的価値が0.5USD生じているので、権利行使される。

　オプション価格（プレミアム）は本源的価値を完全に反映するものである。この直接的な関係は第6章で詳述される。

> **[本源的価値に関連する専門用語]**
>
> ディープ・イン・ザ・マネー…………高い本源的価値をもつオプション
> イン・ザ・マネー…………………………本源的価値をもつオプション
> アット・ザ・マネー……………………権利行使価格が原資産である外国為替
> 　　　　　　　　　　　　　　　　　　のレートと同じオプション
> ニア・ザ・マネー………………………権利行使価格が原資産である外国為替
> 　　　　　　　　　　　　　　　　　　のレートと接近しているオプション
> アウト・オブ・ザ・マネー……………本源的価値をもたないオプション
> ファー・アウト・オブ・ザ・マネー…本源的価値が生ずる蓋然性がきわめて
> 　　　　　　　　　　　　　　　　　　低いオプション

第 2 章

マーケット

通貨オプションは、店頭（OTC）および取引所という対照的な２種類の市場で取引される。この章では両方の市場について分析を行う[i]。

1 店頭取引 （OTC取引）

店頭市場の規模は取引所市場よりはるかに大きく、銀行、米国の証券会社、事業会社によって構成されている[ii]。"Over-the-counter" に「当事者間の相対取引」以上の意味はなく、旅行者が銀行の「カウンター」で外国通貨を調達するとしても、カウンターごしに行われる外国為替取引を指すものではない。「インターバンク」という用語のほうが店頭オプション市場によりよく当てはまると考えられるが、それが使われることはめったにない。

(1) 場 所

店頭取引は、電話、ロイター・ディーリング・システム（外国為替取引において、主として銀行によって広く使われている通信装置）でのやりとり、または店頭インター・ディーラー・ブローカー（以下、ブローカーと呼ぶ）を通じて行われるため、店頭市場のための一つの取引所または施設というようなものはない。最近では、テレックスは、締結された取引を文書で確認するため以外には使われない[iii]。市場は世界中の当事者間で切れ目なく稼働しており、したがって、１日24時間稼働している。唯一の例外は、市場の流動性がゼロに近くなる週末である。しかし、理論的には、将来中東地域の経済が発展して、当該地域の銀行が市場をサポートするようになるかもしれない。

---

i 原著 "Foreign Exchange Options" には取引所通貨オプション市場の記載があったが、原著執筆時の1990年代と異なり、現在は取引所の統合が進み、また、商品内容等が大きく異なっているため翻訳の対象外とした。

ii 1990年代初頭の店頭市場では主な参加者は原著記載のとおりであるが、現在は米国以外の証券会社も通貨オプション市場に参加している。

iii 現在は電話での取引は、誤認の可能性が高いこと、取引のエビデンスが残らないこと等から使用を禁じる金融機関がほとんどである。また、テレックスを使う金融機関はなく、インターネット回線を使用したWebコンファメーションがメインとなっている。

⑵ 取引慣行

　取引参加者は、直接あるいは店頭ブローカーを通じて取引し、取引価格としては、オプションプレミアムよりもむしろボラティリティ（第6章において詳述する）がクォートされる。銀行は求めに応じて、商品性が特定されたオプション（例：1カ月、DEMコール／USDプット、権利行使価格1.50、金額2,500万USD）、あるいは、特定されていないオプション（例：1カ月、DEM／USD）のビッド・オファーを提示する——後者の場合には、現時点での市場慣行では、アット・ザ・マネー・フォワード（原注1）のストラドル（原注2）として取引される。ボラティリティにより取引がされた後、実際のオプション価格（プレミアム）が、合意されたスポット価格をもとにして計算される。プレミアムは通常、取引金額に対するパーセンテージで表現される（例：2,500万USDの2.5％＝62万5,000USD）。例外は、GBP／USDの場合で、プレミアムは米セントで表現される（例：GBP当り2.5米セント×2,500万GBP＝62万5,000USD）。これはプレミアム支払額を、主要取引通貨であるUSDに維持することを目的としている。

　通常、売り手と買い手は、プレミアムを計算した後、オプション取引を最初にヘッジするために、スポット外国為替相場によるFX取引を行う（「デルタヘッジ」（原注3）として知られている）。これは、当初のボラティリティのクォートが、ストラドルとかストラングルのように、ネットのデルタがゼロになる「デルタニュートラル戦略」に対するものでなかった場合に行われる。デルタヘッジ取引が行われない場合には、オプション価格のクォートは「ライブ（live）」と呼ばれる、つまり、マーケット・メーカーは原資産であるスポット／フォワード外国為替相場の価格変化リスクにさらされている。この場合、クォートは通常、数秒間しか有効（ファーム）ではなく、その後は変化してもかまわない。これはスポット外国為替相場と同様である[iv]。

[iv]　ライブとはデルタヘッジをつけずにスポットの変動リスクをとることであり、通貨オプションを投機取引として利用するスペキュレーターはよくこの手法を使う。

店頭市場の取引慣行については、合成オプション（ストラドル、ストラングル等）については第5章、オプションのヘッジと取引については第8章で、さらに説明され、店頭市場慣行をテーマとした第9章でも詳細が説明される。

　店頭市場では、広い範囲の種類のオプション商品が取り扱われているが、これらは、一般的には、「プレーン・バニラ」（ヨーロピアンまたはアメリカン・タイプ）と「エキゾチック」（たとえば、バリアー等の追加的な特性をもつその他すべてのオプション、もしくは、権利行使期日におけるオプションの価値が独自の方式により定められているオプション（例：スポット平均もしくは支払限度を設ける等））に分類されている。第13章ではすべてのポピュラーなエキゾチック・オプションを掲げている。

　エキゾチックな通貨（タイバーツ、メキシコペソ等）のオプションを提供している銀行もあり、こうしたオプションもエキゾチック・オプションと呼ばれるが、これは間違った用語法というべきもので、これらのオプションはエキゾチックな通貨についてのプレイン・バニラ・オプションである。

（原注1）　アット・ザ・マネー・フォワードは権利行使価格が現物のアウトライト・フォワードレート（ないしフォワードレート）と等しい場合である。
（原注2）　ストラドルは2種類のオプション（権利行使価格、権利行使期日、額面を同じくするコールとプット）の同時期の売買である。第3章で詳説する。
（原注3）　デルタヘッジは第8章で詳説する。

(3)　ブローカー

　店頭市場では、ブローカーは取引当事者の間で出会いをつけようとするが、取引自体には参加しない（不動産仲介業者と同じである）。ブローカーは、そうした取引の両当事者から手数料をとる。このため、両当事者間で直接に取引された場合には手数料はかからない（例：企業が取引先銀行と取引する場合には手数料は存在しない）。これは、外国為替市場の慣行に倣ったものである。多数のブローカーは、情報配信の目的で、ボラティリティの価格をロイ

ター社やテレレート社[v]（金融情報を世界中のモニタースクリーンに同時配信することを専門とする情報ベンダーである）経由で配信する。

　ここ2、3年、店頭ブローカーは、従来、銀行とその顧客の間に限られた取引であったエキゾチック・オプション関係のサービス提供を始めている。エキゾチック・オプションの仲介は、近年における、この種の商品の流動性増加の一助となっている。

(4)　規　　　制

　銀行間の店頭市場での取引は、店頭市場を管理する規制主体がないことから、きわめてプロフェッショナルで効率的な態様で行われている。英国のイングランド銀行、米国の連邦準備銀行等のような中央銀行間で、規制のあり方には差異がある。他方、ノンバンクは、他の規制機関（例：Securities and Futures Authority In the UK[vi]）により管理されているが、通常インターバンク市場の市場慣行に従っている。店頭オプションの標準的な契約条件（terms and conditions）は、取引慣行のガイドラインとともに、ICOMまたはISDAの契約条件に示されているが、市場参加者は、希望するならば、独自の契約条件のもとで取引することができる。規制監督およびICOM／ISDAは第11章と第12章で議論する[vii]。

(5)　約定のあり方

　店頭市場は取引所規則によっては規制されないことが前段の記載により明らかになったと思う。そして、それゆえに、市場での常識の範囲内ならば、どんな通貨ペア、スタイル、額面、日付、権利行使価格、プレミアムあるいはレートであっても、クォートできることも明らかになった。プロフェッ

---

v　テレレート社はロイター社に買収され、現在はトムソン・ロイター社となっている。
vi　この部分は1990年代の英国の状況を記述しており、2018年現在の英国ではFinancial Conduct Authority（金融行為規制機構）が幅広く規制対象をカバーしている。
vii　本書の第11章は日本における通貨オプションの規制を対象としている。

ショナルなディーリングではボラティリティ表示が行われるが、ほとんどの銀行は、どちらかの通貨に対するパーセンテージ、いずれかの通貨の他方通貨に対する価格という4通りの方法のいずれかでクォートを行う。価格提示については第6章で詳しく述べる。

(6) 取引金額と出来高

　店頭市場での毎日の取引量は、本稿（原著）を執筆している時点で、USD5,000億ドル相当をはるかに超える金額であり、個別取引は平均で500万〜3,500万USDとなっている。最低取引金額は銀行によって異なるが、ほとんどの銀行が自発的に取引する小額取引は自行顧客との間では約50万USD、他行へクォートする最低金額は、通貨ペアの種類や取引に参加する銀行によって変わるが、500万〜2,000万USDである。大規模で活発に取引している金融機関の多くでは、2,000万USDがポピュラーな通貨ペア取引での最低金額となっている[viii,ix]。

(7) 専 門 化

　取引金額のほかに、市場参加者の数が多く、さまざまなセグメントに特化する市場参加者がいる。たとえば、日本の銀行は日本円が関係する取引には大変積極的であるが、他の通貨同士の取引、たとえばGBP／USDではそれほどではない。ある銀行はスペインペセタのようなマイナーな通貨の取引を得意とし、ポピュラーな通貨での500万〜1,000万USD単位の小口取引を好む銀行もある。問題は、「だれが何をやっているのか」について、なんのガイドブックもないので、市場取引を積極的に行っている銀行の経験あるトレーダーに聞かない限り、わからないということである。リストを出版するのは意味がない。というのは、市場は常に変化しており、トレーダーは勤める銀行を頻繁に変わり、それに伴って雇用先各行の取引の力点も変わってい

---

viii　通貨オプション市場の取引規模は市場参加者の拡大等により変化しているが、最低取引金額は現在でも大きな変化はない。

るからである。

ix　〈参考〉原著出版時点以降の世界のOTCデリバティブ取引残高の増加状況は次の表の
とおり。

　主要13カ国の主要銀行を対象としたBISの調査によると、2017年6月末の世界のOTC
デリバティブ取引残高（想定元本ベース、2004年12月末以降はCDSを含む）は、542兆
USD（2016年12月比12.4％増）と増加し、市場価値で評価した総市場価額は、全体で
2007年以後最少の12.7兆USD（同15.1％減）と減少した。外国為替のうち、USDは
86.9％（2016年12月は89.7％）、ユーロは33.0％（同32.4％）、日本円は18.6％（同
19.9％）を占め、金利のうち、USD建ては37.5％（同38.2％）、ユーロ建ては29.5％
（同27.7％）、円建ては9.8％（同11.3％）、GBP建ては8.2％（同8.3％）を占める。商品
（コモディティ）取引残高は、1.4兆USD（2016年12月比3.8％増）と増加した。店頭デ
リバティブ市場における中央清算は、金利では320兆USDで、中央清算の割合は77％
（前期比、前年比ともにほぼ変わらず）、CDSでは、想定元本残高の減少にもかかわら
ず、4.9兆USD（2016年12月比14.0％増）に増加した。

（単位：10億USD）

	2015年 6月末	2015年 12月末	2016年 6月末	2016年 12月末	2017年 6月末
全商品合計	551,489	492,707	552,921	482,418	542,435
うち					
外国為替	73,607	70,446	74,196	68,598	76,980
うち先渡し等注1	36,699	36,331	39,703	37,215	43,871
スワップ注2	23,566	22,750	22,789	20,903	22,207
オプション	13,342	11,365	11,703	10,478	10,901
金利	434,507	384,025	426,797	368,356	415,914
うちFRA	74,633	58,326	73,878	60,666	72,584
スワップ	319,821	288,634	318,172	275,168	306,144
オプション	40,053	37,065	34,723	32,226	36,970
その他	−	−	24	296	216
株式関連	7,544	7,141	6,631	6,140	6,836
商品（金等）	1,671	1,320	1,401	1,350	1,401
CDS注3	14,594	12,294	11,763	9,857	9,644
うち個別対象先	8,205	7,183	6,579	5,582	5,042
複数対象先	6,389	5,110	5,184	4,275	4,602
その他注4	19,566	17,481	31,936	27,864	31,330

注1：Outright forwards and forex swaps
注2：Currency swaps
注3：Credit Default Swaps
注4：不定期に報告する金融機関の残高予想額
（出所）BIS調査より金融先物取引業協会作成

(8) まとめ

　店頭市場あるいはインターバンク市場は、銀行その他のプロのみの市場である。各参加者は取引するために十分な信用力、すなわち、取引相手となる可能性のある各参加者から与信枠を与えられていることが必要とされる。したがって、ほとんどの参加者による市場へのアクセスは、すでに関係が存在する取引先銀行を経由して行われる。

　取引慣行、倫理、専門用語は外国為替市場のものが採用されているが、店頭オプションのプロは外国為替取引の相手方よりもよりアカデミックなバックグランドをもっている場合が多い。

第 3 章

オプションの特性

オプションの特性はグラフで表示するのがいちばんわかりやすく、限定された ネットのオプション料（プレミアム）と無限な利益・損失の可能性の双方が示される。四つのオプションの基本的なポジションのそれぞれについて、権利行使期日におけるスポットレートのレンジに対するオプションのペイアウトの状況が、いわゆる「ホッケー・スティック」グラフとなって示される。

1　外国為替ポジション

オプションポジションに触れる前に、まず、現物の外国為替ロング（原注1）ポジション（図3.1）におけるリスクをみた後、コール・オプションおよびプット・オプションの売り買いそれぞれを比較することとする。図3.1および図3.2は権利行使期日でのペイアウト・グラフである。

Y軸は「FXポイント」でみる損益であり、1米セントの100分の1を表している。200ポイントは2米セント、0.02USDである。したがって1.50から1.52への動きは2米セント、すなわち200ポイントの利益である。

（原注1）　ロングとは、当の通貨がその価格上昇をねらって買われたことを意味している（反対に、ショートは価格下落をねらって売られた場合のことを指している）。

2　ロング・コール（コールの買い）

GBPコール（USDプット）の保有から得られる利益は図3.2のようにGBPの価値上昇によりもたらされ、他方、GBP価値の下落による損失は限定されている。このオプションの購入は、会社がGBPの価値上昇に対して保護されたい場合に適している。この例は、英国の輸出業者がUSDで未収売掛金をもつ場合である。

図3.1 外国為替買いポジション（1GBP当り1.50USD）

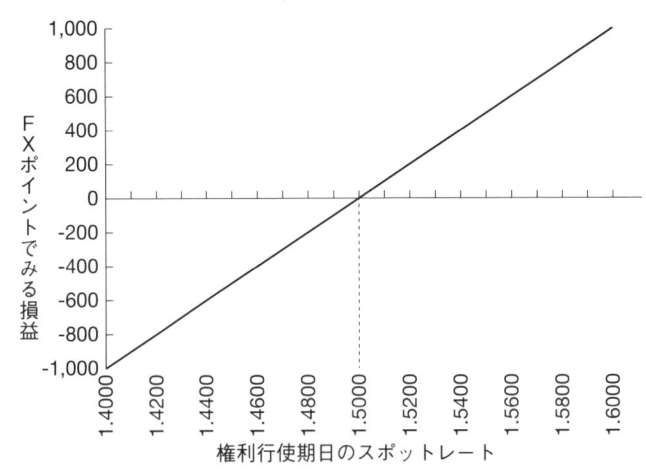

注：利益・損失のシナリオは正反対の形状（50：50の利益・損失機会が限界なくパラメータに対して存在する）。

図3.2 買いオプション：GBPコール（USDプット）、権利行使価格1.50、プレミアム2米セント（0.02USD）

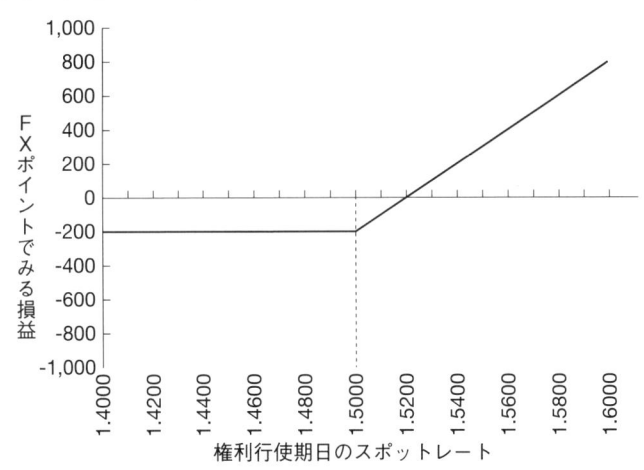

注：利益の機会は無限であるが損失は支払われたプレミアム（オプション料）、2米セント（200ポイント）に限定される。投機的な視点からは、損益分岐点は権利行使価格にプレミアム（オプション料）を加味すると、1.52（＝1.50＋0.02）である。

3 ロング・プット（プットの買い）

　図3.3では、利益はGBPが下落した場合に生じる。しかし、GBPが上昇しても、損失は限定されている。GBPプット（USDコール）の買いは、たとえば、USD建て未払金債務をもつ英国輸入業者のような、USDに対するGBPの下落に対してプロテクトしたい会社に向いている。

■例

　図3.1は、GBPを1単位当り1.50USDで購入した場合の、典型的な外国為替ポジションを示している。GBPの価値が増加すれば、買い手は利益を得ることとなり、下落すれば損失を被る。この両者の確率は等しく、したがってこのシナリオは50：50、あるいは、「イーブン・マネー」投機である。これは、未払金がUSD建てである英国の輸入業者が直面する状況である。GBPがベースとなるので、輸入業者はGBPが下落する

図3.3　買いオプション：GBPプット（USDコール）、権利行使価格1.50、プレミアム2米セント（0.02USD）

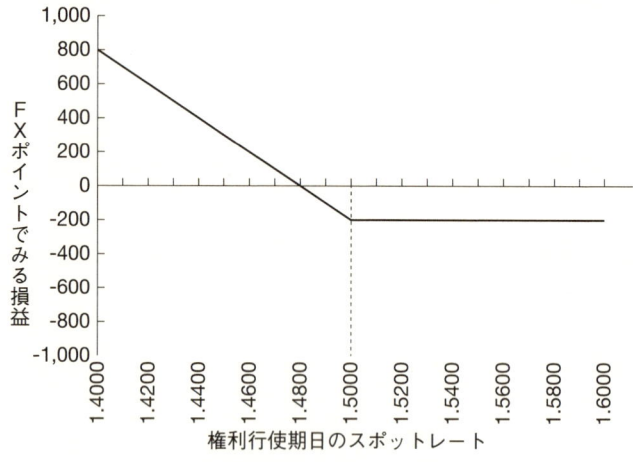

注：利益の機会は無限であるが損失は支払われたプレミアム（オプション料）、2米セント（200ポイント）に限定される。投機的な視点からは、損益分岐点は権利行使価格にプレミアム（オプション料）を加味すると、1.48（＝1.50−0.02）である。

（1 GBP当りのUSD手取りが少なくなる）と追加的なコストを支払わなければならないが、他方、GBPが上昇する（1 GBP当りのUSD手取りが多くなる）とコストが減少する。このような投機的な要素を避けるためには、輸入業者は、支払予定日を権利行使期日とするUSD買い（GBP売り）フォワード取引を行いさえすればよい。この場合のコストは、輸入業者によって計算された米ドルのレート（つまり、商品が注文された時のレート）とフォワード取引約定時のレートの差となる（この差はプラスとなりうる）。しかし、通貨オプションは、フォワード取引の代替手段となる。図3.3は、権利行使価格1.50（USD／GBP）、プレミアム2米セントでのUSDコール（GBPプット）を示している。このオプションポジションでは、コストは2米セントに限定されており、利益はGBPの価格下落により生ずることがわかる。したがって、このオプションにより輸入業者のリスクは相殺され、一方、GBPの価格上昇はそのまま利益の増加となる（プレミアムのコスト2米セントを減額した額）。

この例をより強調するため、輸入業者が輸入財受取りの際に150万USDを調達する必要がある場合を考えてみよう。この場合、選択肢は三つある。

(1) 何もしない（図3.1に示すようにポジションのリスク全額を引き受ける）。

(2) USD買い（GBP売り）フォワード取引を約定する。これにより外国為替ポジションリスクを全額カバーするが、GBPの価格上昇による追加的な利益機会は放棄する。

(3) USDコール（GBPプット）オプションをプレミアム0.02USDで購入する。支払うべきプレミアムは、1万3,333GBP（＝100万GBP×0.02／1.50）となる。

これら三つの選択肢の結果を、150万USDを調達する場合のGBP建てコストとして表3.1に示す。

表3.1　150万USDを調達する場合のGBP建てコスト比較

行使期日のレート	何もしない	USDフォワード買い	オプションの購入
1.70	882,352.94	1,000,000.00	895,685.94
1.65	909,090.91	1,000,000.00	922,423.91
1.60	937,500.00	1,000,000.00	950,833.00
1.55	967,741.94	1,000,000.00	981,074.94
1.50	1,000,000.00	1,000,000.00	1,013,333.00
1.45	1,034,482.76	1,000,000.00	1,013,333.00
1.40	1,071,428.57	1,000,000.00	1,013,333.00
1.35	1,111,111.11	1,000,000.00	1,013,333.00
1.30	1,153,846.15	1,000,000.00	1,013,333.00

　オプションの場合には、フォワード取引シナリオに比べて、最悪の場合でもプレミアム・コスト以上の損は出ないことがわかる。最善の場合には、リスクの高い「何もしない」ケースに比べて、プレミアム・コストの負担だけとなり、オプション購入により、為替相場がポジティブな方向に変動した際にはメリットのほとんどを享受することができるとともに、わずかな費用（このケースでは総額の1.33%）でネガティブな方向への変動による損失を回避することができる。

4　コールおよびプットの同時売買（ストラドル）

　前段で、ロング・コールとロング・プットの効果が確認されたが、次のステップでは、これら二つを合成し、単純な組合せオプション（第5章参照）をつくる。権利行使価格・金額・権利行使期日を同一とするコール買いとプット買いは「ロング・ストラドル」と呼ばれ、図3.2と図3.3をあわせた図3.4でストラドルの組成が示される。

　ストラドルは通常、原資産である外国為替レートに変化が予想されるが、その方向性が不確実な場合に利益を得る手法として用いられる。

図3.4　買いオプション：GBPコール（USDプット）、権利行使価格1.50、プレミアム2米セント（0.02USD）および買いオプション：GBPプット（USDコール）、権利行使価格1.50、プレミアム2米セント（0.02USD）。プレミアムの総額は4米セントまたは400ポイント

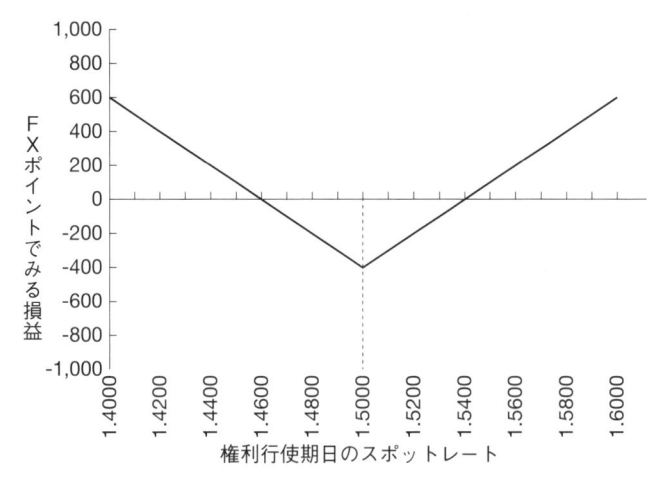

注：利益の可能性はスポットレートの値動きの双方向に対して無限であるが、損失は支払プレミアムの総額（4米セント）に限定される。投機的な観点からは、損益の分岐点は権利行使価格にプレミアム総額を加減した1.46もしくは1.54となる。

　二つのオプション分のプレミアムを支払うため、コスト負担は大きく、支払われたプレミアム以上の利益を得るためには、原資産価格であるスポットレートが大きく変動する必要がある。

5　ショート・オプション

　これまでの例示はオプションの買い手の目線に立つものであったが、オプションは売ることもできる（図3.5および図3.6）。売り手の場合には、利益の最大はオプションのプレミアムであるが、外国為替からの損失は無限大となる可能性がある。図3.5は図3.2を権利行使価格を基点に逆向きにしたものである。

オプションを売ることは、しばしば保険の引受けにたとえられ、いずれも何も起こらない（つまり、オプションが行使されない）場合に受け取るプレミアムが収益になる。図3.5では、オプションの権利行使期日のスポットレートが1.50以下の場合がそれに相当する。

もし権利行使期日のスポットレートが1.50を超えていれば、オプション保有者（買い手）はオプションを行使し、（オプションの売り手にとっては）スポットレートが損益分岐点（権利行使価格にプレミアムを加味したレート）である1.52までは利益が減じられていき、それを超えたレベルではスポットレートと1.52との差額に相当する損失が生じることとなる。スポットレートに上限はないので、損失は無限となる。

法人のオプション利用者がオプションを売却するのは、ほとんどの場合、すでに原資産を有しており、行使があればいつでも引渡しに応じることができる場合である。このようなやり方においては、プレミアムは「収入増加策」となる。たとえば、米国の会社がGBPを有利子口座に保有しており、現時点のスポットレートである1.50（USD／GBP）で評価されているとする。この会社は最終的にはUSDに転換するが、それは会計年度末まで、たとえば、半年以内には生じないとすると、会計担当者は期間3カ月の1.50GBPコール（USDプット）を2米セント（1.3%）で売ることが可能である。受け取ったプレミアムは前受け収入となるが、最悪のケースは、スポットレートが当初の価格である1.50より高くなってオプションの買い手がオプションを行使し、1.50でGBPを売ってUSDを買う場合である。この会社は、スポットレートが権利行使期日に1.50超であれば、GBPをUSDに1.50よりも高い価格で転換することによって得られる利益を放棄しなければならない。スポットレートが1.50より低い場合には、オプションは行使されず、無価値なものとして消滅する。より低い価格でUSDに転換しなければならないというネガティブな効果は、プレミアムを受け取ったことによってある程度相殺されている。

上記の例では、会社は年度末までの6カ月ではなく、3カ月のオプション

図3.5 売りオプション：GBPコール（USDプット）、権利行使価格1.50、プレミアム2米セント（0.02USD）

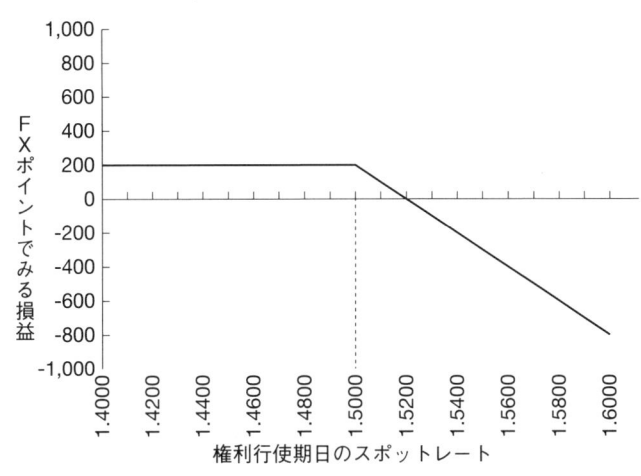

注：潜在利益は現物価格1.50以下で最大となる受取プレミアム額に限定される。損益の分岐点は1.52である。

図3.6 売りオプション：GBPプット（USDコール）、権利行使価格1.50、プレミアム2米セント（0.02USD）

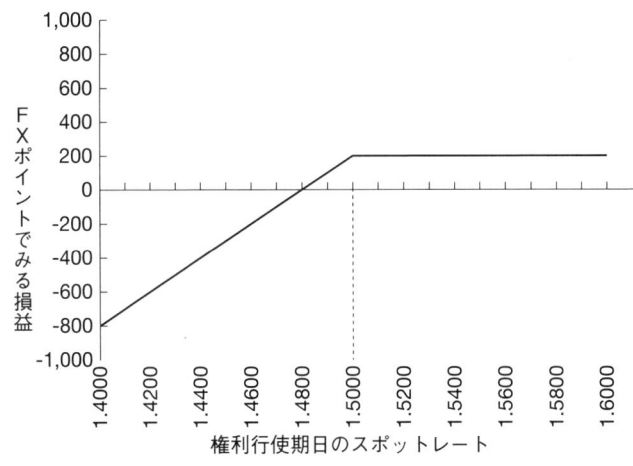

注：潜在利益は現物価格1.50以上で最大となる受取プレミアム額に限定される。損益の分岐点は1.48である。

を売っていることに注意が必要である。GBPが必要とされる予期せぬ事態に備え、短い期間を選んだのである。会計担当者は、もちろん、どのような期間のオプションでも売ることができるし、この例でも、権利行使がないままに最初の3カ月が経過した後、残りの3カ月についても、おそらくオプション売りを行ったであろう。オプションの満期以前に、他通貨への交換（conversion）のためGBPの残高が必要となった場合には、財務担当者はこのオプションを買い戻し、GBPをスポットで売却（したがって、USDを購入）することになるであろう。

　この例では、この会社のポジションはGBPのロング（現金）およびGBPコール・オプションのショート（GBPの潜在的な売り）により構成されていることに注意しなければならない。このポジションは、「カバード・コール売り」として知られているもので、「合成ショート・プット」として知られているGBPプット・オプションのショートと同じ結果となるが、これについては第4章で詳述する。

6 原資産ポジション

　外国為替取引では、ある通貨についてロング（その結果、カウンター通貨についてはショート）またはショート（その結果、カウンター通貨はロング）となる。たとえば、USDに対しDEMを1.50（DEM／USD）でロングであれば、USDはショートである。混乱を避けるために、以下の議論では、カウンター通貨（あるいは通貨ペアに記載される2番目の通貨（second currency））は正反対の結果となることを前提として、ベース通貨のポジションのみについて議論することとする。

　図3.1を例にとれば、1.50でGBP通貨を買ったことによりGBPのロングとなり、GBPの価値が上昇すれば利益を得る。オプションでは、GBPコール（USDプット）を買えば、このオプションはGBPを買う権利であるので、GBPのロング・ポジションをつくることができる。他方、オプション保有者

表3.2 原資産ポジション

	オプションの買い	オプションの売り
コール	購入の権利 原資産のロング プレミアム支払	売却の義務発生の可能性 原資産のショート プレミアム受取り
プット	売却の権利 原資産のショート プレミアム支払	購入の義務発生の可能性 原資産のロング プレミアム受取り

がGBPを当方に売りつける（当方はGBPを買う）権利であるGBPプット（USDコール）を売ることもできる。このように、オプションによって外国為替のロングまたはショートのポジションをつくるには二つの方法がある。

表3.2はオプションによって外国為替のポジションをつくる二つの方法の違いを示している。最も大きな違いはプレミアムの受払いと権利行使期日でのオプション行使の確実性である。買い手は、希望すれば、常に引渡しを受けることができるが、売り手にそのような保証はない。

図3.2で表したコール買い（原資産のロング・ポジション）と図3.6で表したプット売り（原資産のロング・ポジション）の二つの方法では、現物の外国為替ポジション（図3.1）と同じ効果はもたらさない。二つのグラフのいずれも、外国為替現物のロング・ポジションと同じ直線グラフとはならない。しかしながら、第4章に示すように、コールとプットを組み合わせて外国為替の合成ポジションをつくることは可能である。

第 4 章

プット・コール・パリティ

通貨オプションは、外国為替取引からの派生商品であるので、コール・オプション、プット・オプション、原資産である外国為替取引の間には「プット・コール・パリティ」という直接の関係が成立する（コール・プット・パリティというより発音しやすい）。

　コールの買い（ロング）とプットの売り（ショート）は、権利行使価格、金額、権利行使期日が同一ならば、フォワード・ポジション（ロング）と同様となる。

　これはより単純に次のように表記できる（ここで"＋"はロングを、"－"はショートを表す）。

$$+\text{Call} - \text{Put} = +\text{FX}$$

　したがって、コールの買いとプットの売りをあわせたものは、合成された外国為替ポジションとなる。これは図4.1および図4.2に示されているように

図4.1　GBPコールの買いとGBPプットの売り、権利行使価格1.50、プレミアム２米セントの場合（各オプション当り）　双方のオプションの権利行使期日は以下に*個別*表示された二つのポジションと等しい

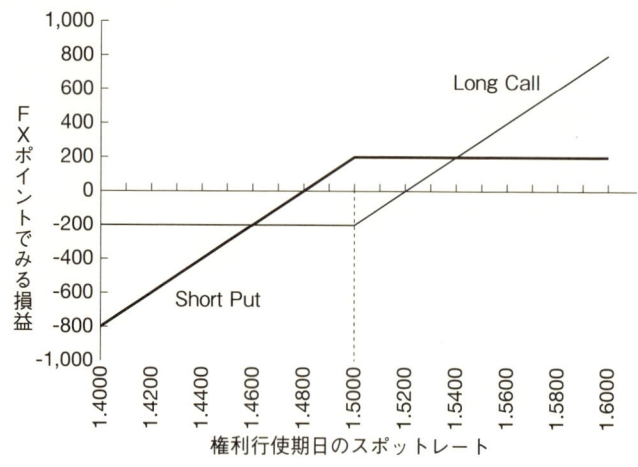

注：図3.2のコールの買いは図3.6のプットの売りと同じである。

図4.2　GBPコールの買いとGBPプットの売り、権利行使価格1.50、プレミアム 2米セントの場合（各オプション当り）　双方のオプションの権利行使期日は以下に合成表示された二つのポジションと等しい

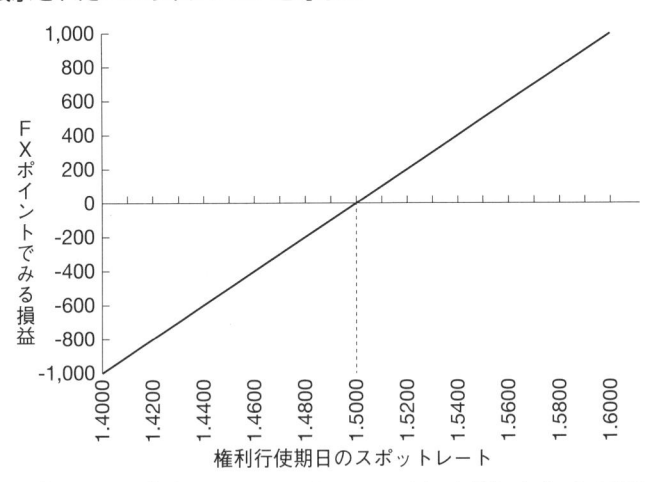

注：二つのプレミアムは相殺されてゼロになるので、図から消え（プットの売りで0.02受取り、コールの買いで0.02支払）、図3.1の外国為替ポジション、つまりGBPロング（または買い）が残る。

視覚的に証明できる。

$$もし　　+Call-Put=+FX　　ならば、$$
$$+Call-Put-FX=0$$

　ゼロは、ポジションがない、換言すれば、勘定はスクエア（square book）である。この「コールの買い、プットの売り、外国為替の売り」の組合せは、しばしば、オプショントレーダーが、リスクフリーなポジションを形成し、オプション市場と外国為替市場の間での裁定取引により利益を得るために用いられる。このシナリオは「コンバージョン」（またはbox on exchanges）と呼ばれる。

　この逆の、「コールの売り、プットの買い、外国為替の買い」の組合せの、

$$-\mathrm{Call} + \mathrm{Put} + \mathrm{FX} = 0$$

もほぼ同様に用いられ、「リバース・コンバージョン」として知られるが、通常、両者とも単純に「コンバージョン」と呼ばれる。

1 合成オプション

　同様に、簡単な代数式を用いて、合成オプションのシナリオをつくることができる。

$$+\mathrm{Call} - \mathrm{FX}$$
$$= +\mathrm{Put}\,(\text{コールの買い、外国為替の売りは、プットの買いと等しい})$$
$$=\text{合成プットのロング}$$

$$-\mathrm{Put} - \mathrm{FX}$$
$$= -\mathrm{Call}\,(\text{プットの売り、外国為替の売りは、コールの売りと等しい})$$
$$=\text{合成コールのショート}$$

　第3章の米国の会社がGBPをもっており、プレミアムを得る目的で、保有するGBPに対してコール・オプションを売る場合をもう一度考えてみよう。この会社の財務担当者のポジションは外国為替（＝GBP）のロングとGBPコールのショート（コール・オプションの売り）である。これは、

$$+\mathrm{FX} - \mathrm{Call} = -\mathrm{Put}\,(\text{合成プットの売り})$$

と表すことができる。これは図4.3と図4.4で示される。

　この例で、会社は期間3カ月のGBPコールを期限のないGBP残高に対して売った。この場合、財務担当者が、戦略に従って、コールのショートに対してロングであるGBP残高の維持をコミットする限りにおいて合成プットが実現できている。しかし、本来の合成プットであるためには、この戦略の価

図4.3　GBPの為替買い（1.50）と、GBPコール売り（権利行使価格1.50）の組合せ。プレミアム2米セント、権利行使期日3カ月もののポジションは、以下に*個別*表示されているとおりとなる

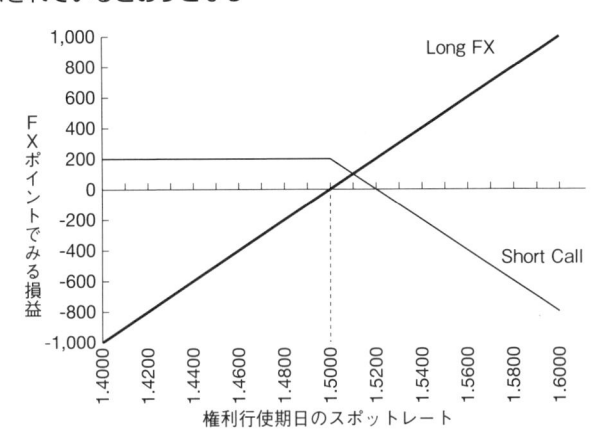

注：為替の買いは図3.1と同じであり、コールの売りは図3.5と同じとなる。

図4.4　GBPの為替買い（1.50）と、GBPコール売り（権利行使価格1.50）の組合せ。プレミアム2米セント、権利行使期日3カ月もののポジションは、以下に*合成*表示されているとおりとなる

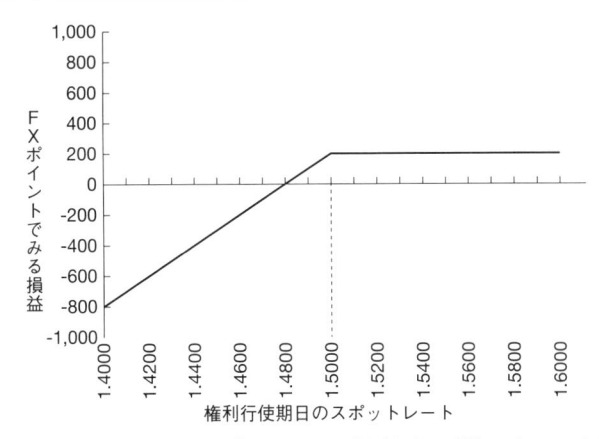

注：損益は1.50以上で相殺され、プレミアムの受取益だけが残るが、1.48以下では無制限の損失を被ることになる。それゆえ、利益は1.48以上で生まれる。これは図3.6のプットの売りと同じである。

格が決定できるように、つまり、合成戦略のほうが単純なプット売りよりも有利かどうかがわかるように、オプションの想定受渡日にあわせて外国為替の受渡日が決められている（通常はこれが外国為替スワップで行われる）必要があるだろう。

　プット・コール・パリティは、オプションを理解するために本質的なものである。原資産の取引だけでコールからプット（あるいはその逆）への変更ができることは、オプションディーラーにとっては、コールかプットかの区別は問題ではなく、ロングかショートかの区別だけが問題であることを意味する。この例は後の章で示される。

2　プット・コール・パリティの実例

　プット・コール・パリティが実際に機能している例は多数の市場でみられるが、いちばんよい例として、「カバード・コール売り」戦略がきわめて一般的な株式市場でみることができる。この戦略は上記の米国会社が自社勘定で保有するGBPに対してコールを売る戦略と基本的に同じである。

　株式のカバード・コール売りは、おおむね以下のとおりである。

(1)　配当利回りが年2％である株式を価格100で買う。

(2)　行使価格120（アウト・オブ・ザ・マネー）のその株式のコールを、オプション料15で売る。

　この戦略は、よい話ばかりであるようにみえる。

(a)　株価が120に達し、さらにそれを超えて上昇すれば、コールの権利行使に応えて、株を120で売ればよい。この利益は20であり、加えて、オプション料15を得るので、全利得は35である。

(b)　株価が上昇するが、120には到達しない場合、株価マイナス100の利益を得るとともに、コールはアウト・オブ・ザ・マネーのまま失効するので、オプション料15を得る。たとえば、株価が105であれば、利益は5とオプション料の15の合計20となる。

(c) 株価が同じかまたは下落すれば、単純に株を保有しているよりオプション料の15だけ得している。たとえば、株価が80であれば、投資家は購入した株式について20の損失を被るが、コール・オプション料15を得るので、ネットの損失は5となる。

この例では、オプションを売ることは単純に株式を保有するより保守的であることがわかる。そして、多くのブローカーは、権利行使された場合に無限の損失を負う、きわめてリスクの高い戦略であるオプション売りを単独では絶対に行わないようにと教えている。しかし、ここで投資家が行った取引をもう少し詳しくみると、

(1) 株式（原資産）のロング（価格100）

(2) 権利行使価格120のコールのショート（アウト・オブ・ザ・マネー）

プット・コール・パリティにより、これは合成プットのショートである。つまり、

$$+ 株式 - \text{Call} = - \text{Put}$$

すなわち、カバード・コール売りは、実際にはプットの売りでしかない。投資家はプット売りポジションと等しいリスクをもっており、それは次のように記述できる。

(3) 権利行使価格120のプットをプレミアム35で売る。35の内訳は本源的価値（イン・ザ・マネー）の20と時間的価値の15である（価格計算についてのもう少し詳しい説明は第6章参照）。

(d) 株価が120またはそれを超えて上昇すると、プット・オプションの価値がなくなって失効し、投資家は最大35の利得を得る。これは上記の(a)と同じである。

(e) 株価が上昇するが120を超えない場合、プットはオプション保有者により権利行使され、現金決済（差金決済）（原注1）であれば「120 - 株価」の価値となる。たとえば、株価が105であれば、価値は120 - 105 = 15であり、プットを売った投資家にとっては15の損失となる。この投資

家にとってのネットの損益はプレミアムの利益35、プットの権利行使の損失15を合計した20の利益となる。これは上記の(b)と同じである。

(f)　株価が上昇せず、同一価格か下落する場合には、プット・オプションの権利行使がなされ、その価値は、行使価格から株価を差し引いたものとなるが、これは投資家にとって株価の下落に比例して増加する損失となる。しかし、その損失はプット・オプションのオプション料35により埋め合わされる。たとえば、株価が80となった場合にはプットの価値（プットが行使された場合の損失）は120－80すなわち40となるが、オプション料35を差し引くので、ネットロスは少額の5となる。これは上記(c)と同じである。

上記の例をみれば、プット売却という一つですむ取引を株式購入・コール売却という二つの取引とすることは、ブローカーの観点以外の理由に乏しいとみることができる。では、なぜ、原資産をもたずしてオプションを売ることが「危険」なのであろうか。明らかに、リスクにおいて違いはなく、答えは投資家の**感じ方**にある。もし、株式購入についての決定が、株価がゼロとなれば全投資額を失う可能性があるということを完全に理解したうえでなされれば、（コール）オプションを保有株式に対して売ることは保守的となる。しかし、損失が無限であることを知らずに、プレミアム目的だけでオプションを売るのは、本当に危険である。他方、カバード・コール売りを行っている投資家のうち、どれほどがプットを売っているだけにすぎないことを理解しているのだろうか。

（原注1）　現金決済（差金決済）は、オプションの権利行使が、実際の原資産の取引数量（この場合では株式数）の受渡しではなく、権利行使価格と原資産の相場価格の差額の支払により完了する手続のことである。

3　他の合成オプション

コール、プット、原資産について、権利行使価格、数量、権利行使期日の

違いも入れれば、きわめて多数の組合せが可能となる。オプション価格が外国為替市場や金利市場といったさまざまな市場の相場を反映する限り、他の要素とオプションを組み合わせて、各要素を合成することが可能である。プット・コール・パリティが合成オプションあるいは外国為替のポジションをつくりだすことができることはすでにみたとおりであるが、外国為替のスポット、フォワード取引とオプションを組み合わせれば、合成の金利（すなわち貸付）をつくりだすこともできる。

■具体例

売り：DEMコール（USDプット）、権利行使価格1.7DEM／USD、
　　　　1,000万USD、期間3カ月、プレミアム受取り206万9,017DEM

買い：DEMプット（USDコール）、権利行使価格1.7DEM／USD、
　　　　1,000万USD、期間3カ月、プレミアム支払1,137DEM

買い：DEM（売りUSD）、1,000万USD、フォワード、相場1.4915

現行相場：スポット1.5（DEM／USD）、3カ月DEM／USDフォワード・スワップ－0.0085DEM／USD、DEM金利3.25％

このポジションは、コールのショート、プットのロング、アウトライト・フォワードのロングであり、プット・コール・パリティによりリスクフリーとなる。つまり、$-\mathrm{Call}+\mathrm{Put}+\mathrm{FX}=0$。戦略は、3カ月後、売ったコールが権利行使されるか、買ったプットの権利行使をするかで、いずれにしてもDEMを売り、同時にフォワード取引でDEMを買うというものであるから、スポット外為相場の価格変化からは影響を受けない。プレミアムのキャッシュフローは次のようになる。

売り：DEMコール（USDプット）　206万9,017DEM受取り

買い：DEMプット（USDコール）　1,137DEM支払

差引：プレミアム受取り　　　　　206万7,880DEM

このプレミアムはオプションの権利行使期間の始期、取引日から2営業日後のバリュースポットで受領される。

3カ月後の権利行使期日におけるポジションは次のとおりとなる。

オプション権利行使（行使価格1.70）	−DEM	＋USD
	1,700万	1,000万
外為フォワード（フォワード価格1.49165）	＋DEM	−USD
	1,491万5,000	1,000万
ネット	−DEM	
	208万5,000	0

　3カ月後のDEMの支払208万5,000に対して、オプション料の受取りはバリュースポットの206万7,880DEMであるが、この差額1万7,120DEMは、当初のDEM金利、年3.25％の3カ月分に相当する。この戦略は、3.25％の合成された借入れである。この戦略は、売られるオプションがディープ・イン・ザ・マネーであり、受け取るオプション料が高額となるために成り立っている。買われたオプションはファー・アウト・オブ・ザ・マネーとなっており、ネット受取りプレミアムの減少額はきわめて少ない。しかし、フォワードでDEMを買った（USDを売った）以上、外国為替リスクをゼロとするためには、必ずDEMプット（USDコール）を買う必要がある。

　オプションによる合成ローンは、借入れに制約があるものの、オプションや外国為替取引には制約のない国、あるいは（発生主義と時価主義のように）商品ごとに会計基準が異なる国では有用な場合がある。

第 5 章

オプションの組合せ
（組合せオプション）

オプションを用いた派生商品をつくることで、原資産である外国為替の市場ではできないようなリスク・リターンをもつ、時として見慣れない戦略が可能となる。たとえば、単純なストラドルは同時にロングでありショートである（しかも同じ価格の）外国為替ポジションをつくることができる。これを外国為替市場で実現しようとすると、ロングとショートがお互いに相殺しあうので、まったくポジションをもてない（もたない）こととなってしまう。

1 取引所（通貨オプション）戦略

本書を読み進めると数多くのオプション戦略がつくられることがわかってくると思う。すでにコール・オプションとプット・オプションの両者をロングで保有する、「ストラドル」（図3.4）を示した。

ロング・コールにショート・コール、ロング・プットとショート・プットの四つの基本的構成要素を使い、異なる権利行使価格、数量、権利行使期日を用いることで、すべての組合せオプションをつくることができる。オプション、特に株式オプションの取引所取引が行われるようになってから、かなりの期間が経過しており、多くの組合せが特有の名前をつけられ、通貨オプションにも引き継がれている。

現在、多数の組合せオプションが存在している。たとえば、異なる権利行使価格のコール・オプション、プット・オプションを用いるバタフライや、コンドル、ストラングルなどがあり、あるいは、権利行使価格も額面も異なるレシオ・バックスプレッド、同一の権利行使価格で異なる権利行使期日をもつカレンダー・スプレッドなどがある。

これらの戦略は、スポット市場の変動、無変動、偏った変動、ボラティリティに関する興味深い投機シナリオを提供するが、しばしば多数の上場オプションの同時売買を含んでおり、取引手数料は取引枚数ベースで賦課されるので、取引コストがかさむ結果となる。実際、上場オプション戦略のうち一

つ、二つは、「ブローカーの夢」とでも名づけたほうがより的確といえる。

　店頭市場では、外国為替取引のヘッジという異なる目的を志向して独自の戦略が生まれた。組合せオプションは、ここでも権利行使価格、数量を異にするコール・オプションとプット・オプションで構成されるが、ヘッジ・コストの縮減のためのプレミアム削減を主目的として考案されてきた。銀行は自行の商品に独自の名前をつけてきたので、遺憾ながら、同じ戦略が相手によって異なる名前で呼ばれるということとなった。

　以下においては、まず、取引所取引において頻繁に用いられる戦略を概観し、次いで、店頭でつくられたシナリオをみることとする。ロング・コール、ショート・コール、ロング・プット、ショート・プットという四つの構成要素をここで再度説明することはしないが、ストラドルは組合せオプションの最初の例として記述する。

(1)　ストラドル

　ストラドルは、原資産である外国為替市況の変動が予想されるが、その方向性に確信がもてない場合のスペキュレーションのための商品である。2種のオプション料を支払うため取引コストが高いので、利益があがる状況となるためには、スポット市場での市況変動がかなり大きく、オプション料として支払われているコストを回収することが必要とされる。

　図5.1はロング・ストラドル、すなわち、コールとプットの購入と支払プレミアムを示している。もちろん両方のオプションを売ることでショート・ストラドルを組み合わせることができる。ショート・ストラドルにおいては、利益の最大幅は、受取プレミアムの合計となる（スポットが権利行使価格の1.50であるとき）。このケースでは、売り手はスポットレートが1.46〜1.54の帯域にとどまることを予想している。これは、ボラティリティが低い静かな市場において有効な戦略となる。

　ショート・ストラドルは図5.1を逆転させたものとして示されるが、読者は単純に利益と損失の領域を入れ替えればよい。

図5.1 GBPコールの買いとGBPプットの買いの合成（権利行使価格1.50、プレミアム４米セント）

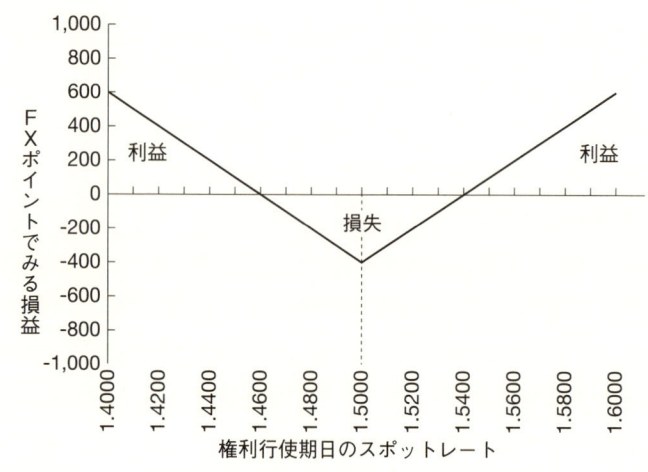

注：潜在利益はレートがどの方向に動こうと無限大だが、損失は支払プレミアムの総額４米セントに限定される。損益分岐点は権利行使価格から支払プレミアム総額を加減した1.46または1.54となる。

⑵　ストラングル

　ストラングルは通常、原資産である外国為替相場の変動が予想されるが、方向性に確信がもてない場合の投機的な商品として用いられる。二つのオプションのプレミアムが必要なためコストは高いが、ストラドルに比べて、権利行使価格がアウト・オブ・ザ・マネーとなっているのでストラドルよりは安くなっており（原注１）、その半面、損益分岐点がさらに遠くなる（ストラドルの場合の1.46／1.54に対して1.45／1.55となる）。したがって、利益が生ずるためには外国為替相場がより大きく変動することが必要となる。

　図5.2は、ロング・ストラングルを示しているが、ストラドルと同じように、ストラングルを売って、オプション料収入を収益の上限とする（スポット相場が1.48〜1.52の間にあるとき）ショートシナリオをつくることができる。この場合、損失はスポットレートのどちらの方向にも無限大となる。

図5.2　権利行使価格1.52のGBPコールの買いと、権利行使価格1.48のGBPプットの買いの合成で、それぞれのオプションのプレミアム1.5米セント──総額3米セントの場合

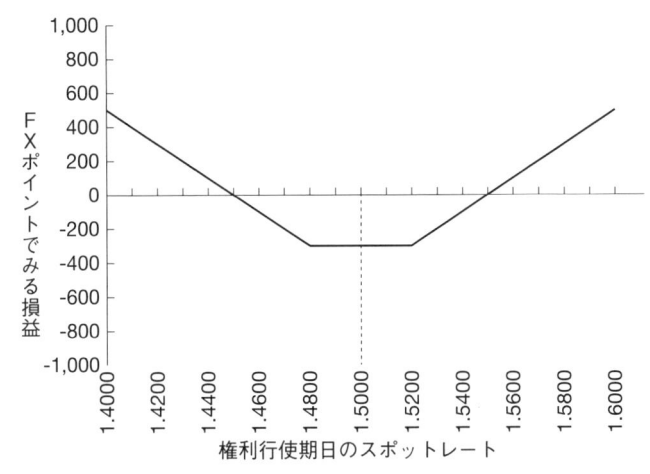

注：潜在利益はレートがどの方向に動こうと無限だが、損失は支払プレミアムの総額3米セントに限定される。損益分岐点は権利行使価格から支払プレミアム総額を加減した1.45または1.55となる。

（原注1）　注意：アウト・オブ・ザ・マネー（OTM）とはオプションの権利行使価格と原資産である外国為替相場の差がネガティブ、すなわち、いま権利行使期日を迎えたら、そのオプションは行使されない状態───本源的価値がない状態をいう（本源的価値については第1章参照）。

⑶　ブル・スプレッド

　ブル・スプレッドは、きわめて保守的な戦略で、原資産であるスポット市況は上昇するが一定水準（高いほうの権利行使価格（アッパー・ストライク））までの上昇しか予想されない場合に使われる手法である。より高い権利行使価格での売りを行うことで、ブル・ポジション（相場の上昇）のコストを下げ、低コストで限定的なリターンのシナリオをつくるものである。

　図5.3に示されたスプレッドは、コール・オプションを買い、別のコール・オプションを売ることで構成されている。したがって、ブル・コール・

図5.3　権利行使価格1.50、支払プレミアム2米セントのGBPコールの買いと、権利行使価格1.54、受取プレミアム0.6米セントのGBPコールの売りの合成で、ネットの支払プレミアム1.4米セントの場合

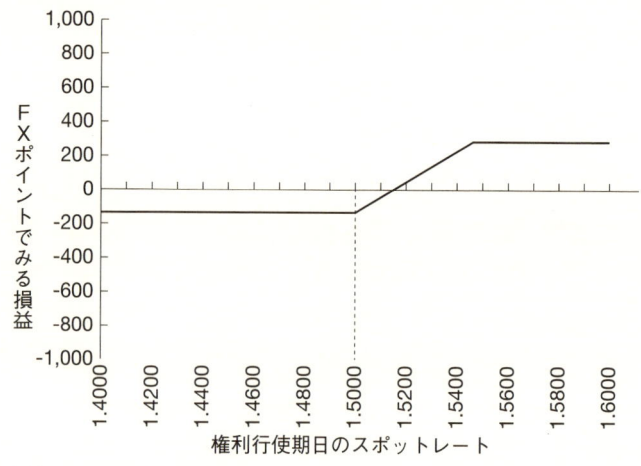

注：潜在利益は二つの行使価格の差からネット支払プレミアムを引いた2.6米セントに限定される（1.54-1.50＝4米セントから1.4米セントを控除）。損失もネット支払プレミアム1.4米セントに限定される。損益分岐点は下方の行使価格に支払プレミアム1.4米セントを加えた1.5140となる。

スプレッドと呼ばれるが、ブル・スプレッドは、コール・オプションに対応するプット・オプションを用いて構成することができ（ブル・プット・スプレッド）、それは権利行使期日に同じ結果をもたらす。これは一見すると奇妙にみえるので、再度、プットを用いて図5.3の例をみることとする。

　　　ロング：GBPプット（権利行使価格1.50、プレミアム2米セント）

　　　ショート：GBPプット（権利行使価格1.54、プレミアム4.6米セント）

　権利行使価格1.50のプット・オプションのコストは、アット・ザ・マネーであるので、1.50コールと同じ（2米セント）である（原注2）。しかし、権利行使価格1.54のプット・オプションは4米セント分だけイン・ザ・マネー（原注3）であるので、コストはその金額に時間価値の0.6を加えたものとなる（プット・コール・パリティ）。

　つまり、ブル・プット・スプレッドの正味プレミアムの受取りは2.6米セ

ントであり、それがスポットレートの1.54もしくはそれを超える価格水準で
期待できる利益の最大値となる。これはコール・スプレッドと同様のペイオ
フである。損失の最大値は1.50もしくはそれより下のときで、ショート・ポ
ジションとなっていた権利行使価格1.54のプット・オプションが行使される
が、スポットレートが1.50よりも下落する場合には、ロング・ポジションと
して保有していた権利行使価格1.50のプット・オプションを行使することに
よって損失はカバーされ、全体としてみれば、4米セントが差の最大値とな
る。この4米セントの損失は、オプション料収入2.6米セントにより部分的
に相殺されるため、損失の最大値は1.4米セントとなり、コール・スプレッ
ドと同額となる。

　ここで示したブル・スプレッド2例（一つはコール・オプションを用い、も
う一つはプット・オプションを用いる）は、まったく同様のリスク対リターン
ないしペイオフを有する。しかし、コール・スプレッドは正味の支払プレミ
アムがある一方、プット・スプレッドは受取プレミアムがあるところから、
権利行使期日までの期間についての利子を受け取ることとなるブル・プッ
ト・スプレッドのほうがブル・コール・スプレッドよりも有利である点に気
づかされると思う。この利子要因は、実務上、プレミアムの価格計算に反映
されており、コール・スプレッドでは利子要因を補うために若干なりとも
プット・スプレッドよりも有利なペイオフとなっている。

（原注2）　注意：アット・ザ・マネー（ATM）では、オプションの権利行使価
　　格が、原資産である外国為替相場と同じか接近している（第1章「本源的価
　　値」参照）。
（原注3）　注意：イン・ザ・マネーは、オプションの権利行使価格と原資産で
　　ある外国為替相場の差が、ポジティブ、すなわち、その時に権利行使期日を
　　迎えているならばそのオプションが行使される状態──本源的価値（第1章
　　「本源的価値」参照）がある状態をいう。

⑷　ベア・スプレッド

　ベア・スプレッドは、ブル・スプレッドがスポットレート上昇を期待する

のに対して、スポットレート下落を期待するというところが違うだけで、ほかはブル・スプレッドとまったく同じ特徴をもっている（図5.4）。

ここでも、アウト・オブ・ザ・マネーのオプションがスプレッドのコストを下げ、戦略を大変保守的なものとする。ブル・スプレッドがプット・オプションでも構成できるのと同じように、ベア・スプレッドは、プット・オプションではなく、コール・オプションで構成することもできる。これはベア・コール・スプレッドであるが、この場合には、ネットのオプション料収入が獲得可能な利益の最大額となる。

(5) バタフライ（ロング）

ここで説明するバタフライも大変保守的な取引の一種であり、スポットレートが一定の範囲にとどまると期待されるときに用いられる。見通しが外

図5.4　権利行使価格1.50、支払プレミアム2米セントのGBPプットの買いと、権利行使価格1.46、受取プレミアム0.6米セントのGBPプットの売りの合成で、ネット受取プレミアム1.4米セントの場合

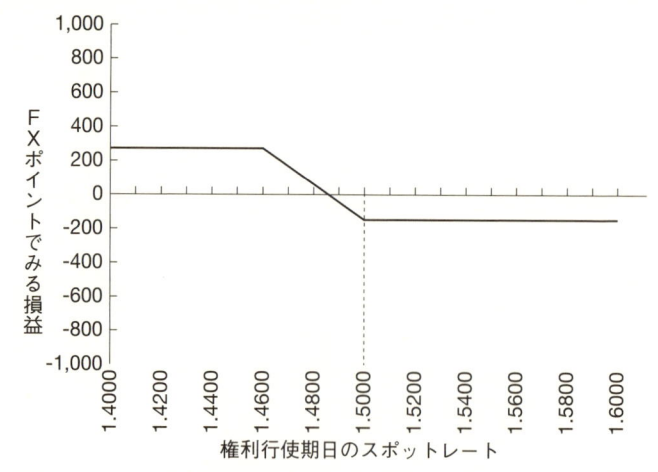

注：潜在利益は二つの行使価格の差から支払プレミアムを差し引いた2.6米セントに限定される（1.50−1.46＝4米セントから1.4米セントを控除）。損失もネット支払プレミアム1.4米セントに限定される。損益分岐点は上方の行使価格から支払プレミアム1.4米セントを差し引いた1.4860となる。

れた場合には、損失は、1.50を中央として上下の権利行使価格による2本の
ロング・オプションによって限定される。

　バタフライ・スプレッドは中央値を権利行使価格とするオプションの額面
が、両方の羽に当たる値を権利行使価格とするオプションの2倍となるよう
に、すなわち、1：2：1として構成される。図5.5は、中央の1.50における
ショート・ストラドル、権利行使価格を1.46と1.54とするロング・ストラン
グルにより構成される。これは、コールの下値の権利行使価格、プットの上
値の権利行使価格ともに1.50となる、ブル・コール・スプレッドとベア・
プット・スプレッドの組合せとみることもできる。したがって、ショート・
ストラドルとロング・ストラングル、または、ブル・コール・スプレッドと

図5.5　権利行使価格1.50、受取プレミアム4米セント（2×2）のGBPストラ
ドルの売りと、権利行使価格1.54のGBPコールの買いおよび権利行使価格1.46の
GBPプットの買いの合成。後者の支払プレミアムは1.2米セント（2×0.6）で、
ネット受取プレミアム2.8米セントの場合

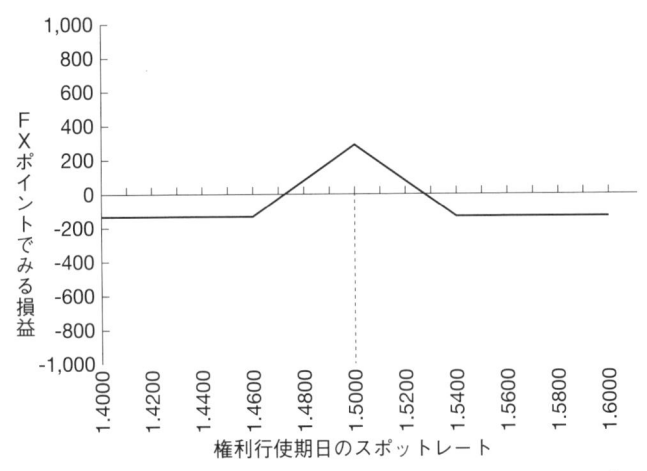

注：潜在利益は権利行使期日にスポットレートが1.50のときのネット受取プレミアム2.8
米セントに限定され、損失もまた権利行使価格1.54のコール買いと権利行使価格1.46の
プット買いにより最大1.2米セントに限定される（1.50－1.46または1.54－1.50の損失4
米セントからネット受取プレミアム2.8米セントを差し引く）。損益分岐点は1.50にネット
受取プレミアム2.8米セントを加減した1.5280または1.4720となる。

ベア・プット・スプレッドは、（権利行使価格が同一ならば）バタフライと同様となる。いずれにしても、この例のバタフライはプット・オプションとコール・オプションの組合せで構成されているが、同様にコール・オプションのみ、あるいはプット・オプションのみを用いて構成することもできる。これは前例において、ブル・スプレッドやベア・スプレッドについて、同一のペイオフを得るため行った方法と同様である。

(6) バタフライ（ショート）

ショート・バラフライ・スプレッドはスポットレートでの上下どちらの方向への動きからも利益を得るが、潜在的利益が限定的な保守的な戦略である。スポットレートが想定範囲（図5.6では1.46〜1.54）を外れると考えられる場合に使われる。バタフライは1：2：1の比率で構成される。

(7) レシオ・コール・スプレッド

レシオ・コール・スプレッドは、図5.3のブル・コール・スプレッドにおいて、上値の権利行使価格のオプションの売却金額を、購入する下値の権利行使価格のオプション金額の2倍とするものである。これを1：2（買い：売り）レシオと呼ぶ。この結果、売却するコール・オプションの金額がより大きいため、受取プレミアムもより多額となり、正味の支払プレミアムは少なくなる。GBPスポットレートが予想外に下落しているときの損失を減らし、潜在的利益を増加させるが、GBPが高騰する場合の損失は無限大となる。

レシオ・コール・スプレッドは興味深いが、よりリスクの高い戦略であり、通常、ブル・スプレッドと同様に、現在のスポットレートが低いほうの権利行使価格の近くにあり、GBP上昇が見込まれるが、その程度が限られたものと見込まれる場合に採用される。見込みが外れ、GBPが下落すれば、限定的な損失ですむが、もしGBPが上値の権利行使価格（図5.7では1.54）を超えて上昇すれば、利益は減少して損失が発生する地点に達し、さらに上昇が

図5.6　権利行使価格1.50、受取プレミアム４米セント（２×２）のGBPストラドルの買いと、権利行使価格1.54のGBPコールの売りおよび権利行使価格1.46のGBPプットの売りの合成。後者の受取プレミアムは1.2米セント（２×0.6）で、ネット支払プレミアム2.8米セントの場合

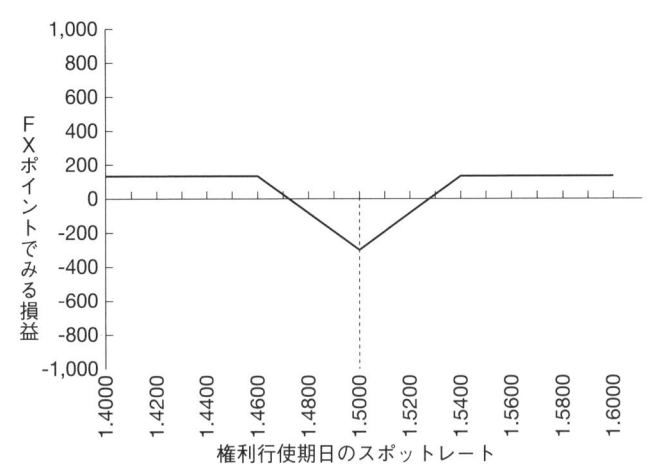

注：潜在利益は権利行使期日にスポットレートが1.54を上回る、または1.46を下回る場合に、売却した一方のオプションが権利行使されることにより限定され、その最大値は1.2米セントとなる。これは2.8米セントのネット支払プレミアムと、権利行使価格1.50のコールまたはプットどちらかのオプションが行使されることによる４米セントの差額として計算される。最大損失はネット支払プレミアム2.8米セントになる。損益分岐点は1.50からネット支払プレミアム2.8米セントを加減した1.5280または1.4720となる。

続けば無限大の損失が生ずる。

　レシオ・スプレッドは通常、デルタ・ニュートラルとして組成される。すなわち、このレシオ・スプレッドが組成された時点では、戦略全体としてスポットレートの上昇下落どちらの動きに対しても、数学的なバイアスがかかってはいない。このことは、それぞれのオプションの実際のレシオはデルタで決定されるので、レシオは１：２に限らず、オプションの権利行使価格によって決まることとなる。デルタは、オプションの残存期間中の任意の時点における権利行使の数学的確率であり、パーセント表示される。図5.7において、権利行使価格1.50のオプションはアット・ザ・マネーにあるので、権利行使期日において50：50の権利行使の可能性があることから、デルタ50％

図5.7　権利行使価格1.50、支払プレミアム２米セントのGBPコールの買いと、その２倍の量の権利行使価格1.54のGBPコールの売りの合成。後者の受取プレミアムは1.2米セント（２×0.6）で、ネット支払プレミアム0.8米セントの場合

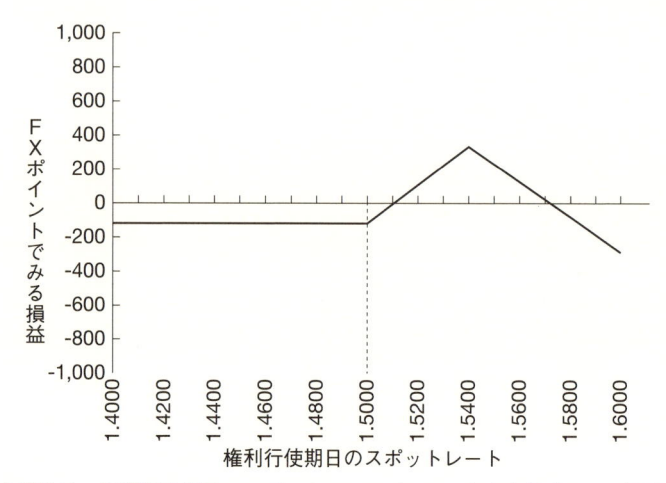

権利行使期日のスポットレート

注：潜在利益は、権利行使期日にスポットレートが1.54のときを最大として限定される。そのとき、権利行使価格1.50のコールが行使されて４米セントの利益となり、ネット利益は3.2米セントとなる（４米セントから支払プレミアム0.8米セントを差し引く）。損失はスポットレートが下方に向かう場合はネット支払プレミアムに限定されるが（0.8米セント）、逆に上方に向かい、1.50のコールの買いとその２倍量の1.54のコールの売りの両方が行使される場合には無制限となる（つまり、１単位量のネットショート）。損益分岐点は1.5080（下方の権利行使価格にネット支払プレミアムを加算）、あるいは1.5720（上方の権利行使価格に最大利益を加算＝1.54+0.032）となる。

となり、権利行使価格1.54のオプションはアウト・オブ・ザ・マネーにあるので、権利行使される機会はより小さいことから、デルタは25％とみることができる。デルタ中立になるレシオを求めるためには、購入されるデルタ50％のオプション１単位が、売却されるデルタ25％のオプション２単位と等しくならなければならない（50＝25×2）。もし、ショートになるコール・オプションの権利行使価格が1.54より高く、デルタが、たとえば20％の水準であるとすれば、レシオ・スプレッドの組成は１：２ではなく、２：５（50＝2.5×20）となる。デルタについては第７章で詳しく説明する。

(8) レシオ・プット・スプレッド

レシオ・コール・スプレッドが、原資産である外国為替相場の上昇（あまり大幅でないものに限る）から利益を得るのに対し、レシオ・プット・スプレッドは下落（これも大幅でないものに限る）から利益を得る。図5.8に示されるレシオ・プット・スプレッドは、ベア・プット・スプレッドで売却される金額を購入される金額の倍にした場合、すなわち、1：2のレシオとみることができる。

図5.8　権利行使価格1.50、支払プレミアム2米セントのGBPプットの買いと、その2倍の量の権利行使価格1.46のGBPプットの売りの合成。後者の受取プレミアムは1.2米セント（2×0.6）で、ネット支払プレミアム0.8米セントの場合

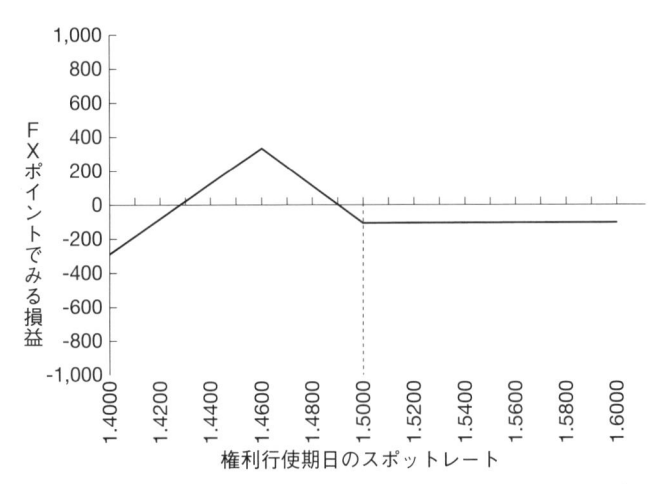

注：潜在利益は権利行使期日にスポットレートが1.46のときを最大として限定され、権利行使価格1.50のプットを行使することにより得られる4米セントによりネット利益は3.2米セントとなる（4米セントから支払プレミアム0.8米セントを差し引く）。損失はスポットレートが上方に向かう場合はネット支払プレミアムに限定されるが（0.8米セント）、逆に下方に向かい、1.50のプットの買いとその2倍量の1.46のプットの売りの両方が行使される場合には無制限となる（つまり、1単位量のネットショート）。損益分岐点は1.4920（上方の権利行使価格からネット支払プレミアムを差し引く）、あるいは1.4280（下方の権利行使価格から最大利益を差し引く＝1.46−0.032）となる。

この戦略はスポットレートが上値の権利行使価格近傍にあり、スポット
レートの若干の下落が見込まれるが、下落が持続しないと見込まれるときに
採用される。下落の持続が見込まれる場合には、無限大の損失が予想され
る。仮に弱気（下落）の見方が間違いでスポットレートが上昇すれば、限定
的な少額の損失が生ずる。

⑼　コール・レシオ・バックスプレッド

　コール・レシオ・バックスプレッド戦略は、ロング・ストラドルの低コス
ト形態とみることができる。ロング・ストラドルにおいては相場下落局面で
無限大の利益増加が見込まれるが、コスト低減のために、これを放棄してい
る。また、別の見方では、レシオのコール・スプレッドは、高コストのバタ
フライとみることもできる。これは、バタフライに比較して、GBP相場が上
昇したときの潜在利益を無限大とするからである。この結果、バックスプ
レッドはコール・オプションだけではなく、コール・オプション、プット・
オプションの双方を用いて組成することもできる。図5.9の例では、1.51の
ストラドルの購入と権利行使価格1.46のプット・オプションの売却により
コール・レシオ・バックスプレッドをつくることができる。唯一の違いは、
正味プレミアムが支払となる点のみであり、支払プレミアムのための資金調
達コストを織り込めば、ペイオフは等しくなる。

　この戦略は、ストラドルと同様に、外国為替相場にドラマチックな動きが
見込まれるときに用いられる。しかし、コール・レシオ・バックスプレッド
では、コスト（すなわち、最大損失）を下げるために、（ストラドルとは異な
り）相場上昇方向へのバイアスをかけている。

　レシオ・スプレッドと同様に、バックスプレッドも通常、前述のデルタ中
立として組成される。図5.9において、原資産たる外国為替相場を1.50と仮
定したときに、権利行使価格1.51のコール・オプションは、１米セントだけ
アウト・オブ・ザ・マネーとなっているので、デルタを、たとえば40％と置
くことができ、また、権利行使価格1.46のコール・オプションは、４米セン

図5.9　権利行使価格1.46、受取プレミアム4.6米セントのGBPコールの売りと、その２倍の量の権利行使価格1.51のGBPコールの買いの合成。後者の支払プレミアムは３米セント（２×1.5）で、ネット受取プレミアム1.6米セントの場合

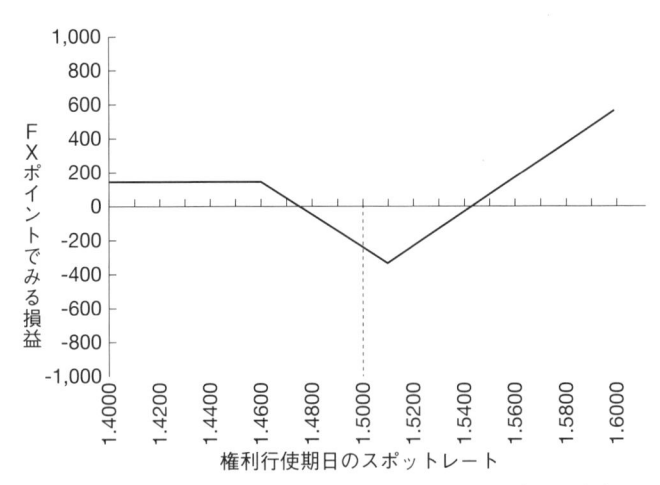

注：潜在利益は為替レートが上方向に動く場合に無制限となる一方、下方向の1.46以下では1.6米セントのネット受取プレミアムに限定される（取組オプションのすべてが無価値となって消滅する）。損失は、どのような状況でも権利行使価格1.46のコールが行使されることによる損失からネット受取プレミアムを差し引いた金額に限定され、GBPが上方の権利行使価格である1.51に達したときに最大の3.4米セント（1.51−1.46＝５米セントからネット受取プレミアム1.6米セントを控除）となる。損益分岐点は1.4760（下方の権利行使価格にネット受取プレミアムを加算）、あるいは1.5440（上方の権利行使価格に最大損失を加算＝1.51＋0.034）となる。

ト分イン・ザ・マネーとなっているので、デルタは80％と置くことができる。この場合、権利行使価格1.46のコール・オプションのデルタ80％と等しくするために、権利行使価格1.51のコール・オプションは２倍の金額（２×40＝１×80）が必要となる。すなわち、レシオ２:１となる。

⑽　プット・レシオ・バックスプレッド

　プット・レシオ・バックスプレッドは、外国為替相場の上昇ではなく下落局面で無限の利益を期待する点のみが違うだけで、コール・レシオ・バック

スプレッドと同様の特性をもっている（図5.10）。この戦略はプット・オプションだけで組成するのでなく、コール・オプションとプット・オプションにより組成することもできる。両者の違いはプレミアムが全体として受取りになるか、支払となるかだけで、オプション料支払の資金調達コストを織り込めば、ペイオフはまったく同じになる。

　この戦略はストラドルと同様に、外国為替相場に劇的な動きが起こると期待されるときに採用される。しかしながら、プット・レシオ・バックスプレッドは、コスト（すなわち、最大損失）を下げるために、（ストラドルとは異

図5.10　権利行使価格1.54、受取プレミアム4.6米セントのGBPプットの売りと、その２倍の量の権利行使価格1.49のGBPプットの買いの合成。後者の支払プレミアムは３米セント（２×1.5）で、ネット受取プレミアム1.6米セントの場合

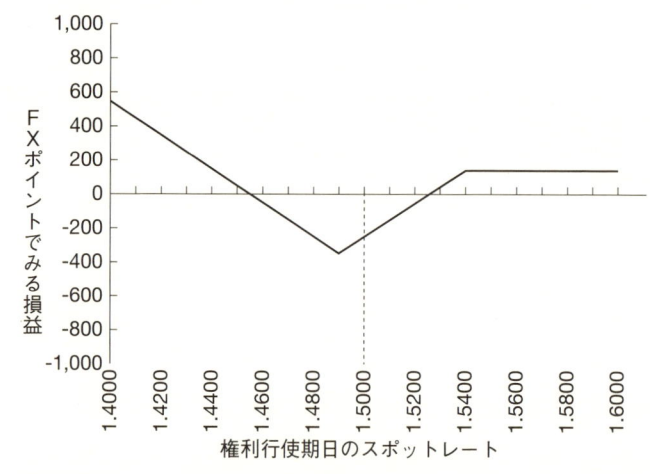

注：潜在利益は為替レートが下方向に動く場合に無制限となる一方、上方向の1.54以上では1.6米セントのネット受取プレミアムに限定される（取組オプションのすべてが無価値となって消滅する）。損失は、どのような状況でも権利行使価格1.54のプットが行使されることによる損失からネット受取プレミアムを差し引いた金額に限定され、GBPが下方の権利行使価格である1.49に達したときに最大の3.4米セント（1.54−1.49＝５米セントからネット受取プレミアム1.6米セントを控除）となる。損益分岐点は1.5240（上方の権利行使価格からネット受取プレミアムを差し引く＝1.54-0.016）、あるいは1.4560（下方の権利行使価格から最大損失を差し引く＝1.49-0.034）となる。

なり）相場下落方向へのバイアスをかけている。

　レシオ・スプレッドと同様に、バックスプレッドも通常デルタ中立として組成される。バックスプレッドの組成形態がプット・オプションのみでも、コール・オプションとプット・オプション併用でも、この原則が当てはまる。

⑾　カレンダー・スプレッド

　上記の各戦略は、権利行使期日におけるスポットレートの水準に応じて、確定的な損益が示される、いわば直線的な戦略である。どの戦略においても、シナリオ内のすべてのオプションのスタンダードな権利行使期日が確定しており、変数は、タイプ（コール・オプションかプット・オプションか）、権利行使価格、金額、そして売買の別である。これらとは別に、異なる権利行使期日を用いてつくられる戦略があり、通常、カレンダー・スプレッドと呼ばれる。

　　■例
　　購入：GBPコール（USDプット）、支払プレミアム５米セント、
　　　　　期間３カ月
　　売却：GBPコール（USDプット）、受取プレミアム２米セント、
　　　　　期間１カ月
　　両オプションとも同一金額、同一権利行使価格
　　正味コスト：３米セント

　通貨オプションにおけるタイムディケイという特徴は、より長いオプションは、より短いオプションに比して、単位期間当りでみて（比例的に）安いという効果をもたらす（第６章参照）。たとえば、期間３カ月のオプションを５米セントで購入し、期間１カ月のオプションを２米セントで売却する。この戦略の次の段階は、

　　売却されたオプションの権利行使期日（１カ月後）に、次の１カ月につ
　　いて、同じ権利行使価格で同一金額のオプションを２米セントで売却す

る。そして次の権利行使期日には、最後の取引として、1カ月オプション
ンを2米セントで売却する。

■結果

受取プレミアム：6米セント（3×2米セント）

支払プレミアム：5米セント

差し引き利益：1米セント

　購入するオプションの権利行使期間は常に売却するオプションの期間より
も長いということは、外国為替リスクがない、すなわち、期間の短いオプ
ションの権利行使は同一権利行使価格で期間の長いオプションを権利行使す
ることでカバーされることを意味している。この点から、カレンダー・スプ
レッドは当初のオプション料支払（例では3米セント）のみに損失が限定さ
れる。

　カレンダー・スプレッドによってリスクのない利益機会があるようにみえ
るが、そうではない。第6章において、カレンダー・スプレッドのもう一つ
の例が示されており、そのリスクが説明されている。また、この章に記載さ
れた戦略は、それ自体をカレンダー・スプレッドとして構成することが可能
である。たとえば、6カ月のロング・バタフライと3カ月のショート・バタ
フライを組み合わせる等である。

(12)　他の組合せオプション

　他の戦略もあるが、それはこの章に記載したものの組合せでしかない。た
とえば、権利行使価格を正確に組み合わせればバタフライをロング・ストラ
ドルとショート・ストラングルから（あるいはブル・スプレッドとベア・スプ
レッドから）構成できる。

　同様にロング・ストラングル（権利行使価格はワンセット）とショート・ス
トラングル（権利行使価格のレンジはロング・ストラングルよりも広い）からコ
ンドルという戦略をつくりだすことができる。問題は、四つもの異なる行使
価格があることと、この戦略を取引所取引で組成する場合、取引手数料が禁

止的なほど高額となる可能性があるということである。実際、「コンドル」は、その戦略で必要とされる取引の手数料でブローカーは高級車に乗れるようになるため、「キャディラック・スプレッド」と呼ばれている。

　上記の戦略をさらに組み合わせて新しい戦略をつくる訓練は読者にお任せする。グラフを引き、命名することを忘れないように。

2　OTC（通貨オプション）における戦略

　以上で議論した取引所での戦略をOTC市場で構築することは大変簡単であるが、OTCのいくつかのシナリオを取引所で構築することはそれほど容易ではない。それはまさにOTC市場での組合せオプションの性格そのものによる。OTC市場では、権利行使価格、権利行使期日、受渡期日、金額についてまったく制約がない。たとえば、「シリンダー」は、外国為替ポジションに対してゼロコストでヘッジを行うためにつくられたが、オプション料の相殺が必要で、上場オプションのように権利行使価格が固定されているものでは構築できない場合がある。

(1)　レンジ・フォワード（リスクリバーサル、シリンダー、カラー）

　レンジ・フォワードは、権利行使価格の異なるコール・オプションの買いとプット・オプションの売り（あるいはその反対）を組み合わせ、これにより、売りオプションについてのオプション料が購入したオプションのコストを相殺し、ゼロコスト戦略を構築するものである。第4章で、コール・オプションの買いとプット・オプションの売りにおいて、権利行使価格が同じであれば、合成された外国為替ポジションができることを示した。異なる権利行使価格を設定する場合には、外国為替のフォワード・ポジションと似たものになるが、二つの権利行使価格の間では権利行使期日にはポジションが発生しない点が異なっている。レンジ・フォワードは、金融機関によっては、「シリンダー」あるいは「カラー」と呼ばれ、また、市場一般からは「リス

クリバーサル」と呼ばれている。しかしながら、厳密には、リスクリバーサルは同時にスポット外国為替取引でのデルタヘッジを含んでいる（これにより、この戦略では外国為替ポジションをヘッジするという目的がなくなってしまうこととなる）。また、レンジ・フォワードは、オプションの原資産において金利が高い通貨をロング、低い通貨をショートとする場合には、権利行使価格間のレンジが拡大するので、より有利に組成することができる。

たとえば、米国へ輸出する英国の会社が代金を米ドル建てで請求する場合を考える。同社には外国為替ポジションがあり、GBP価値が下落すれば増収し、上昇すれば減収するため、ヘッジが望ましい。GBPコール（USDプット）の購入はGBP高に対して保険をかけるが、プレミアムとして、たとえば３米セントかかるとする。USDを外国為替市場で売ってしまえば、コストはかからず、（利益機会は失われるが）リスクはすべてカバーされるところから、この会社はこのコストは高すぎると考えるかもしれない。

レンジ・フォワードはこうした場合の妥協策の一つで、当社はGBPコールを権利行使価格1.50で購入し、必要なプロテクトをかけるが、同時にGBPプット・オプションを売り、そのオプション料収入が支払ったコール・オプションのオプション料と同一になるように権利行使価格を設定する。結果として、1.50以上のGBP高に対してゼロコストシナリオでのフルプロテクションが講じられ、低いほうの権利行使価格までGBP下落による利益を受け、その価格以下に下落する場合には売ったGBPプット・オプションの権利行使を受けるので、利益は得られない。

たとえば、権利行使期日が１年後、権利行使価格はスポットGBP価格1.50、GBP金利7.75％、USD金利４％（原注4）、ボラティリティ９％である場合、コール・オプションのオプション料はヨーロピアン・タイプについては３米セントとなる。同様のパラメーター（市場の条件）で権利行使価格1.40のGBPプットは同様に３米セントであり、このレンジ・フォワードのオプションが行使されないレンジは1.40から1.50となる。図5.11にレンジ・フォワードのグラフを示す。

図5.11　権利行使価格1.50のGBPコールの買いと、権利行使価格1.40のGBPプットの売りの合成。ネットプレミアムはゼロ

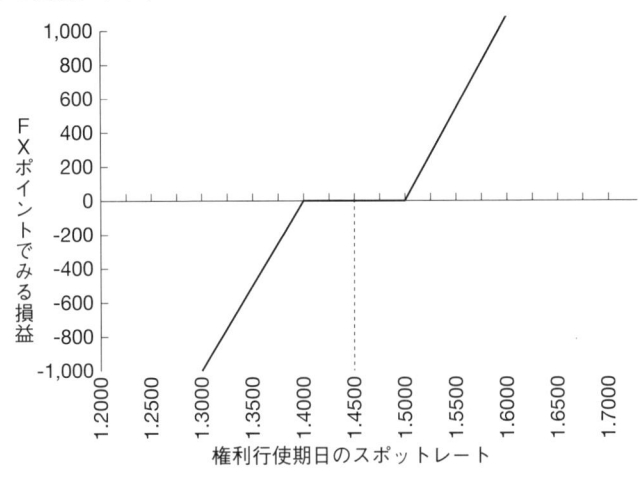

注：異なる権利行使価格をもつコールの買いとプットの売りの合成。X軸（権利行使期日のスポットレート）の中心点は1.45であることに注意（先物レートに等しい）。

　レンジ・フォワードは外国為替を現物で買持ちしたときと同様にみえる。ただし、権利行使価格1.40と1.50の間はいずれのオプションも行使されず、当社は権利行使期日のスポットレートでUSD売り（GBP買い）を行うこととなる。明らかにUSDをGBPに転換する最善のレートは1.40である。このシナリオはゼロコストという点ではリーズナブルであるが、スポットレートが1.40を下回る場合の利益をすべて失うこととなる。さらに、このスポットレートおよび金利のもとでのフォワードレートは、おおむね1.4500となり（原注5）、実質的にスポットレートに対して5米セントの保証があることに対して当社は魅力を感じるかもしれない。しかしながら、シナリオは1.40でなお有利であり、レンジ・フォワードは、財務担当者がGBP安を予測するが、なお最大の交換比率を1.50（現時点でのスポットレート）としておきたい場合には好都合なものとなる[i]。

　この例では、現在のスポットレートをゼロコストとなるレンジ・フォワードを計算するスターティングポイントとして使ったが、中間にあるギャップ

を広げたり狭めたりするために、他の権利行使価格を用いることができる。二つのオプション料が同一でありさえすればよい。たとえば、コールの権利行使価格が高い（より損失が高まる）ほど、プットの権利行使価格は低くなる（より利益は拡大する）等の関係があるが、こうした選択はすべて使用者のリスク許容度による。もちろん、もしギャップがゼロとなれば、ゼロコストを達成し、フォワードレート1.4500で交換することとなるが、これは合成された先物外国為替ポジションである。

（原注4）　これらのレートは、フォワードレートが1.45であることを意味する。本章後述の「ヘッジ戦略についての注意」を参照のこと。

（原注5）　フォワードレートはUSDとGBPの固定期間の金利とスポットレートがわかれば簡単に計算できる。

(2)　プロフィット・シェアリング・フォワード

プロフィット・シェアリング・フォワードも店頭市場で一般的な戦略であり、権利行使価格を同じにするコール・オプションの買いとプット・オプションの売りを行うものであるが、それぞれのオプションの金額が異なる。レンジ・フォワードと同様にプロフィット・シェアリング・フォワードはプレミアムをゼロまたはゼロ近傍まで削減することができ（一定程度までの受取プレミアムを期待することもできる）、それがこの戦略の主要な魅力となっている。加えて、相場が一方向に動くときにはフルヘッジによるカバーを行うことができ、スポットレートが好ましい方向に動いたときには潜在的な利益のごく一部を放棄するだけですむ点にも、一定の魅力がある。

以下の例は、レンジ・フォワード戦略と同様の前提を置いている。すなわち、英国輸出企業はUSD建ての請求権をもち、GBPショート（USDロング）と等しい外国為替リスクポジションをもつ。当社の財務担当者はGBP上昇を

---

i　一般的に企業には、事業計画のもととなる想定為替レートという考え方があり、会計年度内に発生する外貨建ての債権債務を会計通貨へ転換するレートの目安としている。財務担当者はこの想定レートを中心としてヘッジ取引を行い、企業が抱える外国為替レートの変動リスクに備える。

カバーするため、権利行使期間 1 年、権利行使価格1.50（実勢スポットレート）のGBPコール・オプション（USDプット・オプション）を、エクスポージャー総額（100万GBPとする）に相当する金額だけ購入する。

　オプション料は 3 米セント、すなわち 3 万USDである。オプション料を相殺するために、当社はGBPプット・オプションを売るが、このケースでは、権利行使価格は購入したGBPコール・オプションと同一の1.50とする。レンジ・フォワードの例では、権利行使価格1.40のプット・オプションのオプション料は 3 米セントであったが、このときのフォワードレートは1.45であった。ここで権利行使価格1.50のプット・オプションはイン・ザ・マネーであるので、オプション料は 8 米セント（本源的価値 5 米セント、時間価値 3 米セント）となった。このため、オプション料はロングについて 3 米セントに対してショートは 8 米セントとなるので、オプション料負担をゼロとするためには、当社は購入したコール・オプションの金額の 8 分の 3 相当（37万5,000GBP）のプット・オプションを売ればよいこととなる（100万GBP×0.03＝ 3 万USD、37万5,000GBP×0.08＝ 3 万USD）。

　図5.12においては、当社は1.50超の範囲ではコール・オプションにより全額プロテクトされているが、1.50未満におけるプット・オプションによる損失は原資産の外国為替ポジションの37.5%に限定されている。したがって、輸出企業は62.5%のヘッジされていない原資産ポジションについてはGBP下落の利益を受けることとなる（ここからプロフィット・シェアリング・フォワードと呼ばれる）。しかしながら、プロフィット・シェアリング・フォワードがレンジ・フォワードに比べて有利となるのは、レンジ・フォワードの損失とプロフィット・シェアリング・フォワードの損失が同額となる1.34より低い部分となる。このレートは、それぞれの戦略の低いほうの権利行使価格で売られた額面金額を参照することにより、簡単に算出することができる。すなわち、$(1.40 - 1.34) \times 100\% = (1.50 - 1.34) \times 37.5\%$。ここでも、確定しているフォワードレート1.45によるカバーは最大1.50までの範囲で放棄されるが、1.50未満の範囲で発生する利益の62.5%は分配されることとなる。

図5.12　権利行使価格1.50の100万GBPコールの買い（プレミアム3米セント、総額3万USD）と、権利行使価格1.50の37万5,000GBPプットの売り（プレミアム8米セント、総額3万USD）の合成。ネットプレミアムはゼロ

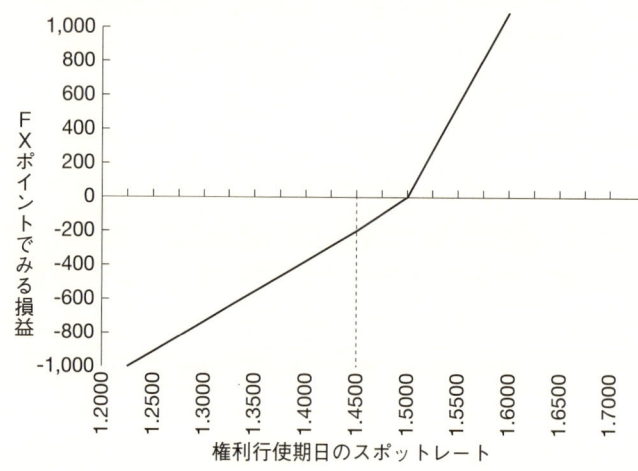

注：権利行使価格1.50のコールの買いによるプロテクションの効果は明確であるが、他方、プットの売却による負の効果は、より少ない金額のため、緩やかである。

(3)　シーガル

　レンジ・フォワードでは、購入されたオプションと売却されたオプションは同額で二つの異なる権利行使価格をもつ。プロフィット・シェアリング・フォワードでは、購入されたオプションと売却されたオプションの権利行使価格は同一だが、それぞれの金額が異なる。シーガルでは、3本の権利行使価格がある。金額を同じくするオプション3本のうち、2本が購入され、1本が売却される。もしくは1本が購入され、2本が売却される。

　図5.13において、シーガルは4米セントの受取プレミアムを生むものとして組成されている。しかし、これまでの英国輸出企業の例のように、原資産としてGBPのショート・ポジションを1.50で保有するヘッジャーは、（レンジ・フォワードやプロフィット・シェアリング・フォワードのように）1.50でのヘッジを有さず、受取プレミアム4米セントを考慮すべきとしても、1.60で

図5.13　権利行使価格1.40、プレミアム3米セントのGBPプットの買いと、権利行使価格1.50、プレミアム8米セントのGBPプットの売り、そして権利行使価格1.60、プレミアム1米セントのGBPコールの買いの合成

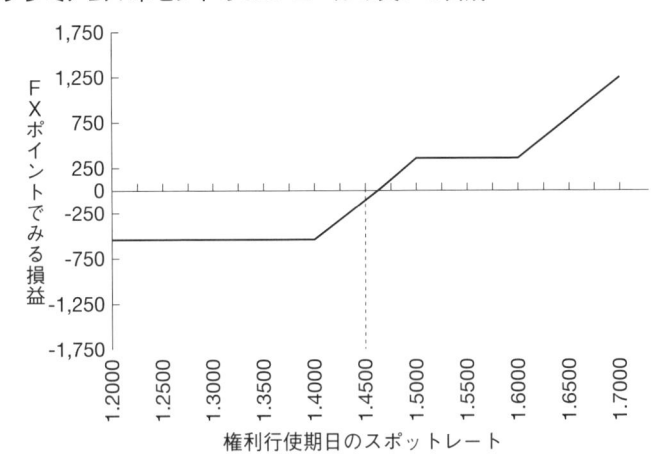

注：このシーガルはGBPの上昇によって利益を得る。外国為替の買いポジションと同様に無制限の利益が見込めるが、1.40のプットの買いにより損失を限定している点が異なる。

のヘッジとなる。下落方向では、1.40においてシーガルは6米セントの損失となるが、ヘッジャーはその時までには原資産である1.50でのGBPショート・ポジションにより10米セントの利益を得ている。1.40未満では、権利行使価格1.40でのプット・オプションの権利行使と、原資産たる1.50でのGBPのショート・ポジションにより、シーガルよりヘッジャーが受ける利得は無限大となる。

　シーガルは、レンジ・フォワードやプロフィット・シェアリング・フォワードと同様に、図5.14で示すように、1.50における全額のヘッジをゼロコストで組成することができる。

　ゼロコストのシーガルは、1.50でのプロテクションが必要であるが、権利行使期日におけるレートの期待値は、それより非常に低いものとなっている場合に用いることができる。レンジ・フォワードやプロフィット・シェアリング・フォワードとは異なり、シーガルでは損失は限定的で、この例では

12.5米セントとなり、ヘッジャーはGBP下落から利益を得ることができる。しかしながら、図5.14でシーガルがレンジ・フォワードより有利となるのは1.2750未満の範囲であり、プロフィット・シェアリング・フォワードより有利となるのは1.1667未満の範囲であることから、この戦略は、かなり大幅な下落が生ずるという観点からのものである。

図5.13で示されたシーガルは、損失が6米セントに限定されるように組成され、GBPの下落において利益を得るシナリオとなっているが、上昇面でのプロテクションは6米セントだけ縮小している。ヘッジャーの事情や市場の見通しによりオプションの権利行使価格を移動させることは簡単なことであると理解できると思う。シーガルは、元来直線であった外国為替のリスク・ポジションをその名のごとくカモメのようなかたちに操作する方法といえる。しかし、図5.14の例では損益構造が異なる。明敏な読者は、シーガルは

図5.14　権利行使価格1.50、プレミアム3米セントのGBPコールの買いと、権利行使価格1.4250、プレミアム4米セントのGBPプットの売り、そして権利行使価格1.30、プレミアム1米セントのGBPプットの買いの合成

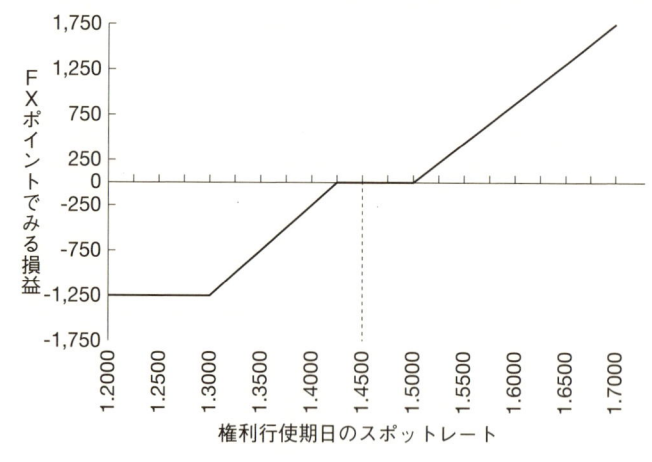

注：この戦略は1.50地点においてレンジ・フォワードやプロフィット・シェアリング・フォワードと同様にプロテクションを提供しているが、1.30のプットの買いにより損失を限定している点が異なる。

1：1：1の構成比をもち、1：2：1の構成比をとるバタフライの羽を曲げる効果をもつことに気づくであろう。

(4) ヘッジ戦略についての注意

上述の三つのヘッジ戦略（レンジ・フォワード、プロフィット・シェアリング・フォワード、シーガル）は、将来USD売りが必要となる英国の輸出企業に共通した設例として取り上げた。原資産のポジションはUSDロング／GBPショートであり、この三つのシナリオはGBPの上昇に対するヘッジとして組成されている。

原資産たる外国為替リスクを評価するレートについては、スポットレートである1.50とされる可能性が最も高いと想定されるが、何の言及もされていない。輸出企業は他の参照レート、たとえば、予算でのレートなどを使わなければならない場合もある。実際の取引レートとは異なり、現在の市況以外のレートを用いると、一定のシナリオにおいては、戦略が「無から有を生む」ようにみえることがある。フォワードレートにかえてスポットレートを使うだけで同じ効果がある。

たとえば、図5.12のプロフィット・シェアリング・フォワードのペイオフダイヤグラムにおいて、原資産である現行スポットレート1.50でのGBPショートのポジションを加えると、図5.15のようになる。

図5.15では、実勢スポットレート1.50以上では利益ゼロ、それ以下では利益が増加し、明らかに「負けなし」の状況にみえる。このオプションを使えば、このような結果が得られるというのに、なぜ現物の外国為替取引をするのだろうか。

その答えは、この例で二つのオプションの価値を評価するための原資産レートはフォワードレートの1.45（原注6）であり、現在のスポットレート1.50ではないことにある。スポットレートを用いれば、英国輸出企業は、（フォワードレートの1.45でGBPを買えるはずなので）、実質的に5米セント分の利益を放棄することとなる。しかし、輸出企業をスポットレート1.50その

図5.15　権利行使価格1.50、支払プレミアム３米セント（総額３万USD）の100万GBPコール買いと、権利行使価格1.50、受取プレミアム８米セント(総額３万USD)の37万5,000GBPプット売り（ネットプレミアムはゼロ）と、1.50で100万GBP売りの原資産ポジションの合成

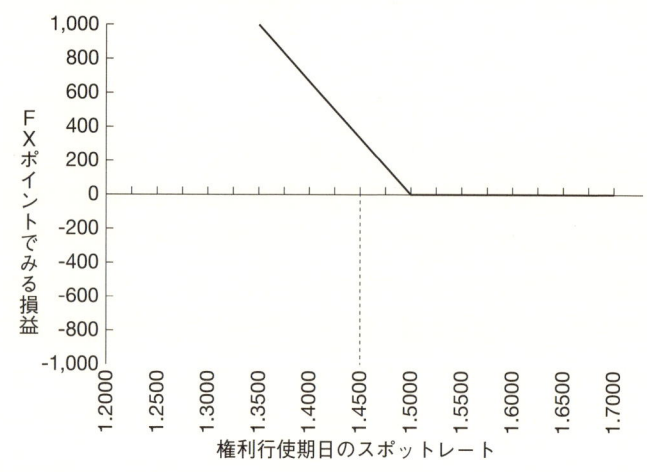

権利行使期日のスポットレート

注：権利行使価格1.50でのGBPコール買いは原資産ポジションである1.50でのGBP売りにより相殺され、1.50以上のレートでは損益はゼロとなる。それ以下のレベルにおいては100万GBPコール買いの37.5％に相当するプット売りにより、原資産ポジションの62.5％分から利益が蓄積される。

他のレートに拘束する契約上の強制はないので、この５米セント分の価値は実現損失ではなく機会損失であり、ペイオフダイヤグラムには損失として表現されていない。

　この点をよりわかりやすく示すため、図5.16では、図5.15と同じ戦略だが、原資産ポジションの評価をフォワードレート1.45で行った結果を表す。

　図5.16は図5.15とはまったく異なり、権利行使価格1.50、プレミアム５米セントのGBPプット・オプションであることが明瞭にわかる。しかし、利益は、破線で示された外国為替の売りポジションの62.5％に相当する水準になっている。このことから、輸出企業は、1.50超の範囲（ロングにしているコール・オプションが権利行使される範囲）の機会損失を５米セントに限定し、GBP価格下落に対してヘッジされていない、1.45で評価される原資産からの

利益の62.5％分を享受できる。破線に示すように、ヘッジされていないポジションはGBPが上昇すれば限度のない損失を生ずる。

このように同じストーリーに対して二つの違う図が描けることとなる。すべては、企業（この例では輸出企業）が外国為替ポジションをどのように会計処理したかに係ることとなる。輸出した商品が一定の為替レートで評価されたという注書き以外には何も記録されていないということが十分ありえそうである。過去において、外国為替リスクは多くの（大）企業で無視され、企業は取引利益の減少を「為替レートの不利な動き」のせいにしてきた。保険がかけられていなかったために、倉庫の火災で企業の利益が減少したら、株主が何というか想像すべきである。次第に多くの企業がオプションを保険のように使ってリスク管理を行う必要性を認識しつつあり、外国為替リスク

図5.16　権利行使価格1.50、支払プレミアム３米セント（総額３万USD）の100万GBPコール買いと、権利行使価格1.50、受取プレミアム８米セント(総額３万USD)の37万5,000GBPプット売り（ネットプレミアムはゼロ）と、1.45で100万GBP売りの原資産ポジションの合成

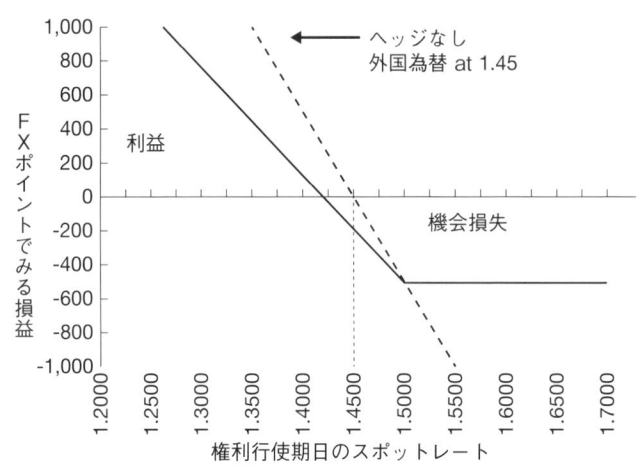

注：権利行使価格1.50でのGBPコール買いは原資産ポジションである1.45でのGBP売りにより、相殺され、1.50以上のレートでは損益は５米セントとなる。それ以下のレベルにおいて損失は減少し続け、1.4200の損益分岐点からは原資産の62.5％分に相当するポジションから利益が生まれる。

についての考え方は、いまや変化しつつある。

（原注6）　ヨーロピアン・オプションは権利行使期日においてのみ行使できる。
したがって、原資産はフォワードレートとなる。

(5)　他の店頭市場での戦略

多くの店頭市場での戦略は、企業が外国為替エクスポージャーをヘッジ、
管理する必要性にあわせて開発されてきた。ほとんどの場合、オプション料
支払を避けようとしない限り、プレーンなコール・オプションやプット・オ
プションで対応できる。シナリオの大半は、この手数料削減目的のためにつ
くられてきた。オプション料が高すぎるという懸念から、オプション料を権
利行使期日まで実質的に「隠し」、最終的な外国為替取引を調整することで
支払を行う戦略も生まれた。「遅延オプション料（Deffered premium）」や
「ボストン・オプション戦略」がこの範疇に入る。

オプション料の削減、さらにはその消滅に向けての努力は、「エキゾチッ
ク」オプションの発達に結びついた。これは、これまで述べてきたヨーロピ
アンまたはアメリカン・タイプのオプションからの派生商品である。換言す
れば、この章でここまで議論してきたオプション料削減のために組合せオプ
ションを使う方法は限定的なものであり、エキゾチック・オプションによ
り、消滅価格（バリアーレート）等の特徴ある仕組みが導入され、より効率
的なリスクの移転もしくは部分的なリスクの移転が可能になり、オプション
料の削減が図られる。

この章で説明された各組合せオプションは、上場オプション戦略のような
投機的な目的にせよ、店頭オプションのシナリオのようなヘッジ目的にせ
よ、シナリオの満期において特定の効果を得ることを目的として組成される
ものである。満期以前の戦略の打切りや無効化は起こりうるが、許容されて
いない。たとえば、権利行使期日到来前に、投機家が考えを変える、ヘッ
ジャーがカバーしようとしている外国為替リスクがなくなる（たとえば、顧
客のキャンセルや注文のデフォルト）といったことが起こりうる。換言すれ

ば、期限前に戦略を清算することの効果についてはまったく考慮されていない。

　したがって、第6章ではオプションの時間的価値や、その計算にあたっての権利行使価格と原資産価格との関係などについて述べることとする。さらに、オプションのインプライド・ボラティリティの意味について詳しく述べる。これらの重要要素の事前の知識がなくては、組合せオプションの権利行使期日までの中間的な効果はわかりにくいかもしれない。しかし、時間的価値やボラティリティの知識があれば、読者は掲載された戦略の中間的なほとんどの結果について評価できるはずである。

第 **6** 章

オプション・プライシング

オプション価格については多数の書籍が出版されてきたが、すべてが数学的な部分に深く入り込んでいる。この本ではできる限りそれを避け、実務的な問題により集中することとした。

現代のオプションの価格決定方程式は、しばしば引用される「ブラック・ショールズ」方程式である。フィッシャー・ブラックとマイロン・ショールズが1970年代初期（原注1）に、株式オプションのフェアバリューを計算するためにこの方程式を考案した。もちろん、外国為替のオプションは、株式オプションとは相違する。通貨に配当はなく、取引される2通貨にはそれぞれ権利行使期日まで適用される固定金利がある。そこから、通貨オプションの価格付けに使うために、元来のブラック・ショールズ方程式に対して多くの調整が加えられてきた。そのうち最もよく知られているのは、ガーマン・コールヘーゲン（原注2）による調整で、2種類の金利と、その金利差によってフォワード取引においてプレミアムとディスカウントが生ずる事実を適切に取り込んだものである。数学の素養がある人に向けて、コール・オプションの理論価格の方程式を下記に示す。

$$C = e^{-r_f T} S N[D] - X e^{-r_d T} N[D - \sigma \sqrt{T}]$$

$S =$ 原資産の通貨のスポット価格

$X =$ 権利行使価格（ストライク価格）

$T =$ 権利行使期日までの時間（年）

$r_t =$ 「外国」通貨の無リスク金利

$r_d =$ 「自国」通貨の無リスク金利

$$D = \frac{\ln(S/X) + (r_d - r_f + \sigma^2/2) T}{\sigma \sqrt{T}}$$

アメリカン・タイプのオプションは、いつでも権利行使ができるので、さらに複雑になる。1979年にコックス・ロス・ルービンシュタインがアメリカン・タイプのオプション価格モデルを公表した。ブラック・ショールズと同じ理論的基礎を用いて、今日二項モデルとして知られる方法を用いた。二項

モデルはガーマン・コールヘーゲンとともに通貨オプションの価格付けに用いられている。以上で、「通貨オプションは、ブラック・ショールズによって考案され、ガーマン・コールヘーゲンによって改良され、コックス・ロス・ルービンシュタイン（原注3）によってアメリカン・オプションへの適用のために修正が加えられた方程式でプライシングがされている」ことを説明したので、次に実際の数学的計算よりも、価格付けの要素と結果をみることとしたい。

（原注1） Black, F and Scholes, M. 1973, 'The Pricing of Options and Corporate Liabilities', *Journal of Political Economy.*

（原注2） Garman, Mark B and Kohlhagen, Steven W. December 1983. 'Foreign Currency Option Values', *Journal of International Money and Finance.*

（原注3） Cox, John C, Ross, Stephen A, and Rubinstein, Mark. November 1979, 'Option Pricing: A Simplified Approach', *Journal of Financial Economics.*

1 価格決定要因

外国為替オプションの価格決定には、次の要因が必要とされる。

(1) コールあるいはプット

(2) 通貨ペア

(3) 権利行使価格

(4) 額面金額

(5) オプション・タイプ（アメリカンあるいはヨーロピアン）

(6) 権利行使期日と時間

(7) スポット外国為替レート

(8) それぞれの通貨の金利もしくは一通貨の金利と下記(9)

(9) 外国為替スワップレート（(8)で双方の通貨の金利がわかっていれば計算ができる）

(10) 通貨ペアのボラティリティ

価格決定の要因には三つのグループがあることに気づかれると思う。第一グループの要素（(1)から(6)）は取引において選択される、第二グループの要素（(7)から(9)）は、それぞれの市場で得られる。しかし、第三グループはただ一つの要素（10）、すなわちボラティリティしかもたず、これはオプション固有のものである。この要素はオプションの存続期間中の当該通貨ペアについて予想される価格変動率（ボラティリティ）であり、オプション価格の要素のうちで唯一「ほかでは決まらない」ものである。そのため、ボラティリティについて取引当事者が合意しさえすれば、価格（プレミアム）は容易に計算できる。店頭プロ市場で、オプションの実価格よりもボラティリティで価格をクォートするのはこのためである。

2　ボラティリティ

　ボラティリティは通貨ペアの交換レートの変動率として年率で表示され、オプションの「時間的価値」の基本的要素であり、したがって、オプション価格の基本的要素である。たとえば、ある通貨ペアは従来からボラティリティが低い。その例は、カナダドル対USD（アメリカ・カナダ両国の強い取引関係による）や、公式非公式にUSDにペッグしている通貨などである。他方、DEM、日本円、GBPなどの主要取引通貨のUSDに対するボラティリティは、通常いくぶんなりとも高くなっている。

　ボラティリティには次の二つの種類がある。

(1)　ヒストリカル（historical）……外国為替レートの過去の時系列から計算される。

(2)　トレーディッド（traded）、インプライド（implied）……オプション価格の要素としてのボラティリティであり、将来の外国為替レートの変動率（ボラティリティ）の予想を表す。

　ボラティリティが高くなるとプレミアムは高くなり、ボラティリティが低くなるとプレミアムは低くなる。それでは、ある通貨ペアの将来のボラティ

リティを計算することはできるのだろうか。残念ながら、将来のことがわからない以上、歴史的あるいは現時点での見通しが将来の値動きの唯一のガイドである。オプション市場参加者が、ある期間におけるボラティリティ水準の相場観に基づいてビッドし、オファーすることで、需要と供給により最終的に水準が決定される。他の流動性のある市場と同じように、レート（ボラティリティ）は、売り手が出てくるところまで上昇し、買い手が市場に入ってくるところまで下落する。このようにして、「取引された」ボラティリティはオプション価格決定の基本的要素となる。

　もし、ボラティリティが基本的な要素で、これに他の要素を加えてブラック・ショールズ式で計算することで価格が計算できるとすると、オプション価格がわかればボラティリティがわかることとなる。これがオプションの「インプライド」ボラティリティであり、米セントや他通貨でオプション価格が表示される上場市場において、頻繁に用いられている。インプライド・ボラティリティが計算された後において、店頭市場との間で比較し、より有利なオプションを探すこととなる。トレーディッド（取引された）ボラティリティとインプライド・ボラティリティは同一のものであることに留意するべきである。店頭市場ではボラティリティが取引されるが、取引所ではそうではなく、価格で取引されるという違いだけである。

3　本源的価値

本源的価値は第1章で、

> **「権利行使価格が、原資産である外国為替相場（アメリカン・タイプではスポットレート、ヨーロピアン・タイプではフォワードレート）に対して高い場合における両者の差」**

と定義された。

　「高い場合」とは、権利行使が（その時の）外国為替相場に対して利益を生むということである。したがって、その差がゼロやマイナスとなるオプ

ションに本源的価値はない。

　オプションの本源的価値は単純に計算できるが、特にそのオプションがディープ・イン・ザ・マネー、つまり権利行使価格と外国為替相場の差が大きいときには、価格形成において大変重要な意味をもっている。本源的価値はこのように計算され、時間的価値に加えられ、オプション価格が形成される。ブラック・ショールズ方程式は、本源的価値、時間的価値、そしてプレミアムの資金調達コスト（プレミアムはオプション期間の開始時に先渡しされるためである）のすべてを勘案するものである。

4　時間的価値

　アウト・オブ・ザ・マネーにあるオプション（本源的価値はない）は、時間的価値だけで価格決定される。イン・ザ・マネーのオプションは、本源的価値が時間的価値に加えられる。権利行使価格と権利行使期日を同一とするコール・オプションとプット・オプションは、両方がアット・ザ・マネー（その場合、両者は同じ価格となる）でない限り、どちらかがイン・ザ・マネーとなるが、プット・コール・パリティにより、双方とも同じ時間的価値をもつ。したがって、時間的価値は、スポット取引やフォワード取引に対してオプションの追加的なコストを表すものとなる。時間的価値の主な要素は、次のとおりである。

(1)　権利行使期日までの日数（「時間」）

(2)　ボラティリティ

(3)　権利行使価格と原資産である外国為替レートとのかい離幅（イン・ザ・マネーか、アウト・オブ・ザ・マネーかにかかわらない。この要素は、数学的に、オプションのデルタとして計算される。詳しくは第7章で述べる）

(4)　金利（金利差はフォワードレートと同じとなる。つまり上記(3)に含まれている）

　時間的価値から、次のようないくつかの興味深い問題が派生する。

(1) 時間的価値は線形ではない

　期間３カ月のオプションは、期間１カ月のオプションのコストの３倍よりも安い。期間１年のオプションは期間６カ月のオプションの２倍よりも安い。この理由は、時間的価値は権利行使期日が近づくに従って加速的に減少（ディケイ）するからである。長期のオプションの最初の頃は、価値の減少はほとんど生じない。この点から、長期のオプションを購入すれば、オプション料は高いが、短いものよりも価値ある買い物となる。

　カレンダー・スプレッド戦略（第５章参照）は、この時間的要素を使って、長期のオプションを買い、それと同じ権利行使価格の短期のオプションを連続的に売って利益を得ていこうとするものである。

　■例

　期間６カ月オプションを３％で購入し、最初の３カ月を２％で売り、その権利行使期日に残りの３カ月をさらに２％で売ることで、１％の正味利益を出す。売ったオプションは常に買ったオプションでカバーされているので、リスクは限られたものとなる。

　簡単すぎるだろうか。それでは図6.1をご覧いただきたい。

図6.1　時間的価値

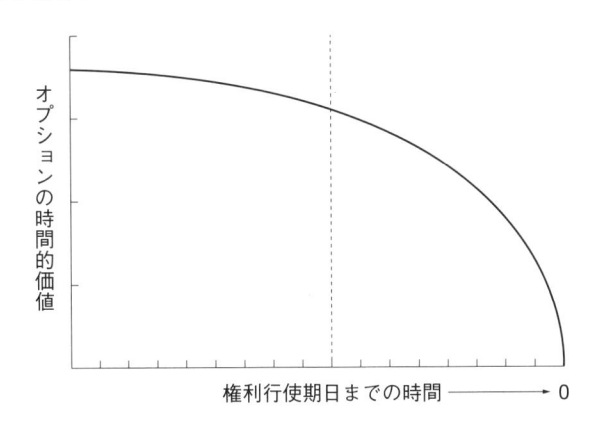

(2) アット・ザ・マネー・オプションの時間的価値は最も高い

オプションの権利行使価格が原資産たる外国為替レートに近い場合、そのオプションがイン・ザ・マネーとなるチャンスは50：50、すなわち「イーブン・マネー」である。それゆえ、最終的に権利行使されるかどうかの不確実性、したがって、時間的価値、結果的にはプレミアムも、この水準で最も高くなる（時間的価値との関係のみで、本源的価値は考慮しない）。

アウト・オブ・ザ・マネーやイン・ザ・マネーにあるオプションの場合、権利行使される期待はもはや50：50ではなく、より確実性が増すことで、時間的価値はゼロに向かって低くなっていく。時間的価値がゼロとなる時点でのオプション料は、アウト・オブ・ザ・マネーの場合には本源的価値はなく、ゼロとなり、イン・ザ・マネーの場合には時間的価値がゼロなので本源的価値となる。これは、アウト・オブ・ザ・マネーでは権利行使される可能性、イン・ザ・マネーでは権利行使されない可能性が、数学的にいずれもゼロとなることを表している。

前述のカレンダー・スプレッドのシナリオでは、2本目のレッグを1本目と同じようにアット・ザ・マネーで売った場合に、ボラティリティの変化がないと仮定すれば、1％の利益となるものであった。しかし、原資産たる外国為替レートが権利行使価格水準から離れる動きは時間的価値を減少させ、その結果、期待利益も減少し、損失も考えられるに至る。事実、この戦略には大きな前提条件が二つある。まず、原資産たる外国為替レートはほとんど動かないこと、そして2番目に、ボラティリティ（時間的価値の大きな要素）が購入したオプションのボラティリティと同水準、もしくはそれ以上の水準にあることである。ここでの問題は、外国為替レートが変わらなければ、ボラティリティは下がると見込まれることである。この戦略は明らかに、最初に考えるほど単純なものではない。

図6.2に示すように、アット・ザ・マネーでピークを迎える時間的価値は、イン・ザ・マネー側でも、アウト・オブ・ザ・マネー側でも急速に減少す

図6.2　オプションの時間的価値

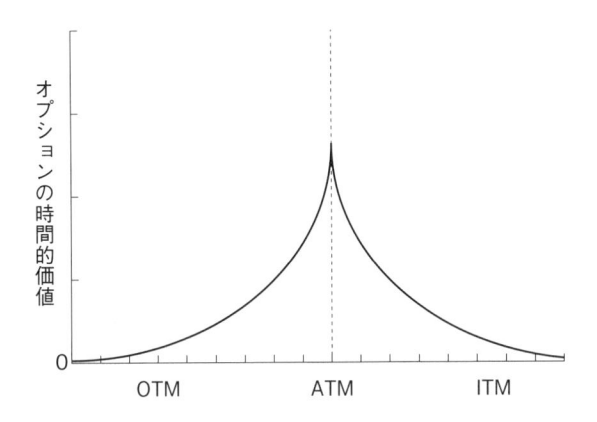

る。しかし、ゼロラインに近づくにつれて勾配が緩やかとなる。ここにおいても、直線ではなく、曲線であることが明らかである。

⑶　アウト・オブ・ザ・マネーにあるオプションとイン・ザ・マネーにあるオプションは、同じ期間であれば、インプライド・ボラティリティはより高くなる傾向がある

　アウト・オブ・ザ・マネーにあるオプションの価格決定に用いられるボラティリティは、ニア・ザ・マネーにあるオプションのボラティリティよりも、通常、高い。オプション価格理論では、外国為替レートの動きはランダムウォークの性格をもち、したがって、ブラック・ショールズ方程式では、ボラティリティを全権利行使価格にわたって同一のものとして適用している。しかし、これは市場における実務とは異なる。外国為替レートはしばしば変化の方向に偏りをもつ傾向があり（つまり、レートはどちらかの方向への「トレンド」をもつ可能性がある）、また、インプライド・ボラティリティ自体を変化させてしまうような、どちらかの方向へ「ジャンプ」する動きをしがちである。その結果、市場ではこうした非効率性に対して、ほかに反映させる方法がないため、ブラック・ショールズ方程式におけるボラティリティ要

素（オプション価格において唯一の未確定要素）を調整する。さらに、ボラティリティの上乗せ分（relative mark-up）（オプション料と混同しがちなプレミアムという用語を避けている）は、原資産価格がアット・ザ・マネーから離れれば離れるほど増加するので、現実には、権利行使期日にイン・ザ・マネーになることは数学的にはなさそうなオプションであっても、「ただ」で買うことはできない。換言すれば、「ただ」でオプションを売る人間はいないということである。

　図6.3に示しているように、ボラティリティのレベルは中央のアット・ザ・マネーとなる点から両はじに向けて上昇している。

　図6.3はイン・ザ・マネーにあるオプションとアウト・オブ・ザ・マネーにあるオプションのボラティリティを、期間が等しいアット・ザ・マネーにあるオプションと比較したものである。2本の線はビッド、すなわち買い値と、オファー、すなわち売り値を示している。ボラティリティが上昇するにつれてスプレッド（原注4）も拡大することが見て取れるが、これはアウト・オブ・ザ・マネーとイン・ザ・マネーにあるオプションでは、流動性がより低いからである。ボラティリティの高まりは、ボラティリティ・スマイルとして知られる、すべての権利行使価格にわたる曲線を示している。これ

図6.3　権利行使価格の変化に伴うインプライド・ボラティリティのカーブ（I）

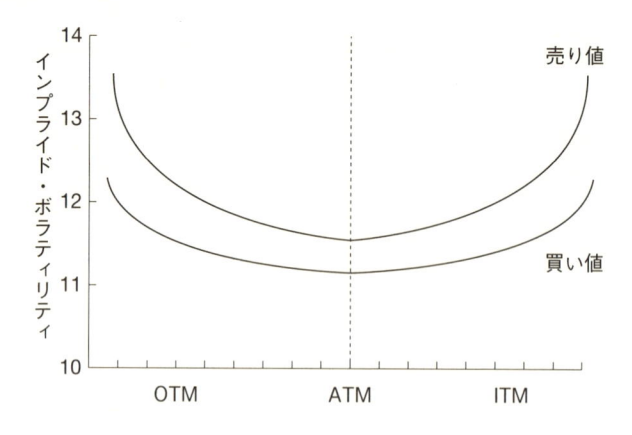

と、本章で後に説明する期間の長短によるボラティリティ・カーブを混同してはいけない。

　ここまで、アウト・オブ・ザ・マネーにあるオプションとイン・ザ・マネーにあるオプションがより高いボラティリティをもつことについて議論してきた。ボラティリティの上乗せの度合いは、そのオプションの権利行使価格と、その時点でのアット・ザ・マネー権利行使価格とのかい離幅で決まるもので、オプションがイン・ザ・マネーかアウト・オブ・ザ・マネーかで決まるものではない。すでに示したように、プット・コール・パリティにより、イン・ザ・マネーにあるコール・オプションは、権利行使価格が同一であるアウト・オブ・ザ・マネーにあるプット・オプションと同じ時間的価値（そして、ボラティリティ）をもつ。したがって、権利行使価格のアット・ザ・マネー（ATM）ポイントからの距離が唯一の重要要素である（原注5）。他の条件が等しければ、アウト・オブ・ザ・マネーにあるコール・オプションが、たとえば5％、ATMポイントから離れている場合、ボラティリティの上乗せ分は、図6.4に示すように、対応するイン・ザ・マネーにあるプット・オプションと同一のはずである（図6.4は図6.3と同様であるが、そのX軸を、OTMおよびITMのオプションではなく、OTMコール・オプションとITM

図6.4　権利行使価格の変化に伴うインプライド・ボラティリティのカーブ（II）

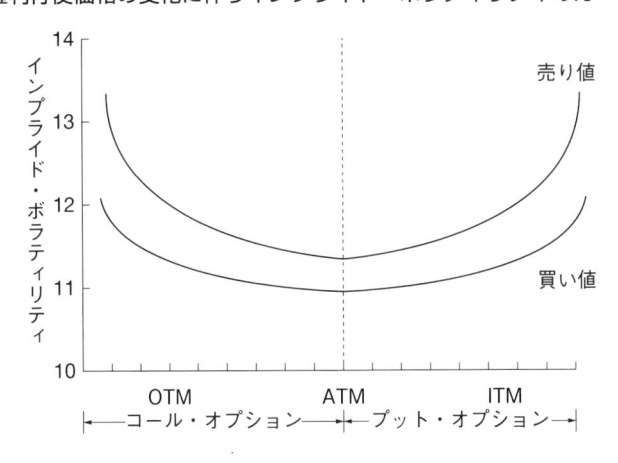

プット・オプションを示すように変えたものである）。

（原注4）　スプレッドはビッドとオファーのレートの差である。流動的な市場
　　では、スプレッドは小さく、または狭く、非流動的な市場では大きい、もし
　　くは広い。
（原注5）　距離は通常、オプションのデルタにより測定される。

⑷　ボラティリティ・権利行使価格曲線（スマイル）は上下方向に同じ形状をとるとは限らない

　図6.4はどのような通貨ペアについてもみられるものだが、原資産たる外国為替レートの変動に偏りがある場合には、多くのボラティリティ・スマイルではいずれか一方向へのゆがみがみられる。たとえば、通貨に切下げ圧力がかかり、将来の可能性は下落か現状維持かで、上昇する可能性はほとんどないといった状況になることがありうる。このような場合、アウト・オブ・ザ・マネーにあるプットの価格は、アウト・オブ・ザ・マネーにあるコールの価格に比べて割高となり、それはボラティリティの上乗せまたはスマイル、すなわち、アウト・オブ・ザ・マネーにあるプットのボラティリティをより高くするようなゆがみ（skew）によって調整される。アウト・オブ・ザ・マネーにあるコールは、通貨切下げの蓋然性が高まるような状態では、アット・ザ・マネーより低くなることすらありうるが、通常は図6.5のようにアット・ザ・マネーのレベルにとどまる。

　異なる通貨ペアごとにボラティリティは異なり、スマイルのかたちの変化にあわせて、ゆがみのかたちも変わることに留意するべきである。

　スマイル要素についていえば、アウト・オブ・ザ・マネー（OTM）にあるコールおよびプットの上乗せが非常に少ない場合にはスマイルは「フラット」となり、OTMのボラティリティがATMの場合に比べて大変高い場合には、きついカーブ（U字型のように）となる。数学的には、通貨ペアのインプライド・ボラティリティのボラティリティ（ボラティリティのボラティリティである）により、このカーブのきつさが測られ、ボラティリティのボラティリティが高いほどスマイルのU字型がきつくなる。

図表6.5　スマイルカーブの「スキュー」

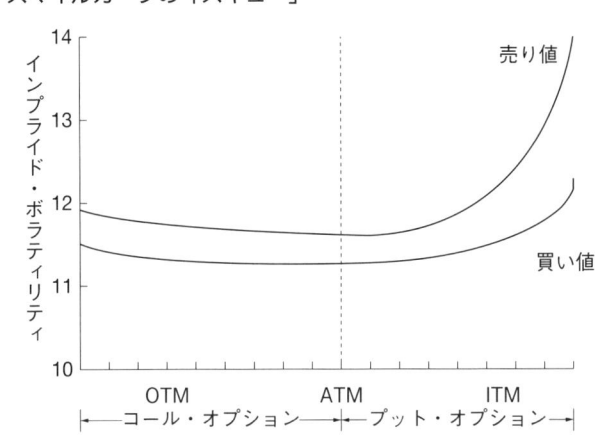

図表6.6　権利行使期日までのボラティリティカーブ

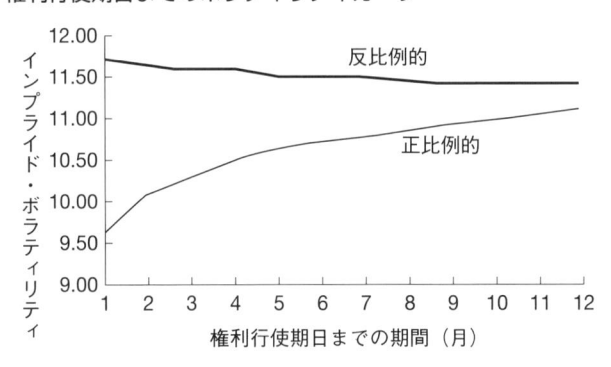

(5)　ボラティリティは期間によって異なる

　残存期間が等しいオプションの、さまざまな権利行使価格にわたるボラ
ティリティのカーブおよびカーブのゆがみは以上のとおりである。残存期間
が変化する場合、ボラティリティは同様にカーブを描いて変化する。換言す
れば、期間１カ月のボラティリティは期間１年とは同一になりそうにない
（同一になる可能性はある）。さらに、（ボラティリティ）カーブは、正比例的
（すなわち、期間が長いほどボラティリティが高い）であることも、反比例的

（すなわち、期間が短いほどボラティリティが高い）であることもある。図6.6
は期間 1 ～12カ月の典型的なボラティリティ・カーブを示している。

5　価格表示の様式

　71ページの価格決定要因からオプションの価格計算が行われ、次の四つ以
上の方法で価格が表示される。

⑴　第一通貨のパーセント表示

⑵　第一通貨単位当りの第二通貨

⑶　第二通貨のパーセント表示

⑷　第二通貨単位当りの第一通貨

　実際のオプション料の金額を得るには、価格に対応する通貨建てでのオプ
ションの額面金額を乗じる必要がある。

　■例

DEMコール（USDプット）、期間 3 カ月、ヨーロピアン・タイプ、権利
行使価格1.50（DEM／USD）、額面金額1,000万USD（1,500万DEM）

　スポットレート1.54（DEM／USD）、金利 6 ％（USD）および 4 ％
（DEM）におけるフォワードレートは1.5322であり、ボラティリティは
9 ％である。結果は次のとおり。

⑴　USDパーセント：1,000万USDの0.935％、オプション料は 9 万
3,500USD

⑵　USD当り0.0144DEM：1,000万USDに対して0.0144DEM、オプ
ション料は14万4,000DEM

⑶　DEMパーセント：1,500万DEMの0.96％、オプション料は14万
4,000DEM

⑷　DEM当り0.0062333USD：1,500万DEMに対して0.0062333USD、
オプション料は 9 万3,500USD

現在のスポットレート1.54に対応するオプション料は14万4,000DEMもし

くは9万3,500USDとなるので（四捨五入による若干の差異は別として）、以上の関係が成り立つことは一目瞭然である。換言すれば、スポットレート（オプション料の換算）と権利行使価格（額面金額の換算）を参照することによって、一つの表示方式から他の方式へ換算することができる。前述の例では、店頭インターバンク市場では、第一の方式（USDのパーセント表示）が一般的であるが、ドイツの銀行によっては、DEMポイント（原注6）として知られる第二の方式（単位USD当りのDEM）が選好される。

　オプション価格およびオプション料は、通貨ペアのいずれかで表記することが一般的である。実際、他通貨へ転換するための第三の為替レートが導入されない限り、オプション価格の表記方法はほかにはなく、それはブラック・ショールズのようなオプション価格方程式では想定されていない。しかし、オプション利用者によっては、オプション料を、オプションの通貨ペアでなく、自らの会計処理で使う通貨で表記することを選好する場合がある。たとえば、英国企業が外国通貨であるUSDポジションをDEMに対してヘッジしたいと考えており、オプション料はGBPで支払いたいと希望するような場合に、そのようなことが起こりうる。このような特別な転換は通常、別のスポット取引として実施され、オプションプレミアムの計算には含まれない。

　オプション料の受払いが第三の通貨で行われる場合、さらなる為替リスクが第三通貨と元のオプション料表示通貨との間で生ずる。しかし、このリスクはオプション料に限定されているものであり、オプションの額面価値には関係がない。オメガリスクとして第7章で論じられる。

　（原注6）　外国為替市場では、「ポイント」という用語で、多くの通貨の為替レートにおいて小数点以下第4位、すなわち、0.0001を表し、スポットレートとフォワードレートの差について、たとえば、スポットレート1.5400、フォワードレート1.5322、差は78ポイントというように表す。同じように、レートの動きもポイントで表現されることがあり、「スポットが10ポイント上昇し、1.5400から1.5410となった」等という。そこから、オプション料も同じように表現される。
　　注：すべての通貨において、小数点以下第4位ルールが適用されるのではない。レートによって異なり、日本円については、小数点以下第2位がポイン

トとなる（107.00〜107.10は10ポイント）。

6 価格付けのまとめ

　この章ではオプション価格理論の数学については、ガーマン・コールヘーゲン方程式を除いて、意図的に避けてきた。オプション価格理論の専門書は書店には多数あるにもかかわらず、あえて、この方程式をここで掲載したのは、どちらかといえば心覚えのためで、解説するためではない。通貨オプションにおいて、理論家と実務の間のギャップは大変に大きい。これは、市場取引の大宗が店頭取引であり、理論家が研究の対象とすべきデータがきわめて少ないことが一因である。たとえば、1年ほど前、著者は著名な理論家が出席するパリで開かれた会議に参加したが、そこで理論家がオプション・ボラティリティについての研究発表の結論として、将来においてボラティリティがプレミアムにかわり取引されるであろうと述べていた。通貨オプションの店頭市場では、1985年からボラティリティ表示で取引が行われている[i]。

　オプションの公正な価格についてのさまざまなモデルが入手可能で、インプットさえすればオプションの価格または「公正価値」が計算されるが、それだけのことでしかない。結局のところ、価格を決めるのはオプションディーラーであり、モデルではない（そうでなければ、ディーラーは不要で、コンピュータがすべてを決めることとなる）。使用する価格計算のシステムがFENICSでもそれ以外のでも、ディーラーはシステムの数学的基礎を知る必要はなく、市場価格と比較して使える答えかどうかがわかればよい。これは、ある程度「ブラック・ボックス」現象であるといえ、多数の理論家がオプションディーラーは価格の背後にある数学を知るべきであるという議論をしているが、これは誤りである。レーシングカードライバーは自動車エンジンの動きの詳細を知らなければいけないか。レースでの勝利は、ドライバー

---

[i] 　現在は実務をふまえた優れた論文が多数出ており、理論家と実務の間のギャップは縮小している。

の技術とサーキットで起こることで決まるのではないか。ドライバーは何も知らないほうがいいのではないか。中途半端に知ることはかえって危険ではないか。エンジン（価格決定システム）が信頼できるのであれば、あとはドライバー（ディーラー）まかせとしたほうがよいのではないか。

　しかしながら、最近の大きなディーリングルームにみられるような「クォンツ」、すなわち、新しい種類のトレーダーの登場により、理論と実務の間のギャップは急速に狭まってきている[ii]。この種のトレーダーは20歳代で、数学またはそれと似た学問を修めており、顧客との仕組み取引においてオプションやその派生商品（「エキゾチック」）が拡大していることに対応して、価格・リスク分析モデルの開発と運用に責任を負っている。そのうち、ある者はトレーダーおよびリスクマネージャー、ある者は営業担当であり、多くの者は両者を兼務している。

　デリバティブ市場では、新商品が次々と考えられ、それぞれに価格モデルが必要となるところから、将来において、もっと多くのクォンツがディーリングルームに必要とされると考える。

〈翻訳者による第6章の追記〉••

　原著では本章に以上のほか、「価格計算システム」（Pricing systems）という節があるが、トレーディングのワークフローからシステム間の統合までの記述が翻訳時点の現状と大きく異なるため、本書では原著の当該節を翻訳から省いた。そのかわり、通貨オプションの価格計算システムについて、現在の情報をもとに翻訳者の責任で新たに以下の補足を行う[iii]。

[ii]　先進的な金融機関では、フロント部門、ミドル部門にクォンツが配置され、リスク管理を精緻化する取組みが進んでいる。

[iii]　[7] は、現在の通貨オプション市場のプライシング・システムで使用されている用語を極力用いて記述した。

7 価格計算システム

(1) トレーディング・ワークフロー

　トレーダーたちは電話によるトレーディングを継続しつつ、チャット機能などの電子取引基盤も利用して市場プライスの確認やその執行に携わっている。この点において技術の進歩は多くの選択肢をもたらすようになった。

　ホールセール市場の参加者のために、銀行間取引を仲介するブローカーは匿名性が確保された約定執行前の市場プライスを提供している（図6.7）。依然として、電話でも確認可能ではあるが、最近ではCLOB（集中指値注文台帳）やオークションを取り入れた電子取引画面を通じて市場プライスの確認が容易にできるようになっている。CLOBは一般的な手法で、証券取引所などでも取引執行システム上で特定の条件の銘柄を取引できるようになっている。市場参加者は希望する条件とオプション・プライスをシステムにオーダーして取引を約定・執行する。このような「多：多」の市場において、参加者は他のすべての参加者と取引が可能である。

　自身の電子取引基盤を顧客に提供している大手銀行もある。顧客側も複数の銀行が参加するマルチ銀行取引執行システム上のプライシング機能を利用する場合がある。これらのいずれの場合もリクエストを送る側の社名を開示して、プライスのリクエストを行うのが一般的である。この場合、顧客は自社名を開示しながらプライスの提供者に対して特定の約定リクエストを送信する。プライスの提供者は、彼らが取引したいと思う顧客のみに対してオプション・プライスを提示することが可能である。

　各取引所は通貨オプションを上場し、彼らの提供する電子取引基盤を通じてCLOBに基づいた市場プライスの提供を行っている。

(2) プライシング・システム

　トレードフローとは別に、トレーダーたちはオプション・プライス算定の

図6.7　銀行間取引仲介画面の一例

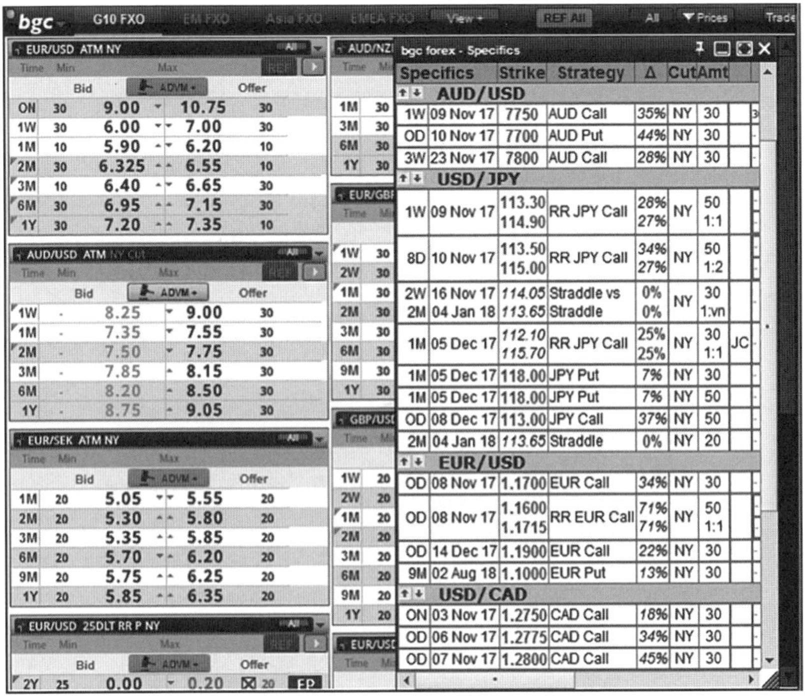

ためにプライシング・システムを使用している。ここで重要なのは、数式モデルとマーケットデータである。

　数式モデルは、金融機関のクォンツによる内製システムか、またはソフトウェアベンダーの手によるものが多いといえる。正確な市場価格を算定できる数式モデルのほとんどは、学術的見地のみから作成されたものではなく、通貨オプション市場の動きを正確にプライスに反映できるようにつくられている（図6.8）。

　プライシングに必要なマーケットデータは、スポットレート、金利レート、為替スワップレート、そしてボラティリティレートである。一般的にこれらのデータは、データベンダーや銀行間取引仲介ブローカーなどから提供

図6.8　プライシング・システムの一例

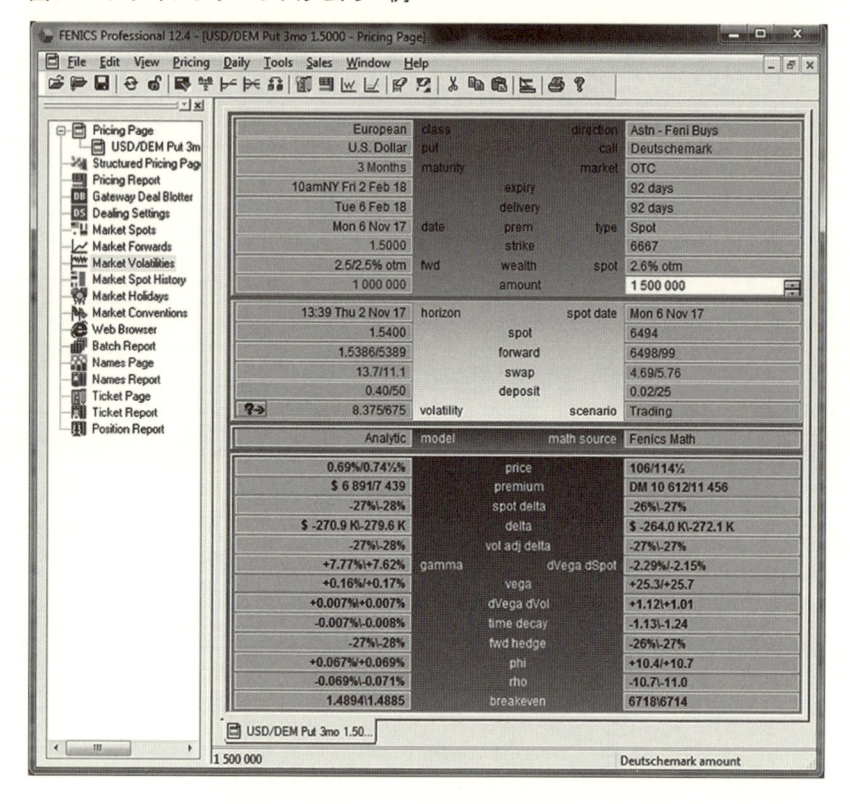

され、プライシングに使用される。

⑶　セールス・デスクのプライス算定

　歴史的に対企業顧客のセールス・デスクは自社の通貨オプショントレーダーから、電話やチャットなどを通じてオプションの価格を得てきた。富裕層の顧客やリテールの顧客に対しては、日々更新される定型の提案書などによって配信されるのが一般的である。

　一部の先進的な金融機関は、セールス・デスクが直接プライス算定できるツールを提供し始めている。これらは、営業担当者が自社の通貨オプション

トレーダーにプライスを確認することなく、直接に約定・執行可能なプライスを顧客に提示し、成約することを可能にしている。この場合、通貨オプショントレーダーは単に自社の約定・取引ルールとマーケットデータをセールス・デスクが使用するプライシングツールのためにあらかじめ設定するのみである。

　これらのシステムは顧客向けに提供される取引提案書を作成する機能も備えていて、顧客に対して対象商品の特性や潜在的なリスクをわかりやすく説明できるようになっている。

(4)　システム間の統合

　これらのトレーダーやセールス・デスク向けのプライシング・システムは、自社のリスクマネジメントシステムやバックオフィスのシステムと、STP（Straight Through Processing）機能によって結合されており、約定データなどを自動的に連携できるようになっている。その結果、自己のポジションに対して市場リスクを即座に反映する利点があるほか、オペレーションリスクを削減し、ミドルオフィスやバックオフィスのシステムにポジションを手入力する手間を省き、人為的な誤操作を防ぐことができる。

［文責：山﨑　哲夫］

※第6章後半の（翻訳者による第6章の追記）部分の記述内容は、追記を担当した山﨑哲夫個人の意見に基づくものであり、勤務先である一般社団法人金融先物取引業協会の意見に基づくものではない。

第 **7** 章

オプション取引のリスク

これまでの章では、オプションプロダクトについて、その特性と用途、価格設定方法、取引市場の説明をした。ここからはオプションまたはオプションのポートフォリオのトレーディングまたはヘッジという観点から、プロダクト自体に内在するリスクについて説明していく。換言すれば、これまでの六つの章では、プロダクトと、それを使って外国為替リスクをヘッジしたり、外国為替リスクの投機を行ったりするための方法を読者にご理解いただいた。したがって、すべての例、戦略、用途は、オプションの権利行使期日に起こりうる結末に基づいている。では、原資産である外国為替、金利、ボラティリティの変化に伴い、ヘッジ対象ポジションは残存期間中どうなるのか。オプションポジションはどのようにヘッジするのか。

　時間経過や原資産である外国為替レートの変動に伴うオプションのパフォーマンス変化は、カバーする外国為替リスクをもたないオプションの売り手や買い手には非常に重要である。オプションの多くの利用者は、カウンターパーティがどのようにヘッジをするかには（まったく正当にも）関心がなく、ここからの章で解説されるオプション・ポートフォリオのトレーディングやヘッジについてもまったく興味を示さないかもしれない。しかしながら、オプション・リスクの数学的な原理とそのヘッジ技術を理解すれば、オプション利用者はオプション・レプリケーションの可能性を開くことになる。オプション・レプリケーションについては、第8章で述べる。

　オプション・リスクは、数学でよく使用される平易なギリシャ文字で表される。まずは、デルタからみることとする。

1　デ ル タ

　オプションのデルタは通常、以下のように定義される。

(1)　原資産（外国為替レート）の変化に対するオプション価値（プレミアム）の変化率

　オプションのデルタは、第6章で扱った価格算出モデルから生成される

（これは価格算出モデルの一次微分である）。また、次の2通りのようにも定義できる。

(2)　権利行使期日に権利行使される、おおよその確率

(3)　リスクに相当する外国為替ポジション、すなわち「ヘッジ比率」

　オプションのデルタは0と1の間の値となり、通常はパーセンテージで表される。

　■例

　GBPコール（USDプット）、権利行使価格1.50（USD／GBP）、ヨーロピアン・タイプ、期間3カ月、プレミアム0.0180または1.80米セント（現在の原資産価格本例で3カ月先のフォワード価格は1.50）

　このオプションは、権利行使価格が原資産の外国為替レート1.50と同一でATM（アット・ザ・マネー）となる（注：このオプションはヨーロピアン・タイプであり、そのため原資産レートは、オプションの権利行使期日に該当するフォワードレートとなる。すなわち、3カ月フォワードである）。このオプションがITM（イン・ザ・マネー）になる確率、すなわち権利行使期日に権利行使される確率は50：50または同程度で、原資産価格は1.50を挟んで上下していくこととなる。したがって、このオプションのデルタは50％であり、オプション・デルタ50％とは、為替レートが変化するとオプション価格はその50％だけ変化することを意味する。仮に、3カ月フォワードレートが0.01だけ上昇したとすると、プレミアムは0.01の50％となる0.005（1米セントの半分）上がり2.30米セント（1.80+0.5米セント）となる。この例はオプション・デルタの第一の定義に当たる。

　オプション・デルタは潜在的に行使確率へ影響を及ぼす要因によって変化する。その要因とは、原資産である外国為替レート、ボラティリティ、金利の変化、そして、単純に時間の経過である。ATMオプションのデルタが50％であると算出するために数学的なモデルは必要としないが、他のオプションではなんらかの算出モデルが必要となる。この例では、外国為替レートが0.01上昇して1.51へ上昇した際のプレミアムへの影響が検証された。こ

の場合、権利行使価格1.50のオプションでは、本源的価値が1米セント高まり、その結果、デルタは50％を超えるようになる。つまり、ATMのときよりも権利行使される可能性がより高まる。そして、実際に権利行使期日の1カ月前になるとデルタはおよそ58％となる。したがって、為替レートが1.50であったときの当初の50％からデルタは変化し、プレミアムは外国為替レートの変化の58％だけ変化することになる。**デルタは非線形であり、最初の変化率のみを表している。**

オプションが権利行使期日の1日前になり、スポットレートが1.55のときはどのようになるか。再度みてみると、行使確率は行使期日1カ月前より1日前のほうが高くなり、為替レートの上昇によってなおさら高くなるから、デルタが数学的に行使確実な100％へと変化する。以上はデルタの2番目の定義である、行使の可能性を示している。

ATMオプションのデルタは権利行使期日まで50％であり、権利行使期日には行使されてスポットの外国為替取引となるか（100％）、権利行使されないで0％になるかが決まる。この特徴と、行使期日までの残存期間が異なるオプションについて原資産である外国為替レートの変化に応じたデルタの推移をグラフで描くことができる。図7.1は、期間3カ月、行使価格1.50のGBPコール（USDプット）のデルタを古典的なデルタダイアグラムで示している（前例の詳細である）。

ボラティリティが低いときより高いときのほうが原資産価格の変化の可能性が高まることから、ボラティリティもまたオプションのデルタ計算上の重要な要素となる（デルタが常に50％であるATMの場合は例外である）。これは当然である。権利行使期日まで残り1日、デルタ100％のコール・オプションは行使が確実とされるが、たとえば、通貨の切下げ予想が出て、ボラティリティが急騰することも考えられる。ボラティリティの上昇はオプションの時間的価値を増加させ、このケースでは、コール・オプションのデルタは、権利行使がボラティリティ上昇前と同じく確実とはいえないので、低下する。仮にデルタの原則が原資産である外国為替レートに適用されるならば、

図7.1　権利行使価格1.50のコール・オプションの、さまざまな外国為替レートの水準におけるデルタ（3時点）

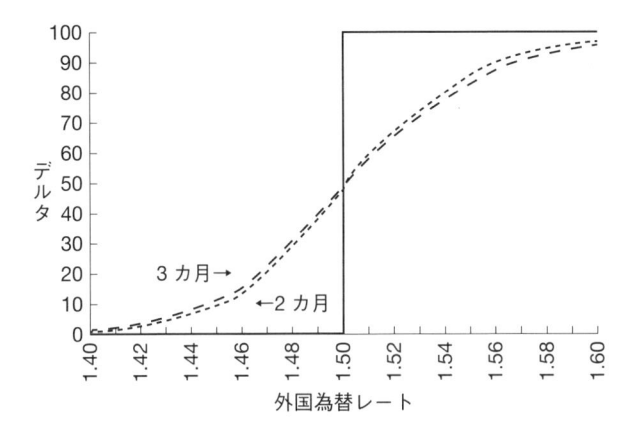

注：権利行使日におけるデルタはゼロまたは100%のどちらかとなり、見分けが容易である。権利行使期日前3カ月のデルタは太い点線、権利行使期日前2カ月のデルタは細い点線で表されている。

デルタは100%（自分自身の変化に対する変化率）となる。プット・コール・パリティにより、同一権利行使価格、同一権利行使期日のいかなるオプションにおいても、コールとプットのデルタには直接的な関係が明らかに認められる。これを端的に表すと、次のようになる。

　（コール・デルタ）＋（プット・デルタ）＝100%

　仮にコール・デルタが50%であるならば、プット・デルタは50%となる。両者ともATMで50：50の「イーブン・マネー」であり、上記の関係が成り立つ。仮にコール・デルタが70%に上昇したら、それに対応するプット・デルタは30%になる（コールはイン・ザ・マネー、プットは行使の確率が50%を下回るアウト・オブ・ザ・マネーとなる）。さらに考えると、コール・デルタが100%となれば、プット・デルタは0%となり、数学的にみれば行使の可能性がある。理論的には、ゼロデルタ・プットは価値をもたないが、だれも進んでこれをゼロで売ろうとしない（詳しくは第6章 ④ (3)、OTMオプション

のボラティリティ・マークアップ－スマイル効果参照)。権利行使期日では、オプションはゼロデルタ(無価値になって消滅)ないしは100%デルタ(行使されてスポット外国為替取引に転換)となる。

コールやプットのデルタの合計が100%になるのはヨーロピアン・オプションのみであることに注意してほしい。アメリカン・オプションの場合は、早期行使の可能性を勘案するために追加的な計算が必要になり、二つのデルタの合計は100%を超える場合がある。

デルタはオプションが行使される数学的確率を意味し、外国為替レートの動きとオプションのプレミアムとの間の関係(少なくとも当初は)を表している。したがって、原資産である外国為替市場でポジションを組成することにより、オプションの行使可能性に対するヘッジができる。これがデルタヘッジであり、デルタの3番目の定義に当たるリスクの外国為替相当額、またはヘッジ率である。

デルタヘッジは、スポットないしフォワード取引の形態をとる。前者は単に、適切な金利を使用してフォワードデルタをスポットに割り戻したものである。

デルタヘッジについては第8章で詳細に述べる。

2 ガンマ

デルタは、原資産である外国為替レートとともに変化するが、ボラティリティや時間の経過といった他の要因によっても変化する。ガンマはデルタの変化率を測定するものであり、単純にデルタのデルタである。デルタをプライシング・モデルの一次微分とすると、ガンマは二次微分に当たる。

ガンマはデルタの感度を効果的に測定することができ、オプション・ポートフォリオ内のリスクを計算するうえで非常に有用なツールである。デルタは、主に三つの要因により変化する。

(1) 権利行使価格に対するスポットの関係(デルタのこと)

(2) 権利行使期日までの残存期間

(3) 市場ボラティリティないしインプライド・ボラティリティ

　権利行使価格が原資産である外国為替レートに近くなればなるほどガンマは高くなる。また、権利行使期日に近づけば近づくほどガンマは高くなる。そして、ボラティリティが低いほどガンマは高くなり、その逆も成り立つ。ここで「高い」とは、より敏感で変化の激しいガンマを意味する。つまり、デルタの変化はより大きくなる。

　ATMオプションのデルタは50％（図7.1）であり、その時間的価値は最も高くなる（図6.2）。したがって、オプションのデルタが50％に近くなればなるほど、ガンマは高く、あるいは強くなる。権利行使期日まで1カ月もしくは1日のATMオプションのデルタは50％だが、権利行使期日になればデルタは0％、ないし100％となる（無価値になって消滅するか、行使されて外国為替取引に変わるか）。当然ながら、デルタの変化（ガンマ）はオプションが権利行使期日に近づくほど「強烈」となるはずである。図7.2はこの点を示しており、ガンマの古典的なグラフでの描写である。「Y」（垂直）軸上のガンマ値は、原資産である外国為替レートの変動1％当りのデルタの変化を表す。

　最後に、オプション価格におけるボラティリティはガンマに影響する。つまり、ボラティリティが低くなればなるほど価格変化の可能性（デルタ）は低くなり、価格が動いたときのデルタはより敏感になるので、結果としてガンマはより高くなる。ボラティリティの変化によるデルタの変化をバンナ（原注1）と呼び（第8章参照）、（インプライド）ボラティリティの変化1％当りで計測される。

　今日までのところ、時間や金利の変化によるデルタの変化を表す名前はない。デルタを変化させる要因は、いずれもオプション・ガンマにも影響を与えるものの、一般的に最も重要なのは原資産である外国為替レートの変化だと思われている。ガンマは、原資産である外国為替レートの変化1％当りのデルタの変化として計測されることがある（図7.2参照）。

図7.2 権利行使価格1.50のコール・オプションの、さまざまな外国為替レートの水準におけるガンマ（3時点）

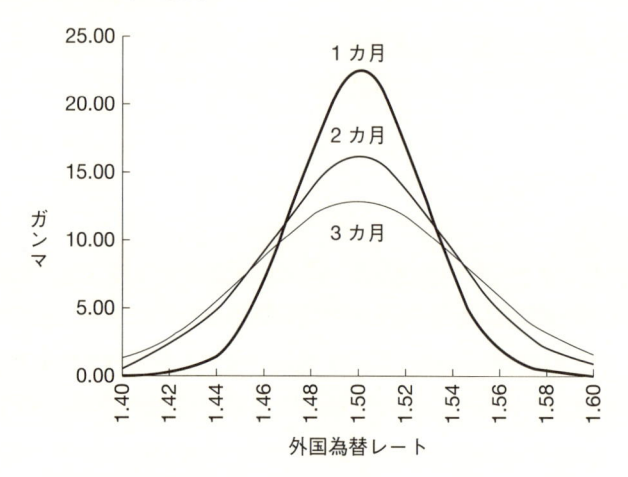

注：ガンマは権利行使価格が原資産である外国為替レートに近いときに最大となり（デルタ50％の場合）、権利行使期日に近づくほど高くなる。「ガンマの値」を表すY軸は、原資産の外国為替レートが1％変化したときのデルタの変化量を表す。

　ガンマは、取引当事者にとってデルタの動きが良い方向か悪い方向かによって、ポジティブないしはネガティブと表現される。オプションをロングにするとポジティブ・ガンマになり、ショートにするとネガティブ・ガンマとなる。デルタの変化により前者は利益を生み、後者は損失を生む。

　プロのマーケット・メーカーにとってガンマはオプションの重要なリスク値の一つであり、過去、銀行などの金融機関が経験した莫大な利益（損失）を生み出した要因でもある。ガンマはオプション・ポートフォリオ・ヘッジと関連性が深く、第8章において詳しく述べることとする。

　（原注1）　バンナはFENICS6.1で導入された計測法で、一般に（外国為替レートというより）ボラティリティの動きによるデルタの変化を表すために使われてきた。

3 ベ ガ

ベガ（ギリシャ文字ではない）はカッパ（ギリシャ文字）とも呼ばれ、他の
オプション市場では他のギリシャ文字（シグマ、オメガ（原注2）など）で呼
ばれる。ベガはオプションプレミアムにおけるボラティリティ要素の変化で
あり、次のように表される。

ボラティリティの変化に対する、オプション価値（プレミアム）の変化率

オプション価格におけるボラティリティ要素（原注3）は、将来のスポッ
ト外国為替レートのボラティリティを市場がどのように認識しているかによ
って変化する。ボラティリティの変化は、もちろんオプションプレミアムの
変化となり、ベガはボラティリティの変化に対するオプション価格（プレミ
アム）の感度を示す。そして、通常は1％ポイント上昇当りの数値として表
される。

■例

額面金額100万USDのオプションにおいて、ボラティリティが（10％か
ら11％へ）1ポイント上昇すると、プレミアムは2,500USDドル増加し
たとする。ほかの要素は不変だとすると、このオプションのベガは
0.25％となる（2,500／1,000,000×100）。

ボラティリティは時間的価値の主要素である（第6章）。したがって、ベ
ガはオプションがATMのときに最も高くなる（76ページ参照）。しかしなが
ら、ベガはオプションの残存期間が長くなるにつれ、より高くなるので、権
利行使期日までの期間が長いオプションのベガは短い期間のオプションより
も高いベガをもつ。

ベガは、オプション特有のものであり、他の市場要因の影響を受けないこ
とから、おそらくプロのオプション・トレーダーにとって（他の者にとって
も）、利益をあげるためにとる最も一般的なリスクであるといえる。外部要
因は間違いなくオプション・マーケット・メーカーに影響を与えるが、ボラ
ティリティ価格をつくることができるのはオプションのマーケット・メー

カーのみである。

（原注２）　オメガは、店頭市場では別のリスクを表す（本章後段参照）。

（原注３）　ボラティリティ要素とは、通常、インプライド・ボラティリティを指す（第６章参照）。しかし、店頭市場では取引所市場と異なり、ボラティリティは（プレミアムから）逆算されるのではなく、むしろ取引されるものである。実際のところ、プレミアムがインプライドであるが、用語は「インプライド・ボラティリティ」に固定されてしまっている。

4　セータ

時間経過に対するオプションの価値（プレミアム）の感応度

セータは、他の要素に変化がない場合に、オプションが１日経過するときのプレミアムの減価として計測される。セータが0.025％とは、オプションが額面金額100万USDについて、１日経過するごとに250USD減価することを意味する。

セータは時間的価値の主要素である（第６章）。また、セータそのものはオプションがアット・ザ・マネーのときに最も高くなる。その変化は非線形であり、権利行使期間が長いオプション約定直後の減少は小さく、権利行使期日に近くなるにつれて急速に減価する。

この点を明確にするため、ここで図6.1を図7.3として再掲する。

アット・ザ・マネーのときのセータの効果を示すため、図7.1のデルタ、図7.2のガンマと同じく、図7.4では権利行使期間３カ月、権利行使価格1.50のコール・オプションの３時点でのセータの値を示している。図7.2のガンマと図7.4のセータとの間に、多くの類似点があることがわかる。「セータの値」を示す「Y」軸は、さまざまな外国為替レートの水準における１日のタイム・ディケイ損失を表している。

ボラティリティや金利などが変化するとセータも変化するにもかかわらず、セータは単にタイム・ディケイ（時間的減価）または「キャリー」と呼ばれることがある。通常、時間の経過が利益（ショート・オプション・ポジ

図7.3　オプションのセータ、またはタイム・ディケイ

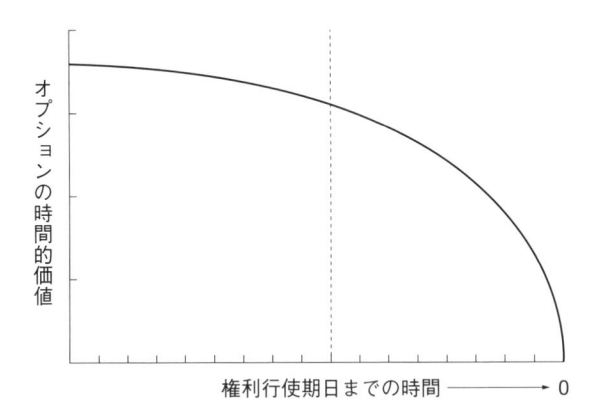

注：セータは非線形で、オプションの開始時はゆっくりと減少するが、権利行使期日に近づくにつれて急激に価値が失われる。

図7.4　権利行使価格1.50のコール・オプションの、さまざまな外国為替レートの水準におけるセータ（3時点）

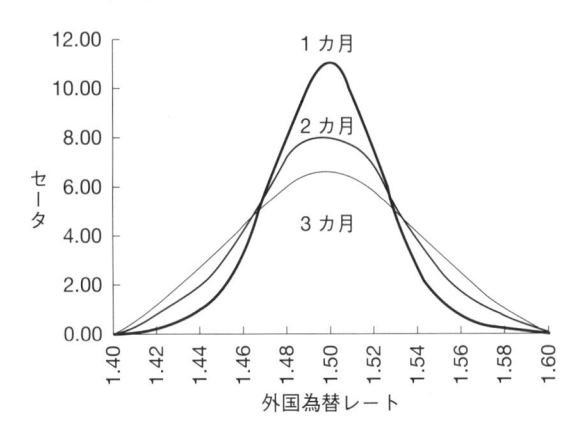

注：セータは権利行使価格が原資産である外国為替レートに近づくときに最大となり（デルタ50％の場合）、そして権利行使期日に近づくほど増大する。「セータの値」を表すY軸は1日経過当りのセータの変化量を表す。

ションの場合）または損失（ロング・オプション・ポジションの場合）を発生さ
せるかどうかによって、それぞれポジティブあるいはネガティブと呼ばれ
る。

オプション取引においてセータリスクは頻繁にとられるリスクであり、通
常、上述の類似性のため、ガンマと対比して取引される。この点は第8章で
詳しく述べる。

5 ロー（もしくはファイ）

金利の変化に対するオプション価値（プレミアム）の感応度

金利の変化は、ヨーロピアン・オプションの原資産である外国為替フォ
ワードレートに影響を与える。したがって、スポットレートが変わらないと
しても、オプションの価値は変化する。ここで問題となるのは2通貨間の金
利差である。ローはカウンター通貨の金利感応度を、ファイはベース通貨の
金利感応度を示す言葉として使われる場合もある。両者とも外国為替フォ
ワードレートの変化に反映されるが、さらにローはプレミアムの割引率にも
影響する。ローとファイは通常、それぞれの通貨の金利が1％上昇した際の
プレミアムの変化によって測定される。

アクティブにマネージされるオプションのポートフォリオでは、ある程度
のロー・リスクが残存するが、他のリスクと比較して一般的には重要度のあ
るリスクと考えられていない。

マーケット・メーカーは通常、リスクをとる手段としてローを使用してお
らず、可能な限り、さまざまな方法でその影響を無効化する。これについて
は、第8章で述べる。

6 ラムダ

ラムダはオプションのレバレッジを意味し、通常、原資産である外国為替

レートの変化1％に対して計測される。ラムダが30のオプションプレミアムは、原資産価格が1％変化した際に、（それがコールかプットかによって）30％増減することになる。ラムダはプレミアムの減価とともに増加し、したがって、OTM（低デルタ）やより短期間のオプションでは、ラムダが最も高くなる。

7 ベータ

　ベータは、ある通貨ペアを他の通貨ペアでヘッジする際のリスクを表す用語である。通貨のなかには、ヨーロピアン・マネタリー・システム（EMS）[i]内の通貨のように非常に相関性が高いものがある。たとえば、USDに対するフランスフランは、USDに対するDEMとほぼ同じボラティリティをもつ。相関性が100％に近い場合には、金融機関は頻繁に、流動性の低い通貨をより流動性の高い通貨でヘッジする。他のケースでは、相関性の変化を予想して利益を得るポジションがとられる。いずれにせよ、ベータリスクが発生することになり、逆の変化による損失の危険性が発生する。

8 オメガ

　オメガは価格算出モデルとは関係ないが、通貨ペアのどちらの通貨も会計または損益計算上の通貨ではない場合に、オプションで発生するリスクを認識するために考案された。オメガとはギリシャ文字のアルファベットの最後

---

i　EMSは欧州通貨制度の略称。通貨の安定を図るために、英国を除くEC 8カ国（フランス、イタリア、ドイツ、オランダ、ベルギー、ルクセンブルク、デンマーク、アイルランド）が加盟して、1979年3月に発足した。1999年1月1日にユーロが導入されるまで機能した。欧州通貨単位（ECU）を創設し、為替相場メカニズム（ERM）を導入した。パリティ・グリッド（相互平価）方式が採用され、通貨相互間で最大上下2.25％（イタリアリラは6％）の範囲内での変動が認められ、各国通貨当局はこの変動幅を突破する可能性が生じた場合は無制限の通貨介入によって許容限度内に収めることを義務づけられた。

の文字であり、まさにオプションの最後のリスクである。

　たとえば、DEM／GBPの通貨ペアの場合、プレミアムはどちらかの通貨で支払われるので、損益はDEMとGBPのどちらかで発生する。中間評価も同様の方法で行われる。

　問題は、多くの金融機関が損益を測定する通貨を一つしかもたないために発生する。この例のようにUSDを含まない通貨ペアで、USDベースの企業はオメガの影響を経験することになる。

　オメガはもともとの通貨でプレミアムを保持する多通貨会計システムを使用し、現実にベース（会計）通貨に変換することなく、すべての未実現および実現損益を同じ通貨で保有することで回避できる。オプションのデルタヘッジは通常、スポット取引で行い、ローリングするために（トム／ネクスト・スワップ取引）、取引通貨で実現損益をもたらす。損益が実現したとしても、ヘッジに関連するオプションがいまだ実現されていない間は、会計通貨に変換してはならない。残念ながら、ほとんどの金融機関は実現した損益をあらかじめ定められた間隔で会計通貨に変換してしまう。月に１回、四半期に１回など標準的な会計慣行に従うが、それによってオメガリスクが生じることとなる。換言すれば、オプション・ヘッジから生じた非会計通貨の実現損益は、オプションの権利行使期日が到来し、（同じ通貨で）プレミアムが実現するまで保有されるべきである。その後、ヘッジされたオプションのネット損益は、会計通貨に変換することができる。ただ、この方法の問題は、オプションと外国為替が混在するポートフォリオでは、オペレーションが事実上不可能であるということである。実現した外国為替取引のどの部分がどのオプションに属するかを計算するのは、実際にはむずかしい。したがって、オリジナルな通貨の変換を実際には行わず、通常の会計ポイント（月末、四半期終了、年末など）において実現、未実現損益の合計を会計通貨に換算し、会計処理上の損益を計算するのがよい。この方法によって、唯一のオメガリスクは記録されたネット利益／損失となる。

　多通貨会計を採用していない金融機関では、オプションのプレミアムは、

ヘッジが必要であるオメガリスクの発生するベース（会計）通貨で記録されることになる。オプションのポートフォリオのヘッジおよびトレーディングについて述べる第8章では、オメガヘッジの効果的な方法について例をあげて詳しく述べる。

　残念なことに、オメガリスクは通常、現行のオプション・ソフトウェア・システムで明示的に取り扱われておらず、多くの金融機関でオプション・ポートフォリオの損益の認識が相違する原因となっている。オメガリスクでは、ポートフォリオの大きさと、通貨ペアのスポットレートの動きとの関係が重要となる。すなわち、どちらも大きいときはもちろん、どちらかだけが大きい場合でもオメガリスクは重要である。

　ベータとオメガを除き、上記のすべてのリスクは、最初の価格算出モデルから派生している。このほか、ヘッジ対象ポートフォリオのアクティブな運用から生じるオプションに関連するリスクがあり、これらについては第8章で扱う。

　最後に、ギリシャ文字について外部の人、特に外国為替オプションに精通していない人と話し合う際の注意点を述べる。ギリシャ文字はオプション理論では数学者によって使われることが多く、同じリスクに対して異なるギリシャ文字が使われる危険がある。しかし、この章で掲載したギリシャ文字はすべて、店頭外国為替オプション市場における標準である。

9　その他のリスク指標

　前述の標準的な「ギリシャ文字」（ベガはギリシャ文字ではないが、通常はそれに含めて考えられている）に加えて、一般的にはあまりみかけることのないリスク指標もある。これらを以下に掲載する。なお、冒頭の3語は、（明らかに）天体物理学で使われる用語である。

(1) スピード

スピードは、原資産である外国為替レートの変化に応じてガンマが変化する割合を示している。これは、ガンマの変化率のように聞こえるが、別の言い方をすると、デルタのデルタのデルタといえよう。

(2) チャーム

チャームは、オプションの残存期間の減少に対するデルタの変化率を示している。

(3) カラー

カラーは、オプションの残存期間の減少に対するガンマの変化率を示している。

(4) バンナ

バンナは、取引されたボラティリティ（インプライド・ボラティリティ）の変化に対するデルタの変化率であり、ガンマの項で関連して説明された。バンナはフェニックス社によってリスク指標として導入され、通貨オプションの価格計算ソフトで示されている。

第 8 章

オプション・ポートフォリオの
ヘッジとトレーディング

前章で、すべてのオプション・リスク、すなわち「グリークス」（ギリシャ文字で表されたリスク値）を確認した。これらを使い、オプションのポートフォリオ・リスクを把握し、ヘッジテクニックを適用するさまざまな手法を説明していく。その結果、これらのリスクを収益化するトレーディングの機会が明らかとなり、さらに代表的な「取引手法（Play）」が詳細に説明される。

　しかし、これらは第5章で言及されたような戦略（それらは権利行使時に特定の結果が得られるように設計されている）ではないことを記憶すべきである。それらは、オプションのようなデリバティブ商品のみにみられるリスクを特別に組み合わせて利益を得るために、市場のプロによって長年にわたり開発された、真に洗練された取引手法である。一般に、このような手法は権利行使期日までに、オプションと外国為替ヘッジのポジションを期中評価することにより利益を生み出す。そのため、トレーダーが特定のポジションから利益を得ようとする場合には、おそらく1日から数週間の間で、かなり短期間となる傾向がある。ここで説明する原則は、単一のオプションまたは数千のポートフォリオに当てはまる。最初に説明するのは、依然として最もポピュラーなヘッジの形式であるデルタ・ニュートラル・コンセプトである。

1 デルタ・ニュートラル・コンセプト

　第7章で、デルタは、特定の瞬間においてオプションのリスクに相当する原資産である外国為替のリスクを表すものとして記述された。つまり、デルタは、原資産である外国為替レートの不利な方向への動きに対してプロテクトするための初期的なヘッジとして使用することができる。

■例

A銀行が、期間1カ月、権利行使価格1.50のヨーロピアン・タイプGBPコール1,000万GBP（USDプット）を、プレミアム22万USDで売る（現在の原資産である1カ月フォワードレートは1.50、デルタ値は50%）。

このオプションは権利行使価格、原資産価格とも1.50でアット・ザ・マネー（ATM）となり、そのためデルタは50％である。銀行はGBPコール・オプションを売却したため、（1カ月後の権利行使期日に）行使されるリスクがあり、もしそのようになれば、オプションの買い手に1.50で1,000万GBPを売却する。したがって、銀行はGBPが現在値の1.50以上になるならばリスクにさらされることになる。ヘッジとして、銀行は、デルタ50％であるので、500万GBPを原資産のフォワード市場で買う（原注1）。

　GBPが1.51へ急上昇した場合には、オプションの価値は27万4,000USDへと上昇する（銀行にとっては5万4,000USDの損失）。しかし、外国為替ヘッジの500万GBP買いが5万USD（500万×(1.51−1.50)）の益となり、差し引きわずか4,000USDの損失が残ることになる。オプション・デルタは現在57％となり、ポジションのデルタ・ニュートラルを維持し、外国為替レートのさらなる上昇に対してヘッジするために、再ヘッジ、70万GBP（1,000万×7％）の追加購入が必要となる。

　GBPが1.49に急落した場合には、オプション価値は17万4,000USDに減少するが（銀行にとっては4万6,000USDの利益となる）、500万GBPの為替ヘッジは5万USD（500万×(1.49−1.50)）の損失となり、差し引きでは4,000USDの損失となる。この時に、オプション・デルタは43％に下がり、ヘッジを正しい水準に維持するため、銀行は70万GBPの売りを行う。いずれの場合も、500万GBPのデルタヘッジは、原資産となる外国為替レートの最初の動きに対してはうまいプロテクションであったが、正確なヘッジとはいえない。

　デルタは、完全なヘッジではない。それは原資産である外国為替レートが変化すると、当初ヘッジに対する調整を頻繁に繰り返す必要があるためである。さらに、たとえ外国為替レートに変化がなくても、単純な時間の経過と同じように、ボラティリティおよび金利の変化もデルタに影響を及ぼす（オプションが常にATMである場合を除く。この場合、デルタがいつでも50％を示す。ただし、そのようなことはめったにない）。外国為替レートの変化によってデルタが変化する度合い、すなわちガンマは、外国為替レートの変化に対す

る再ヘッジ調整の程度を決める。調整がより小さいほど、デルタはより適切にヘッジとして機能する。たとえば、オプションの権利行使期日が上記の例のように1カ月ではなく1年になると、1セントの外国為替レートの変化（上昇もしくは下落）について、オプション価格は5万4,000USDではなく5万1,000USDだけ変化する。そして、デルタの変化（ガンマ）は、絶対値で7％（デルタは57％）ではなく1％未満（デルタは50.8％）となり、結果として再ヘッジは少なくなる。したがって、ガンマが低い（または弱い）ほど、デルタは初期ヘッジとして機能する。

　ヘッジされている（かつ継続的に再ヘッジされている）オプションをデルタ・ニュートラルと呼ぶ。このようなヘッジは、上記の例のように原資産である外国為替、または他のオプション、もしくは両方の組合せによって行われる。オプションを使用するとガンマは大幅に変化するが、これについては後述するとして、まず、デルタをニュートラルにすることについて重要な点を指摘したい。この例では、外国為替レートの急な動きに対するヘッジで、わずかな損失（4,000USD）しか示されていない。もし、このような変化が翌日に起きた場合、オプションの価値はセータ（タイムバリュー）により減価していたはずである。実際、このオプションのセータは、額面金額1,000万GBP当り1日およそ4,000USD（権利行使期日まで残り1カ月の時）となる。デルタの再ヘッジが必要となる点は変わらない（57％または43％）ものの、売り手はすでにプレミアムを受け取っており、オプションのタイム・ディケイとして利益を得るため、ポジションから損失が生じることはない。換言すれば、オプションの売り手は、外国為替レートの変化による損失をタイム・ディケイによって補うことができたことになる。

　仮に銀行がデルタ57％で（70万GBPを買って）再ヘッジをし、為替レートが次の日に1.50に戻った場合、損失はヘッジにより7,000USD（70万×0.01USD）、利益はセータから4,000USDになり、差し引きで3,000USDの損失となる。銀行は、デルタをニュートラルとするために、また再ヘッジを行い、当初の500万GBPに戻す。オプションの残存期間中における、このヘッ

ジによる損失とその後のすべての損失の合計は、最終権利行使時に当初受領したプレミアムを上回る可能性がある。あるいはまた、損失が当初のプレミアムより少なくてすむかもしれない。唯一確実にいえることは、損失が発生する可能性があり、その実際の金額はデルタを調整する頻度と程度によって変わってくるということである。それは、原資産である外国為替レートのオプションの残存期間にわたるボラティリティによって左右される。

当初のオプションプレミアムは、第6章で列挙したすべての要素により計算される。これらの要素の一つがまさにボラティリティであり、そこから基本的ではあるが非常に興味深いデルタ・オプションの理論が導かれる。

オプションが原資産である（外国為替）レートの変化に対して効率的にヘッジされ、実際のボラティリティがオプションの存続期間を通して、当初のプレミアムを計算したときと変わらない場合、オプションの売り手によるデルタヘッジからの損失は、受領したプレミアムと等しくなる（金利の累積を考慮後）

ここまでは、売り手の観点からデルタヘッジをみてきたが、オプション・ロングの場合もこの確立された理論が同様に適用される。この場合は、デルタヘッジを行うたびに少額の暫定的な利益と、セータによる損失が発生する。そして、買い手は支払ったプレミアム以上にデルタヘッジによる利益を出せるように、外国為替レートのボラティリティの上昇を求めるであろう。

デルタヘッジは、外国為替相場の方向性のリスク（外国為替レートの上昇ないし下落）を、オプション残存期間における実現ボラティリティに対する、プライシングに使われるボラティリティ（インプライド・ボラティリティ）のリスクに変換する[i]。将来、外国為替レートがよりボラタイルになると考えればオプションを買うであろうし、変化が少ないと考えればオプションを売ることになるであろう。

このようにボラティリティは予想されるものであり、それが、店頭市場に

---

i　デルタヘッジすることによって、オプション・リスクはベガリスクになる。

おいてボラティリティがクォートされ、すべてのオプション取引でデルタヘッジを自動的に行う理由となっている（ATMストラドルのように、取引がすでにデルタ・ニュートラルになっている場合を除く）。しかし、デルタヘッジは通常フォワードではなくスポットで行われるため、ローリスクは手当されないままであることに留意すべきである。ローはポートフォリオ全体として外国為替スワップ取引によって調整される。ローの中立化については、130ページで詳しく取り扱う。

次に、デルタヘッジの頻度について述べる。デルタ・ニュートラル理論によると、外国為替レートのボラティリティが測定される時点で、すべてのデルタの変更に対してオプションを再ヘッジする必要がある。たとえば、ボラティリティが毎日正午の外国為替レートで測定される場合、デルタヘッジは1日1回、正午に行われるべきである。一方、ボラティリティが日中、分刻みでスポット外国為替レートに基づき測定される場合は、デルタヘッジを毎分調整する必要がある。

しかし、上記には実務上の問題がある。外国為替市場において、日中の特定の時刻が到来するまで24時間待つのはとても長く、それまでに外国為替レートに決定的な変化が起きる可能性がある。さらに、ビッド・オファー・スプレッドを考慮すると、頻繁にデルタヘッジを行うことは現実的でない。これらの問題のいずれについても理想的な解決策はないが、デルタヘッジ担当者の多くは、1日に想定した損益を上回る影響を測定したポイント（⑤「ガンマ対セータトレーディング」を参照）、または外国為替レートがあらかじめ設定した標準偏差分動いた際に、ポジション調整を行う傾向にある。

（原注1）　実際の市場慣行では、フォワード市場よりむしろスポット市場でヘッジしている。

2 オプション・レプリケーション（複製）

プレミアムを支払ってオプションを購入するかわりに、デルタヘッジによ

ってオプションを保有するのと同等の効果を複製することができる。たとえば、GBPの上昇に対してプロテクトするために、1,000万GBPを1カ月間カバーする権利行使価格1.50のGBPコール（USDプット）を22万USDで買うとする。この効果を複製するには、500万GBPのフォワードを1.50で買い（1,000万GBPの当初デルタヘッジ）、1カ月間を通じて1.50コール・オプションのデルタに従って継続的に再ヘッジする。結果は、権利行使期日において合計金額1,000万GBP（スポットが1.50超の場合）の保有となるか、またはゼロ（1.50未満の場合）となるだろう。もちろん外国為替レートが動くたびに再ヘッジが必要となり、ガンマ効果により外国為替レートが逆に向かえば損失が発生する。1カ月間に発生した損失の合計は、オプションの支払プレミアムと同等になる。実際の相場変化による実現ボラティリティが、最初にオプションの価格を計算した際にインプットしたボラティリティと同じであると仮定した場合、1カ月間のGBPの買いと売りの平均レートは、最終日に1,000万GBPを保持するとしている場合だと1.5220となり、最終日にGBPがゼロの場合は22万USDの実現損失となる。また、GBPショートの原資産取引があった場合（最初にオプションによるヘッジが必要になる理由）、GBPは権利行使期日までに最終的に1.5220（平均レート）または1.50未満プラス0.022（実現損益の外国為替レート相当額）のレートで購入される。これはまさしく権利行使価格1.50のGBPコール・オプションを購入したのと同じ結果である（原注2）。

　レプリケーションの利点は当初にプレミアムの支払がなく、結果として権利行使期日までに発生した損失を最後の原資産の取引によって解消できることにある（この例の場合、GBPを1.50未満で購入するのではなく、平均化して購入することになる）。欠点は、レプリケートをする人がオプション・デルタを継続的に監視して、すべての動きを24時間いつでも確実に把握しなければならないことである。

　（原注2）　（複製を使うかわりに）22万USDのオプションを購入すると、取引開始時点すなわち1カ月間の始まりの時点でプレミアムを支払うことになる。

したがって、ここでは触れられていないが、利子分を割り引くという要素がある。

3 ネイキッド・ヘッジ

ネイキッド・ヘッジといっても、ネクタイを着用せずにトレーディング・デスクに座るというわけではない。単純な原則に基づいて、投機家が時折使用する単純な手法である。

オプションは権利行使期日にイン・ザ・マネーになった場合にのみ行使される

したがって、オプションがアウト・オブ・ザ・マネー（OTM）の場合にはヘッジはされず、イン・ザ・マネー（ITM）の場合に100%ヘッジを行い、そのすべてのヘッジは権利行使価格で行われる。これはオプションの売り手が当初のプレミアムを収益としたいときに採用する手法である。OTMオプションを売却し、原資産の外国為替レートが権利行使価格を横切ったときにだけヘッジをする。この手法が成功するのは、(1)外国為替レートが行使価格に近づくことがない場合と(2)外国為替レートが行使価格を一気に超え（100%ヘッジされる）、戻ることなくITMとなっている場合である。最初のケースでは、オプションの売り手は何もせずにオプションのプレミアムを手に入れ、簡単に儲けることができる。2番目のケースでは、売り手はできるかぎり権利行使価格に近い価格で100%のヘッジをし、権利行使期日に権利行使によって引渡しが求められる通貨を入手するためにヘッジを使う。プレミアムは100%売り手によって回収される。

では、ネイキッド・ヘッジの落とし穴は何であるか。この単純なアプローチがうまくワークすれば、いちいちデルタヘッジをするためにコンピュータによる計算は必要ない。問題は、オプションの残存期間中に特定のレート（権利行使価格）で100%ヘッジを行うか、またはゼロヘッジかを選択しなければならない点にある。外国為替レートは権利行使価格をまたいで容易に行

き交う可能性があり、それぞれのケースでヘッジをオンまたはオフにする必要が出てくる。そのたびごとにヘッジャーはビッド・オファー・スプレッドを払い、外国為替レートが権利行使価格でうろうろしていれば、眠れない夜を何日か過ごさなければならなくなる。運が悪ければ外国為替レートが権利行使価格を日に20〜30回行き交い、しまいにはこの忌々しいオプションを買い戻す羽目になる。残念ながら、この行動は、オプションの費用が最高になるために、あまり好ましいことではない。それがATMオプションである。

　通貨オプションの創成期には、この方法でヘッジした金融機関が少数あったが、プロはネイキッド・ヘッジをもはや利用していない。ただ、（常に原資産である外国為替を取引しているため）ネイキッド・ヘッジを好むスポット・ディーラーもいるが、多額の取引ではめったに採用されない。

4　ガンマ・ニュートラリティ（ガンマの中立化）

　外国為替取引を介して行うデルタ・ニュートラルの事例は説明した。デルタ・ニュートラリティは、他のオプション、またはオプションと外国為替取引の組合せを使用しても達成できる。大きな相違は全体的なガンマに及ぼす影響であり、デルタが常に100％で一定である外国為替取引にガンマはない。オプションのみが、オプション・ポートフォリオ内のガンマを減少または増加させることができる。オプションの買いは、ポジティブ・ガンマ（デルタの変化が収益を生む）となり、ポートフォリオのネガティブ・ガンマを減少させ、オプションの売却はネガティブ・ガンマを増加させる。

　ガンマ・ニュートラリティ（ガンマの中立化）は、権利行使価格や権利行使期日の似たデルタ・ニュートラルなオプションの売買や、ガンマが近似するようにオプションの額面金額を増減させることで達成できる。問題は、セータやベガのような他のオプション・リスクの発生である。ガンマを恒久的にニュートラルにする唯一の方法は、同一の性質がある、オリジナルのオプションをオフセットするようなオプションを売買することである。とはい

え、これは大規模なオプションのポートフォリオでは必ずしも実用的ではなく、ほとんどのトレーダーはガンマを調整するために短期のオプションを購入または売却する傾向がある。短期のオプション（残存期間が1カ月以下、多くは10日間以下）を売買するメリットは、ベガリスク（ボラティリティの影響）を低く抑えながら、高い、あるいはとても高いガンマとセータを維持できることである。多くのトレーダーがベガをおもなリスクポジションとしており、短期のオプションならばそれには実質的に影響しない。

5 ガンマ対セータトレーディング

デルタの動き（ガンマ）は、損失が発生する可能性のあるショート・オプションポジション（オプションの売りポジション）では歓迎されないが、ロング・オプションポジション（オプションの買いポジション）では利益につながり、それは非常に期待される。いずれの状況においても、セータはガンマと反対方向に作用し、ショート・オプションは時間の経過によって利益を生み、ロング・オプションは時間の経過によって価値が失われるので、多くのオプション・トレーダーはガンマ対セータシナリオによりトレーディングを組み立てる。同じタイミングでガンマとセータは強くなり、弱くなる。ATMや権利行使期日に近づくと強くなり、OTMとなり権利行使期日までに時間があると弱くなる。このオプション価値における「自然な」相殺は通常、1日のタイムスパンのなかで計算され、トレーダーはスポットレートの変化範囲とセータの損益シナリオとを考え合わせる。

■例

権利行使価格1.50の1,000万GBPコール（USDプット）の売り、残存期間1カ月、フォワード価格1.50の500万GBP買いによるデルタヘッジ付き。翌日（すなわち、1日のセータ）までのスポットの変化に対する感応度を計算。

①フォワード 外国為替	②デルタ（GBP）	③ガンマ（GBP）	④損益（USD）
1.53	(1,800,000)	(500,000)	(28,000)
1.52	(1,300,000)	(600,000)	(11,000)
1.51	(700,000)	(700,000)	0
1.50	0		4,000
1.49	(700,000)	(700,000)	0
1.48	1,300,000	(600,000)	(11,000)
1.47	1,800,000	(500,000)	(28,000)

　上記の例では、1日のタイムフレーム（翌日）において、外国為替レートの変化がポジションにどのように影響するかを示している。仮にまったく外国為替レートが変化しなければ、セータのメリットをフルに享受できる。しかし、外国為替レートが1.51ないし1.49に変化すれば、利益はなくなりゼロとなってしまう。1.51超または1.49未満となったときの損失は、仮にレートが1.50（もともとのレート）から当該水準に変化するまでの間に追加的なヘッジを行わなかったときに限って認識される。通常ならばトレーダーは、ポジションに対する外国為替レートの変化にあわせ、デルタがニュートラルになるようにGBPの売買を行う。トレーダーの多くは、デルタ・ニュートラルにするための再ヘッジを行うポイントとして、損益がゼロとなるポイントを選ぶが、外国為替レートの変化が標準偏差ポイントに達したときにヘッジを行うトレーダーもいる。たとえ方法がどのようであっても、成功するかどうかは、オプションの残存期間における外国為替レートのボラティリティと、ヘッジを約定した価格とに依存する。

　この例からも、オプションのショート・ポジションをもつことの魅力がよく理解できると思う。つまり、時間（セータ）がポジションの味方になり、損益がゼロとなる「悪化したケース」ではヘッジができるというとらえ方である。問題は、再ヘッジを行う最適な瞬間をとらえることである。1.51で70万GBPを購入したが、1日たったらGBPが1.50に戻ってしまったトレー

ダーの例を考えてみる。トレーダーはヘッジで7,000USD（(1.51 − 1.50)×70万GBP）を失い、4,000USDのセータ・クレジットがあり、差し引きで3,000USDのネット損失となる。これは「ホイップソーイング（同時に二つのものを仕切る）」、または「gamma-ed」（ガンマに負ける）と呼ばれている。一方で、再ヘッジを行う価格をより高めに設定（たとえば、デルタが100万GBPに達する点）としていたトレーダーはガンマの影響を受けず、セータにより4,000USDを得ることになる。この問題に完璧な解決方法はなく、ガンマ対セータトレーディングの成功は究極的には、オプションプレミアムを計算した際のインプライド・ボラティリティに対して原資産である外国為替レートのボラティリティがどうなるか、そして、トレーダーのスキルによって決まる。

この例で、外国為替取引でのヘッジ付ショート・オプションポジション（オプションの売りポジション）は、ショート・ベガを生成することがわかる。一般的にこのポジションをとる目的は、ガンマとセータを駆使して収益を得ることではなく、ベガリスクをとることにある。言い換えると、ガンマ対セータのトレーディングは、ボラティリティ・トレーディング（ベガ・トレーディング）にとって二次的であり、この場合に、オプションをショートにするのはトレーダーが市場のボラティリティ低下を期待しているからである。穏やかな外国為替レートの動きによりボラティリティの値が低下すると、トレーダーは一次的なリスク（ボラティリティの低下による収益）と、二次的なリスク（ボラティリティが低下する前の期間内でガンマ対セータトレーディングを行うことによる収益）の両方から収益を得ることになる。ボラティリティは将来の外国為替の変動（ボラティリティ）の予測値であり、現在のボラティリティは過去のレートから計算される。二つの（将来の予測と現在の）ボラティリティ値は大きく異なる可能性があることを忘れてはならない。

6 ボラティリティ・トレーディング

　ベガをトレーディングすることは、オプションのプロにとって最も一般的な手法である。店頭市場では、ボラティリティがクォートされ、同時にデルタ・ニュートラルにされたストラドルやストラングルが取引されたり、デルタヘッジが構築されたりする。いずれにしても取引先は約定後の外国為替レートの瞬間的な動きからはプロテクトされており、したがって、ベガを主要なリスクとして引き受ける。

　オプション・トレーダーは、将来のボラティリティ値の変化を見据えてポートフォリオをポジショニングする。ボラティリティ上昇にかける簡単な戦略は、デルタ・ニュートラルのオプションを購入することである。ロング・ベガ、ポジティブ・ガンマになるが、ネガティブなセータリスクも伴う。そこで、トレーダーはセータを低下させるために期間の短いデルタ・ニュートラルなオプションを売却する。この場合、ポジティブ・ガンマも低下する。戦略は、ボラティリティが時間とともにどのように動くかについての、トレーダーの考えに左右される。一般的にトレーダーは、ポートフォリオの時価評価にあわせて日次でポジションリスクをチェックする。このことは、オプション・ポートフォリオが日次での時価評価ならば、損益も同様なスケールで日次での積上げになり、トレーダーの目標・ねらいもそれに応じて設定されることになる。

　残存期間の短いオプション（1カ月以内、多くは行使期限まで10日を下回る期間）のボラティリティは、対象となる通貨ペアの現況を色濃く反映しがちである。仮にスポットレートが激しく変化し、不安定な状態が広まれば、ボラティリティは上昇する。これを察知したオプション・トレーダーはポジティブ・ガンマや、ベガによって収益を得ることができるかもしれない。この場合、両リスクファクターがロング・オプションポジションによるネガティブ・セータを上回ることが条件となる。トレーダーはボラティリティが高止まりしている間に、どこかの時点でデルタ・ニュートラルなオプション

を売却することで利益を確定することとなる。

　ボラティリティ・トレーディングには多様な様相があるが、ベガ／ガンマ／セータのシナリオが最も頻繁に駆使される。まずは、このシナリオをベースとして、他の「プレイ」も説明していきたい。

(1)　「スマイル」でプレイする

　第6章（オプション・プライシング）では、権利行使期日が同一で権利行使価格が異なるオプションのボラティリティの特徴（ボラティリティのストライク・カーブ、あるいはスマイル）を説明した。読者は図6.4を参照すると、以下の記述の理解に資するかもしれない。

　OTM（アウト・オブ・ザ・マネー）オプションは、ATM（アット・ザ・マネー）より高いボラティリティとなるため、オプション・ボラティリティ・カーブの両翼を売却し、ATMを購入することで利益を得ることができる。たとえば、トレーダーはデルタ30％のコールと30％のプット（30％デルタ・ストラングル）を売却し、デルタ50％のコールとプット（ATMストラドル）を購入する。これがデルタ・ニュートラル・バタフライとなり、プレミアムはネットで支払となる。なぜなら、ATMオプションはOTMオプションよりは価値が大きいからである。これにより、ポジションはロング・ベガ、ネガティブ・セータ、ポジティブ・ガンマとなり、トレーダーは、たとえば売却するオプションの額面金額をATMの130％に増加させるなどしてこれらのリスクを減少させることができる。これはもはやバタフライではなくなるが、そもそものポジションの目的は権利行使時における損益ではなく、スポットの方向性による利益でもなく、中間点での利益獲得を目的にしている。オプション・トレーダーは、ボラティリティの高いオプションを売却しているだけだが、システムにスマイル効果が織り込まれない限り、ポートフォリオの時価評価によって瞬時に収益をあげることができる（トレーダーがガンマ／セータ／ベガを減少させる一環として、よりボラティリティの高いOTMオプションを売却すれば収益をさらに拡大させることになる）。

権利行使価格1.50のDEMストラドル（対USD）1,000万USDを、同一額面（per leg）（1,000万USDのコールとプット）、ボラティリティ12%で購入。権利行使価格1.47／1.53のDEMストラングル（対USD）1,300万USDを、同一額面、ボラティリティ12.3%で売却。プレミアム支払は、1USDにつき0.0578DEM（57万8,000DEM）、プレミアム受取りは、1USDにつき0.0343DEM（44万5,900DEM）。

12.0%のボラティリティで時価評価すると、

1.50ストラドル−0.0578DEM、損益：ゼロ（0.0578−0.0578）

1.47／1.53ストラングル−0.0330DEM、損益：+DEM16,900（0.0343−0.0330）

上記の時価評価レートは、ATMでのボラティリティである12.0%を使用している。このようにATMのレートを通常は使用するが、他のレートを使えば収益を認識することができる。高めのボラティリティでは、ストラドルの利益があがり、ストラングルの収益は減少する。低めのボラティリティではストラングルの利益があがり、ストラドルでは利益が減少する。

このデルタ・ニュートラル戦略では、当初はベガやガンマ、そしてセータのリスクは小さく、スポットが上下どちらかに変化することで、売却しているオプションの価値が高まり、ネガティブ・ガンマ、ポジティブ・セータ、ショート・ベガ方向に向かい、購入しているオプションの価値が減じる。また、スポットが変化しない場合は、売却したOTMオプションの影響が減少する一方で、購入したATMオプションの影響で、時間の経過とともにネガティブ・セータ、ポジティブ・ガンマ、ポジティブ・ベガが際立ち出す。

① ボラティリティ・スマイルでプレイするメリット

ボラティリティ・スマイルでプレイする理由は、当初リスクをほとんど保持せずに、外国為替レートの変化が、オプション・ショートのポジションをつくりだし、ATM状態になる可能性があることにある。もしそのようにな

れば、ポジションの一部をリバースできる（ATMを買い―ショート・ポジションのリバース、OTMを売る―ロング・ポジションのリバース）。そして、スマイルからさらに収益を得ることになる。しかし、現実はおそらく、オプション時価評価ソフトウェアシステムの不十分さを利用しているという面が大きい（システムアービトラージ）。多くのソフトウェアシステムは現在、ボラティリティのスマイル（およびスキュー）に対応しているが、まだ多くの金融機関はそのような機能を使用していない（すなわち、「スイッチオン」されていない（原注3））。そして、トレーダーは上記のような戦略を立てることによって利益を得ることができる[ii]。

> （原注3）　スマイル／スキューが時価評価に利用されないおもな理由は、そうした市場のボラティリティレートを数値化することができないことにある。ロイター、テレレート、ブルームバーグ等のブローカーページからいつでも利用できるATMボラティリティと異なり、スマイル／スキューは一般に公開されておらず、トレーダーが唯一の情報源となっている。

②　ボラティリティ・スマイルでプレイするデメリット

オプションの残存期間の長短にもよるが、急激なスポットの変化は、ボラティリティの上昇時に、強力なネガティブ・ガンマを生み出す。両者はともにこの戦略、特にオプションの購入より売却を多くする戦略には逆風となるが、OTMオプションは為替レートの急激な変化、ギャップを伴う変化への非常に優れた保険として機能し、そのような偶発事象をカバーするために頻繁に購入される。そのため、低デルタ・オプションのインプライド・ボラティリティはそもそもより高くなっている。特にトレーダーがシステム裁定によって利益をあげるように動機づけられ、これらのOTMオプションを売却することは、スポット為替レートが大きく変動する場合には危険である。

[ii]　スマイル／スキューは現在ではトムソン・ロイター社等の情報ベンダーに掲載されているブローカーページから容易に取得することができ、金融機関の時価評価に利用されている。

(2) ボラティリティ・カーブを利用したトレーディング

　ボラティリティはオプションの残存期間により異なる。残存期間が長いオプション（1年以上）は相対的に安定しているが、1カ月オプションの安定感は劣る。そのために、1カ月のボラティリティの1％（絶対値）の上昇は、（特定の通貨ペアにおける）1年間のボラティリティには、まったく、あるいはほとんど影響を与えないかもしれない。その結果、権利行使期日までの期間に応じたボラティリティ・カーブを描けることになる。ボラティリティ・カーブは順カーブ（期間が長くなると上昇する）、逆カーブ（期間が長くなると下落する）、フラット（短期、長期とも同程度）の形状をとりうる。どのような形状をとるかは、通貨ペアにより異なる。

　表8.1は、同じ通貨ペアについて、ボラティリティ・カーブに関して三つの可能性があることを示す例である。このような差異がどのような状況で生じるかを指摘したい。三つの可能性のいずれも1年間は8.7％であるため、長期オプションはすべて同じ価格になるが、順カーブでは、短期オプションは低価格となる。このことはおそらく現在のスポット市場が非常に静かであることによるが、市場はそれが非常に長く続くことはないと予想している。逆カーブでは、ボラティリティは短期的なオプションのほうが高くなる。現在のスポット市場はボラタイルであるが、それが長期間続くとは考えられないためである。フラットの場合、すべてのボラティリティは同じであり、現在のスポット市場の状況の継続が認識されていることを示している。

　ボラティリティ・カーブは、将来の活動に対する市場の認識とともに変化

表8.1　JPY/USD通貨オプションボラティリティ　　　　　　（％年率）

	1週間	1カ月	3カ月	6カ月	1年
(1)増加	7.5	8.0	8.3	8.5	8.7
(2)減少	10.0	9.5	9.3	9.0	8.7
(3)フラット	8.7	8.7	8.7	8.7	8.7

する。短期（1カ月未満であるが、通常権利行使期日まで10日未満）の市場では、ボラティリティは経済統計リリース日の前後でピークと谷がある。このような日を権利行使期日とするオプションが購入されるのは、急激なスポットの動きから生まれるガンマ・ポテンシャルによって収益をあげるためである（リリース数値が期待値と異なる場合）。統計公表の近辺でのスポット外国為替レートの動きは、特定の統計の重要度に応じて、時とともに変化する。たとえば、米国貿易データは、USDの購入または売却の必要度に直接関係しているため、かつて最も重要な数字であった。しばらくの間、インフレ指標、小売価格指数、工業価格指数が最も重要であったが、今日では「非農業部門賃金」が市場を導く重要な数字になっているようにみえる。これらはすべて、経済の現状と、未来を予測するためにどのような要素が精査されているかにかかっている。

　このように経済指標の公表日はボラティリティが高い傾向にあるが、一方、月曜日が権利行使期日のオプションのボラティリティは低下する。週末の金曜日から月曜日まで3日間のタイムバリューがあるのに、活発な外国為替市場があるのは1日だけのためである。言い換えれば、1日のリスクのために3日分のセータとなってしまう。再び、これは残存期間が短いオプションでのみ顕著となるが、ベガ、セータ対ガンマ、またはその両方を通じて利益を得るための取引には重大な要因である。

　本書執筆の時点では、短期オプション取引は、インターバンク取引のだいたい60％程度と考えられている。したがって、ボラティリティ・カーブ（またはその誤り）を利用したプレイのほとんどは、権利行使期限まで1カ月以内の取引である。オプションの行使期限が長くなるにつれてベガの変化による影響が強くなるため、長い期間をとらえるシナリオの収益性は高くなりうる。たとえば、ATMオプションのボラティリティが1％変化すると期間1カ月のオプションでは0.11％の収益効果があり、6カ月ならば0.28％、1年ならば0.4％となる。問題は、期間が長くなるとオプション価格の変化がゆっくりとなる傾向が強いことであり、通常、行使期限が短いオプションのシ

ナリオでは、数日または数時間で収益をあげるようにするが、長期オプショ
ンのシナリオは数カ月かけて収益をあげるように構築される。

(3) スポットの方向性のバイアスを利用したボラティリティ・トレーディング

　前述の「スマイルでプレイする」セクションでは、権利行使期日が同じ日
であるオプションの異なる権利行使価格に応じたボラティリティ・カーブか
ら収益を得る方法が説明された。そこでのスマイルカーブの例は、デルタ
30％のコールとデルタ30％のプットの権利行使価格はATMレート1.50
（DEM／USD）から等距離であるという意味で統一性があった。権利行使価
格1.53のUSDコールは（1.5より）0.03DEMだけ上に、権利行使価格1.47の
USDプットは0.03だけ下となっている。このボラティリティ・カーブの統
一性は、一方向の権利行使価格に対する需要が他方の権利行使価格に対する
需要と同じ場合に典型的であり、外国為替レートが実際に上下どちらに動く
かを認識してはいない。

　しかし、スポット外国為替レートの将来の方向性にはしばしば偏りがあ
り、それは特定の方向の権利行使価格に向かってスマイルをゆがませる。

　この特徴については第6章で説明した（図6.5参照）。図6.5で、低デル
タ・プットは同じデルタのコールより高いボラティリティとなる。ここで
は、ガンマ、セータ、ベガが上昇してOTMプットの価値が上昇するような、
外国為替レート下落の方向性へのバイアスが示されている。もし、外国為替
レートに上昇バイアスがかかっているならば、コールも同様なこととなる
が、市場は反対方向（OTMコール方向）よりも一方向（OTMプット方向）に
向かうほうが、現時点よりATMのボラティリティは上昇すると認識してい
る。理論的には、いずれの方向の為替レートの動きもオプション市場のボラ
ティリティに同じ影響を及ぼすはずであるので、これはやや理解しにくい。
ブラック・ショールズ・オプション価格算定式は、為替レートの方向性に偏
りをもたず、通常、OTMオプションにおける全般的なボラティリティファ

クターの調整を市場に任せる。アクティブなポートフォリオにおいて、原資産であるスポットレートが権利行使価格に近づいた時、ガンマやベガのメリットを享受できるよう、OTMオプションをロングするほうが通常得策であり、市場はそのように行動をする。それがOTMオプションで、ボラティリティがマークアップされる理由である。原資産である外国為替レートが数カ月間、一方向に変化したとしよう。典型的なポートフォリオには過去の外国為替レートの変化レンジに沿った権利行使価格のオプションが多数あるだろうが、そのトレンドの延長線上にある権利行使価格のオプションはほとんどないだろう。たとえば、USD／DEMが1.70DEM／USDから数カ月間で一気に1.46まで下方修正されたとする。オプションは通常であるならば、デルタ20〜50％の範囲で約定されるので（権利行使価格は活発に取引されているスポットレート近辺になりやすい）、アクティブなポートフォリオを構成するオプションの権利行使価格は、何カ月か前に約定された、たとえば1.85〜1.55の間、数週間前に約定された1.60〜1.50、直近の1.50近辺といったものになるであろう。1.45以下の権利行使価格のオプションはポートフォリオにはほとんど見当たらないだろう。したがって、オプション・トレーダーにとって、1.45未満の「未知の」領域は、そのようなスポットレートの水準におけるボラティリティのレベルを経験したことがない—そのような水準の権利行使価格は現在のポートフォリオに存在しない—ため、より高いリスク（より高いボラティリティ）を伴うわけである。そのため、（権利行使価格が1.46未満の）OTMのUSDプットは、（権利行使価格が1.46より上の）OTMコールより高く取引されることになる。

　オプション・トレーダーは、市場のバイアスを利用し、ボラティリティの上昇を見越してスポットのトレンド方向にオプションをロングにし、仮にスポットが反転するとしてもボラティリティの上昇が見込めない反対方向をショートとするポートフォリオを構築して収益をあげようとするだろう。

　読者は、オプション・トレーダーは通貨を購入したり、売却したりしてスポットの方向性から収益を得ようとするのではなく（ポジションはデルタ・

ニュートラルである）、（スポットの変化による）ボラティリティの変化から収益を得ようとしていることを理解すべきである。

■例

買い：USDプット（DEMコール）、権利行使価格1.44（DEM／USD）、2週間、ボラティリティ12.5%

売り：USDコール（DEMプット）、権利行使価格1.4785、2週間、ボラティリティ12.1%

（現在の外国為替レートは1.4600、ATMボラティリティ12.0%）

デルタ30%の二つのオプションは、原資産である外国為替を1.46で60%購入することにより（デルタ30%のUSDプットの買い＝30%のUSD売り、デルタ30%のUSDコールの売り＝30%のUSD売り）、当初のスポットレート変化に対してはニュートラルとなり、ボラティリティが残る主要なリスクとなる。

現在のポジションは、デルタ・ニュートラル、セータ・ニュートラル。しかし、スポットが下落するとベガが上昇し、ネガティブ・セータ、ポジティブ・ガンマのポジションとなる。一方で、スポットが上昇すると、ベガは下降し、ポジティブ・セータ、ネガティブ・ガンマのポジションとなる。

2日間で為替レートが1.44まで下落すると、ロングにしたUSDプットは最も時間的価値の高いATMとなり、さらに12%だったボラティリティはATMで12.5%まで上昇する。ポジションは、ボラティリティでは損失はなく、ポジティブ・ガンマから収益を得る。仮に、為替レートが1.4790に上昇するがボラティリティは上昇しないとした場合、ポジションはガンマでは損失を出すが、ボラティリティではわずかな利益を得ることになる（オプションを12.1%で売却したのに対してATMボラティリティは変わらず12%のまま）。

OTMコールの買い／OTMプットの売り、もしくはOTMプットの買い／OTMコールの売りは、「リスクリバーサル」として知られ、非常にポピュ

ラーなオプションの組合せ取引である。これはボラティリティによって
クォートされる。なぜなら、二つのボラティリティの差によってコールと
プットの値段のどちらが高いかが示されるからである。そして、これは常
に、同時に（二つのオプションのデルタを合算した）デルタヘッジをつけて取
引される。デルタヘッジをつけない場合、リスクリバーサルは、レンジ・
フォワード、ないしシリンダーと同じであるが、なぜか市場ではディーリン
グ用語として、「デルタ・ニュートラル・レンジ・フォワード」という言葉
は使わない。

(4) 二つの通貨ペア間のボラティリティ・トレーディング（ベータのプレイ）

　通貨ペアには、それぞれボラティリティが存在する。しかし、いくつかの
通貨は、他の通貨と非常によく似た動きをする。たとえば、ヨーロピアン・
マネタリー・システム（EMS）[iii]に属する通貨は狭い範囲のなかでしか動か
ない。このことは、対USDでオランダギルダー（NLG／USD）のオプショ
ン・ボラティリティがDEM／USDのオプション・ボラティリティと非常に
近似しているということを意味する。唯一の違いは、NLG／USDでは市場
の流動性が低いことから、ビッド・オファーのスプレッドがやや広いという
ことである。

　銀行はしばしば、流動性の低い通貨を顧客と取引する際、より流動性があ
る、相関性の高い通貨でヘッジする。ベータポジションの開始である。この
ようなポジションにおけるリスクは、二つの通貨間の相関関係が変化するこ
とであり、オプション・トレーダーは今後の相関関係の変化にトレードの機
会を見出し、ポジションを構築するかもしれない。

　ある通貨ペアのデルタ・ニュートラルなロング・ポジションを、第二のデ
ルタ・ニュートラルなショート・ポジションに対して組成すると、原資産で

---

iii　第7章の訳注1を参照。

ある外国為替レートが変化し、時間が経過するにつれて、二つのポジション
それぞれのデルタの変化が蓄積していく。（クロスカレンシー取引による）再
ヘッジをあえて行おうとはしない銀行もある。この場合、一つのポジション
から利益が出て、他方からは損失が出ている（望むらくは純利益であってほし
い）。ただし、ベータ・シナリオでは、仮に相関性がオプションの残存期間
中に保たれていたとしても、一つのオプションがITMとなり、他方がOTM
となる場合があり、権利行使期日を迎えた際に問題が起こる可能性がある。
これは、二つの通貨で金利が異なることから発生するフォワードレートの差
異が原因でなる。オプション・トレーダーは、取引開始当初にこれらの相違
を織り込むように注意しなければならないが、そうであっても、ベータポジ
ションを保持する間に金利が変化する可能性もある。

　ここ数年、ベータ・シナリオの収益性の高さを証明するいくつかの例がみ
られた。特に最終的には収束に向かって動くナローバンドEMS通貨[iv]で顕著
であった。

　店頭市場は、取引のための努力を参加者がオプションに特有の一つの共通
指標、すなわちボラティリティに集中していることから非常に効率的となっ
ている。

　同様にボラティリティのプレイや、その組合せについても、ボラティリ
ティ・クォートに基づいて取引ができる。たとえば、ベータ・シナリオにお
いて、オプション・トレーダーはATMのGBP／USD対DEM／USDの値段
を求めると、二つの通貨ペアのボラティリティの差を示すボラティリティ・
プライスを受け取ることができる。これにより、二つのビッド・オファー・
スプレッドが存在することによるマイナスインパクトを避けることができ
る。具体例は第9章で示す。

---

iv　フランスフラン、イタリアリラ、ドイツマルク、オランダギルダー、ベルギーフラ
　ン、ルクセンブルクフラン、デンマーククローネ、アイルランドポンドの8通貨。

7 ローについて

　読者は、店頭市場では実務上可能な限り、当初リスクがボラティリティリスクのみとなるように努めていることに気づくであろう。（ヨーロピアン・オプションの原資産である）フォワードレートに基づいてデルタ・ニュートラルのストラドルやストラングルなどを取引することにより、それが行われている。これにより、当初のロー、ないし金利リスクは回避される。

　しかし、フォワードのATM（ATMF）でデルタ・ニュートラルなストラドルを取引するという原則には例外がある。個々にオプションをクォートする場合や、リスクリバーサルのようにコールとプットの売り買いを相互に組み合わせるケースである。これらのオプションではスポット外国為替取引でデルタをニュートラルにしている。そのため、ローのリスクが生まれており、金利差ないしフォワード外国為替スワップレートの変化によるネガティブな変化の影響を回避する必要がある。理論的には、ローはスポットではなくフォワードを取引することで打ち消すことができるが、市場参加者はこのやり方を好まない。それは、スポットならば2日間であるのに、フォワードの場合、カウンターパーティーのクレジットラインをオプションの残存期間中使用することになるためである。

　上記に加え、オプションのアクティブポートフォリオにおいて、ローの変化はオプション・デルタを変化させる要因、すなわち、外国為替レートの変化、ボラティリティ、セータにより、蓄積されていく。ポートフォリオにおけるローのリスクはオプション・デルタによって特定され、単純な外国為替スワップによりヘッジすることができる。

■例

次のデルタ・ニュートラルなポジションを考えてみよう。デルタ30％、2カ月の1,000万USDプットのロング：デルタ30％、6カ月の1,000万USDコールのショート：600万USDの外国為替スポットのロング

［権利行使期日ごとのデルタポジション（USD）］

スポット	1カ月	2カ月	3カ月	6カ月	1年
+6 million	0	−3 million	0	−3 million	0

ローのヘッジのため、トレーダーは以下の外国為替スワップを執行する。

600万USDのスポットを売る。2カ月の300万USDフォワードを買う。6カ月の300万USDフォワードを買う。

　ローは主要なリスクとは考えられていないが、大きなフォワードデルタが出るようなポジションを構築する場合はヘッジが必要である。オプション・トレーダーは通常、ローを収益をあげるポジションを構築するためのリスクとして使用しない。

8　権利行使期日に近づくことによる効果

　デルタ・ニュートラル・オプションのポートフォリオでは、ガンマ、ベガ、セータ、ローはすべて日次で管理され、調整が継続的に行われる。しかし、権利行使価格が現在のスポットレートに近い場合には、ポートフォリオ内の個々のオプションが権利行使期日に近づくにつれて危険が生ずる。この場合、ガンマとセータがより顕著になり、最終日にスポット外国為替レートが大きく動いた場合、ショートなら大きな損失を、ロングなら大きな収益を生む可能性がある。

　時に、これらの「最終日の」利益または損失は、一般的なボラティリティ取引の論理を逸脱して大きくなってしまう。換言すれば、トレーダーは、ボラティリティを安く買い、高く売ることを継続的に行い、ポートフォリオの時価評価を通じて未実現の収益を生み出し大きな成功をおさめるかもしれない。しかし、特定のオプションが権利行使期日になり、不運にも権利行使価格とスポットレートの収斂という現象が発生しただけで、その成功はご破算

となってしまうのである。

　理論的には、そのような場合の損失は、ポートフォリオのオプションが権利行使時にショートではなくロングになっている場合の利益によって相殺されるはずである。この筋書きには二つの問題がある。第一に、トレーダーは、ショートとロングでは異なる反応を示す傾向がある。第二に、権利行使期日を迎えるオプションの額面金額はさまざまであり、ポートフォリオの「幸運な日」（スポットに急激な動きのあるときにロング）の金額は、ショートの金額よりも少なくなる可能性がある。この効果を中立化するための平均化期間は長くなり、非常に強力な規律をもつトレーダーと、これを受け入れて損失を許容できるマネージャーでなければ無理だろう。

　権利行使時における偶発的な影響を減少させる通常の手法は、権利行使価格の特定水準への集中度合いをモニターし、最終週などにオプションを売り買いすることで集中度を減少させることである。これにより権利行使期日に近づくことによる潜在的な危険は低減される。ほとんどのOTCトレーダーは、なんらかのかたちで権利行使価格と権利行使期日を対比した行列を使用して、際立った権利行使価格の集中を監視し、集中度を低減させるような取引をする。

　表8.2では、残存期間1カ月の短期オプションの権利行使価格が1.46〜1.50の間に明らかに集中している。さらに、1週間以内に権利行使価格が現在のスポットレートである1.46の大口オプションが期日を迎える。トレーダーは最大2,000万USDの権利行使期日リスクを引き受けることしかできないとすれば、1週間以内の1.46のショートはすみやかに削減すべきである。ポートフォリオは1.44で2,000万USDのロングのため、それは1.44／1.46で2,000万USDのリスクリバーサル取引を行うことにより処理される。トレーダーがATMを購入してOTMを売却するために、ボラティリティにはスマイルがあるとするならば、この取引はボラティリティでも利益を生むはずである。トレーダーは、スマイルが低い権利行使価格（USDプット）に向かって急（スキュー）になっていれば、さらに利益をあげることができるかもしれ

表8.2 オプション・ポートフォリオの権利行使価格と権利行使期日。
DEM／USD(100万USD)。現在のスポットレートは1.4600 （DEM／USD）

	1週間	2週間	1カ月	2カ月	3カ月
1.50	10		(20)		10
1.49		50	(40)		
1.48			(35)	50	
1.47	10		(25)		15
1.46	(40)		(20)	(50)	
1.45		(10)			
1.44	20				
1.43					
1.42					
1.41					

ない。本例では、低い権利行使価格で権利行使期日を迎えるオプションがないことから、そうなる可能性が高いように思える。

　1週間のATMの権利行使期日リスクを2,000万USDに減らしたトレーダーは、1カ月の1.47〜1.49における集中を注意深く監視する必要がある。次の2週間にかけて、USDが権利行使価格より低い場合（たとえば1.44）、トレーダーはこの価格帯へスポットが上昇することはありそうにないと考え、ポートフォリオ構造をそのままにすることもできる。USDが権利行使価格より低い水準になかった場合、もしくは、USDが反転上昇した場合、トレーダーは1カ月の1.48を買い、2カ月の1.48を売る5,000万USDのカレンダー・スプレッドを取引することで集中を削減しようとするかもしれない。ポートフォリオは1カ月、1.48、1,500万USDのロングとなる。これはスポットが翌月に上昇することにより発生する危険を低下させることができるが、カレンダー・スプレッドによって、トレーダーがボラティリティのターゲットの観点から考慮すべきもう一つの要素であるポートフォリオのベガリスク構造を変えてしまう。

9 オメガをヘッジする

　オメガヘッジは、オプションを取引する機関によって採用された会計手法に応じて多様である。会計には基本的に二つの形式がある。(1)支払われた、または受け取られた実際の通貨にかかわらず、すべてのプレミアムに単一の通貨を使用する方法、そして(2)元の通貨でプレミアムを記帳するマルチ通貨元帳を使用する方法である。すべての実際に使われた通貨が無期限に保有されない限り（第7章の「オメガ」を参照）、後者の方法では非常に洗練されたシステムなしでオメガをヘッジすることは事実上不可能となる。会計処理を変更したほうがいいだろう。ここで説明されているオメガヘッジは、前者の会計基準での説明となる。

　すべての会計処理は、一つの通貨で行われるため、オメガをヘッジすることは非常に簡単である。それは説明を必要とするリスクを認識するためだけのものである。

　オプションのプレミアムは、プレミアムが授受される時、すなわち取引開始時にベース通貨に変換され、これがヘッジされる必要がある初期オメガリスクとなる（ベース通貨対プレミアム通貨）。時間が経過するにつれて、オプションの価値が変化し、オメガのヘッジはこの金額に対し調整されていく。これはかなり簡単だが、スポットやフォワード取引でヘッジすることによりポートフォリオのデルタをニュートラルにすることを原則とする場合は、そうした取引の実現P／Lおよび未実現P／Lを考慮する必要がある。

　すべてのオメガヘッジは、会計通貨に対してプレミアム通貨で行われる。たとえば、USDをベースとしている銀行がDEM／GBPオプションを取り扱う場合、プレミアム通貨がDEMとGBPのどちらであるかによって、ヘッジ取引はDEM／USDないしはGBP／USDとなる（注：一つの通貨ペアは一つのポートフォリオとして管理することが望ましい。すなわち、DEM／GBPとGBP／DEMの二つではなく、DEM／GBP。その場合、オメガリスクは一つの通貨（GBPまたはDEM）にのみに関連し、その結果、GBP／USDまたはDEM／USDがオメ

ガヘッジのペアになる）。

オプション・ポートフォリオにおけるオメガリスクの量は、以下のように
計算できる。

**現実に使われた通貨で計算されたすべてのオプションのプレミアムの正
味現在価値プラス同じ通貨を使ったヘッジ取引から生ずる正味の未実現
利益／損失額**

結果は、通貨換算で、ベース通貨（会計通貨）に対してヘッジすべき金額
となる。

■例

3カ月、権利行使価格2.50（DEM／GBP）の2,500万DEMコール（GBP
プット）の売り。3カ月、2.54のフォワード840万DEMの買いでヘッ
ジ。現在のフォワード価格は2.5250。

現在のオプション価格は、0.68％×GBP 10,000,000＝－GBP
68,000.00

未実現損益は、（DEM 8,400,000／2.54）－（DEM 8,400,000／2.5250）
＝＋GBP19,646.07

ネットオメガポジションは、（－GBP 68,000）＋（＋GBP 19,646.07）
＝－GBP 48,353.93

（Note(1)：'－'＝'ショート'）

（Note(2)：オプションの購入＝'＋'，オプションの売却＝'－'）

上記例で、オプション・トレーダーは現在の対USD 3カ月フォワード
レートでGBP48,353.93を買う。そして、別の「オメガヘッジ」というポー
トフォリオで管理する。DEM／GBPオプションの対USDでの時価評価にお
いて、負の結果は効果的にヘッジされている。しかしながら、この取引がプ
レミアム受取日に行われた場合は、トレーダーは、当初のプレミアム金額に
あわせ（3カ月の）GBPフォワードを買う。たとえば、当初プレミアムが
GBP45,000であるならば、購入する額面金額はGBP3,353.93のみとなるだ
ろう。これはポートフォリオの未実現損益を反映している。したがって、当

初受領したプレミアムは実質的にUSDと交換で売却されていない。オプションの権利行使期日までスワップされたのみである。

> 売り：GBP 45,000をスポット（プレミアム受領日）で売り（USD買い）。プレミアムをベース通貨に変換するため。

> 買い：GBP 45,000を、3カ月（オプションの権利行使期日）フォワードで買い（USD売り）。オメガヘッジとして。

さらに、スポットで取引される（したがって、GBPで実現される）途中のヘッジは、ヘッジされるオプションの権利行使期日までスワップされるべきである。これらの手順に従うと、オメガリスクは完全になくなる。

オメガリスクに関するこの項はヘッジのみに関するものであり、リスクの説明およびこのリスクの存在を認識することの重要性は、第7章「オプション取引リスク」に記載されている。

第 9 章

店頭取引における市場慣行

店頭取引における市場慣行を解説する章がなければ、本書は完全とはいえない。第2章では、ボラティリティのクォート、自動的なデルタヘッジ、ブローカーの役割、規制、契約の特徴について細部に触れずに概説した。この章ではいくつかの例をあげながら、専門的とみなされている（一部にはそうでもないものも含まれるが）現在の市場慣行について示してみたい。これらの慣行は長年にわたり進歩を遂げてきたが、他の要素が変わるにつれ、今日でもなお発展過程にあると理解しなければならない。さらにいえば、これらは、銀行や多くの事業会社を含む専門機関などのマーケット・メーカーによってつくられた慣行であり、主として銀行のセールス担当者を通じて市場に参加する顧客や非マーケット・メーカーによって行われているものではない。

　クォートの方法や取引メディアをみれば、おそらくプロとノンプロを最も容易に峻別できる。すべての専門的な金融機関は、ロイター社[i]の取引システム（以下RDS[ii]。外国為替市場や他の市場において広く使用されており、スクリーン上で双方向でのコミュニケーションがとれ、ハードコピーも兼備している）、あるいは認可を受けたOTCブローカーを通じて、ボラティリティベースでクォートしている。プロ同士の直接取引においては現在でも電話によるやりとりが行われているが、その数は激減している。テレックスは取引内容を時折確認する場合を除き、今日では使用されていない。

　プロによる店頭取引における二つの方法―取引相手との直接取引とOTCブローカー経由の間接取引―を以下、考察する。

---

i　現在はトムソン・ロイター社。
ii　すでにロイターディーリングシステム（RDS）は退役し、現在はFXTという名称のシステムとなっている。

1 ボラティリティのクォート

(1) 直接取引

　市場では特定の通貨、期間、デルタ、金額等に対するビッド・オファーが、ボラティリティベースでクォートされているが、特定の通貨、金額にクォートを限定するマーケット・メーカーもいる（たとえば、ある者は最低2,000万USD以上、またある者は最大2,000万USD以下）。銀行のなかには特定の通貨に特化する者もいて、たとえば日系の銀行は日本円絡みの取引はとても活発に行うが、他の通貨についてはそうでもない。また、デルタ値の低い取引等に特化している銀行もある。だれがどのような取引をどのようなタイミングで行うかが問題だが、銀行は市場において取引方針を決め、変更するということを繰り返しているため、そのような見識は経験を積み重ねることによってのみ得られる。

　特定の条件がない限り、マーケット・メーカーは与えられた期間のヨーロピアンATMFのツーウェイ・プライス（双方向の価格、ビッドとオファー）をクォートする。

　■例
　　T銀行がRDSを使ってH銀行を呼び出す。両者の会話は以下のようなものであろう。
　　T銀行：ハイ友人（HIHI FRDS）。1カ月、DEM／USD、ワンレッグ
　　　　　　USD20Mのプライスをお願いします。
　　H銀行：ハイ。7.8〜8.1％です。

　この例で、マーケット・メーカー（通常価格のクォートを求められる者をマーケット・メーカーと定義）であるH銀行は、7.8％のボラティリティでATMFストラドルを買うか、8.1％のボラティリティで売ろうとしている。両者とも、取引金額はコール・オプション2,000万USD、プット・オプション2,000万USDであるため、一方のレッグ（leg）はUSD20Mという表現をす

る。「ハイ友人」(HIHI FRDS: 'Hello, friends') という言い方は市場参加者の間で広く使われており、会話を始める際の決まり文句である。

　価格の提示を受けると、Ｔ銀行には三つの選択肢がある。(1)7.8％で売る、(2)8.1％で買う、(3)いずれも行わない。いずれの場合においても、Ｔ銀行はすぐに回答をしなければならない。さもなければ、Ｈ銀行は提示した価格を維持することができない。Ｔ銀行は「価格に変更がありますか」と再確認するか、「私のリスク」（訳者注：価格が変更されるリスクを引き受ける）と宣言することによってＨ銀行を取引義務から解放しない限り、４秒以内に返答することが求められている。通常、価格を照会した銀行（Ｔ銀行）は照会の前に取引したい水準を決めているので、即座に返答するのが通常である。

　Ｔ銀行が8.1％の水準でのストラドルの買いを探っていたとすれば、両者の会話は以下のとおりと推察される。

　　Ｔ銀行：8.1％で買いたい。

　　Ｈ銀行：了解。スポットレベル1.5035、ワンレッグ20Mのストラドル、
　　　　　　ストライク1.4997、権利行使期日1997年10月15日／17日（１ヵ
　　　　　　月）、プレミアムはプット・コールとも0.95％で売ります。
　　　　　　1997年９月17日付（スポット応答日）で38万USDをＨ銀行の
　　　　　　ニューヨーク支店に支払ってください。

　　Ｔ銀行：了解。取引ありがとう。バイバイ友人（BIBI FN）。

　　Ｈ銀行：電話をありがとう。バイバイ友人（BIBI FN）。

　8.1％で買うというＴ銀行の表明は、取引をするという誓約であり、当事者間で合意しない限り（合意はごくまれである）、この時点から両者とも取り消すことはできない。Ｈ銀行は了承し、オプションのプレミアムを計算するためのスポットレート（直物相場）を提示する（Ｔ銀行はこのレートにチャレンジ、あるいは他のレートを求めてもよい）。そして、権利行使価格、権利行使期日（1997年10月15日）、受渡日（1997年10月17日、権利行使期日の２日後あるいは権利行使期日のスポット応答日）を含め取引内容の詳細を確認する。最後にＨ銀行は、スポット価格の基準日（1997年９月17日）付にて支払うべきプ

レミアムの支払についての指図をする。H銀行が取引の詳細を確認する一方、T銀行はスポットレート1.5035、同レートに対応するフォワードレート、ボラティリティ8.1%に基づきプレミアムを計算する。T銀行は「了解（All agreed.）」（または類似の表現）と宣言することによって、H銀行によるプレミアムの計算や詳細を受け入れたことを確認する。両者の会話は市場慣行どおり、お互いに感謝の言葉を述べて終了する（BIBI FN:'Goodbye, for now'）。

　コール、プットの通貨が特定されていないことに注目していただきたい。これは、店頭市場ではUSDを含む通貨のペアを、USD以外の通貨を用いて表示するためである。これは米国の取引所がオプション市場の基礎をつくった時からの遺物で、CME、PHLXにおいても同様のクォートを行っている。USD以外の通貨のコール、プットをクォートする考え方は取引所の観点からすれば正しいものである。なぜなら、それらの契約は同じ条件で、取引金額はDEM、CHF、GBP、AUD、JPY、FRF建て等であるからだ。店頭市場においては（GBP／USDを除き）、取引金額はUSD建てとなる。理論的にはコール、プットは他通貨建てではなくUSD建てでクォートされるべきだが、他通貨建てでコール、プットのクォートをするという習慣は定着しており、ICOM（International Interbank Currency Options Market）の契約条件においてその有効性は確認されている。市場の混乱を引き起こさないように、通貨を常に表示することが推奨される。たとえば、DEMコール、それよりはDEMコール（USDプット）のほうがわかりやすい。しかし、市場では最低限の表現のほうが好まれる。

　ほかの例をあげる。今度はATMFのストラドルではなく、特定のオプションである。

　■例
　T銀行がRDSでH銀行を呼び出す。

　T銀行：ハイ友人（HIHI FRDS）。1カ月、DEMコールJPYプット、権利行使価格75.69、金額2,000万DEM、デルタ19%あたり。興

味ありますか？

H銀行：もちろん。少しお待ちください。8.5〜8.9％でいかがですか？

T銀行：8.5％で売ります（YOURS）。

H銀行：了解。スポット74.03、デルタ18％、フォワード−20（ディスカウント）を使うとプレミアムはDEMベースで0.235％でしょうか？

T銀行：了解。DEMコール、ストライク75.6、金額2,000万DEM、権利行使期日1997年10月15日／17日を売りました。プレミアム4万7,000DEM、支払先T銀行フランクフルト支店、支払期日1992年9月17日。デルタヘッジのため、74.03にてDEM買いJPY売り、金額360万DEM、期日1997年9月17日。私のDEMはT銀行FF（フランクフルト支店）に支払ってください。JPYはどこに送金すればよいですか？

H銀行：私のJPYは六本木銀行の東京支店にお願いします。

T銀行：わかりました。ありがとう。バイバイ友人（BIBI FN）。

　この取引では異なった方法がとられている。T銀行は最初にH銀行が特定のオプションをクォートする気があるかどうかを尋ねている。これは、このオプションが低デルタ、少額（執筆時点でDEM2,000万はUSD1,300万程度）であり、銀行によっては当該取引が自らのポジションにあわなければクォートすることを好まないからである。「興味ありますか」（any interest）という表現は、「私はあなたがプロのマーケット・メーカーであることを知っており、このような変則的なオプションでお手数をおかけすることを申し訳なく思います。ご興味があればクォートをお願いします」という意味を込めた、店頭市場ならではの慣行である。たいていの銀行はクォートすると思われる。

　第二に、このクォートは特定のオプションのためのものだから、T銀行はコール、プットの通貨、権利行使価格（ストライク）、金額のみならず、デルタ値を伝える必要がある。デルタ値を伝えることにより、H銀行はATMレベルのボラティリティからの調整を素早く行うことが可能になる。実際もし

T銀行がデルタ値を伝えなければ、H銀行はデルタ値を問い合わせたことであろう。T銀行が正確なデルタ値を計算することは不可能であることに注目しよう。なぜなら、T銀行のトレーダーはH銀行のボラティリティやデルタ値を計算した際のスポットレートを知らないからだ。また、通貨ペアにUSDが含まれておらず、プット、コールとも通貨が表示されていることに注目しよう。換言すれば、自動的に参照される通貨はないのである。店頭市場でアメリカン・タイプが取引されることはまれなため、ヨーロピアン・タイプかアメリカン・タイプかについて言及されることはない。特定されない場合はヨーロピアン・タイプとなる。

　H銀行は、「もちろん。少しお待ちください」と返答しているが、これは通常のオプションではないため（すなわち、デルタ値が低い）、ボラティリティを計算するために若干の時間が必要であることをいわんとしている。もし通常のオプションで「少々お待ちください」といえば、おそらく「いまとても忙しいので、お待ちください」という意味であろう。間もなく8.5〜8.9%との回答があった。スプレッドが0.4、4ティックと、前例のATMFの3ティックに比べ広くなっている点に注目しよう。これは、流動性の低い特殊なオプションのために、マーケット・メーカーが追加的なバッファーをとったためである。

　T銀行は「売ります（YOURS）」と回答している。これは「このオプションはあなたのものです」という意味で、8.5%で取引が成立し、H銀行が買い手、T銀行が売り手になったという事実を短く表したものである。H銀行は取引に合意し、スポットレートを74.03DEM／JPYに設定している（これは外国為替市場におけるDEM／JPYの標準的なクォート方法である）。さらにH銀行は、プレミアムの計算に使ったデルタ値やフォワードレートに言及しながら、DEMベースで0.235%のプレミアムに合意かどうかを尋ねている。T銀行は合意、取引内容を確認し、プレミアムの支払指図を行う。

　このオプションはデルタを中立にするために、外国為替取引を同時に必要とするため、T銀行はスポットレート74.03で360万DEM（2,000万DEMの

18%）買いの取引を確認する。DEMを受け取るための指図が与えられ、H銀行はどこでJPYを受け取りたいのかが質問される。H銀行は東京におけるコルレス先の銀行名を提供し、T銀行も了解、H銀行が取引に応じてくれたことへの感謝を述べ、いつものように「バイバイ友人（BIBI FN)」で終わる。

　店頭市場における取引はすべて指示に基づかねばならない。言い換えると、取引時には取引当事者間で支払指図を交換する。これは（取引とは異なり)、中心となる清算機関がないので必要不可欠であり、すべての店頭市場参加者は各国間の通貨支払をスムーズに行うために個別のアレンジを行うこととなる。個別取引ごとの支払指図はトレーダーにとって時間のかかるものであるから、短縮した方法も用いられる。第一に、略語が広く使用されている。先の例ではFFが用いられているが、DEM支払の中心であるフランクフルトを意味する。第二に、支払指図はRDSに記録され、それぞれの通貨の支払のためのコードを入力することで検索され、伝達される。最後に、ロンドン、ニューヨークといった主要な市場には地域ごとのルールが存在する。そこでは、銀行間で行われたスポット取引は、ディーリングルームの外にあるバックオフィスによって確認され、支払指図が行われる。トレーダーはオプション取引に伴う外国為替取引については「バックオフィスで確認してください」といえばよいだけだ。さらに、これは、外国為替取引が行われ、銀行の帳簿へ記録されたことを口頭で確認する手段としても役立つ。トレーダーが取引を記帳し忘れるのは、よく知られている。

　支払指図を交換するバックオフィスの手続は、多くの金融機関がECHO（The Exchange Clearing House Organization）や（銀行が保有するネッティンググループである）FXNETのようなネッティング機構に登録するようになるにつれ、いっそう効率的なものとなっている。ネッティングによって外国為替取引を行う銀行間での実払いの数が減少し、参加行は標準的な支払指図（Standard Settlement Instructions)、すなわちSSIが求められるようになった。したがって、前述の例のようなトレーダーレベルでの支払指図は減少してい

る。実際、取引を頻繁に行う銀行は互いにSSIをもち、ディーラーを特定の
コルレス先や特定の口座を登録する任務から解放している（すべての過程が
省略される）。そして、バックオフィスが取引のこの部分を担うことになる。

(2) インターディーラー・ブローカー（IDB）

　主要な外国為替仲介業者の多くは、店頭通貨オプション市場にサービスを
提供する部署または子会社を有している。さらに、通貨オプションに限って
ではあるが、1カ所から長時間にわたってサービスを提供すべく設立された
専門会社もある。

　クォートは直通の電話回線を通しボラティリティベースで取引される。直
通回線がない場合、コミュニケーションの手段としてRDSを用いる機関も
ある。通常の電話回線は、価格に即座にアクセスできないというマーケット
メーク上の潜在的な問題があるため回避すべきである。

　直通回線でたえず回答することを避けるため、多くのディーリングルーム
には、提示されている価格を中継したり、価格や情報を要求したりするため
に「ブローカーボックス」が備えてある。ディーリングデスクのなかまたは
上に、小さいものの、やかましいスピーカーが置かれている。銀行のディー
ラーは、特定のクォートに興味がある、あるいは価格が取引したい水準に近
いことを伝えるべく直通回線に向かって返答する。

　ブローカーは、多くの情報源から最もよいオファーとビッドを結びつける
ことにより、流動性の高い双方向の市場を形成するという、とても価値の高
いサービスを提供している。これは、銀行が以下のようないくつかの方法に
より価格をサポートすることによって成立する。

(1) ラン（ランダウン）──いくつかの銀行は、特定の通貨ペアについて、
　　1カ月から1年までの期間にわたって、時々刻々とビッドとオファーを示
　　し続ける。

(2) 選択された期間の特定のビッドとオファーをブローカーに提供する。

(3) 銀行は特定の要望に対して回答する。

残りのプロセスは、示唆したレベルで銀行のディーラーにビッドとオファーを出すことを納得させることのできるブローカーによって遂行される。

　通常の市場においては、ブローカー経由で得られるビッドとオファーの差のほうが直接取引よりも狭いということはおそらく正しいが、それは取引銀行に課される手数料によるものだ。ブローカーの役割に対する銀行の姿勢はさまざまで、ダイレクト派またはブローカー派という評判をもつ銀行もある。主要なマーケット・メーカーは、すべてのOTCブローカーとの間で「ライン」（ブローキングを行う）を保有するが、ラインを少数のブローカーに限定している銀行もある。時として、銀行は取引上のトラブルその他の理由から特定のブローカーとの取引を止めることがある（ラインアウト）。

　ここで注意すべきことがある。銀行は取引が成立するたびにブローカーに手数料を支払うが、このことは顧客の世話をすることがブローカーの仕事であることを意味し、その結果、銀行のトレーダーはある種の力をもつが、それはプロ意識に基づいて取り扱われなければならない。ブローカーとトレーダーの間には、多くの良好な関係が成り立っているが、両者とも職業的な規律を非常に高く保って振る舞うことが求められる。さもなければ、トレーダー側ではゆがんだ価格が提示されるかもしれないし、ブローカー側から非合理な要求がなされるかもしれない。それは両当事者にとっても、市場全体にとっても好ましいことではない。いまではほとんどの金融機関で行動規範が制定されており、行動規範を制定する英国中央銀行といった規制当局もある[iii]。

　話を市場慣行に戻そう。ブローカーはボックスを通じてたえず価格を中継するが、これらは一般的に特定の目的があるか、例外的なものである。通常

---

iii　外国為替市場の共通の行動規範として2017年5月に公表されたグローバル外為行動規範（FX Global Code May 2017）は、外国為替市場における適切な慣行に関する一連のグローバルな原則を示し、外国為替ホールセール市場の健全性と円滑な機能の促進に向けた共通のガイドラインを示すために策定された。

表9.1　ブローカーの情報ページ

1509 TRADITION FINANCIAL SERVICES　　　CURRENCY OPTIONS　　　TRDO
NY 212 943 8100 LN 375 2626 TK 00 813 5401 7451 FT 4969 280 117
RD: NY: TFSN LDN: TFSC TKY: TFST FFT: TFSF EXOT: TFSE

	USD/DEM		USD/JPY		GBP/USD	DEM/JPY		USD/CAD		AUD/USD	
1 Mo	7.80	8.10	8.70	9.00		7.90	8.20	3.60	3.90	6.60	6.90
2 Mo	8.30	8.55	9.35	9.60		8.30	8.60	3.65	3.90	6.80	7.10
3 Mo	8.50	8.70	9.70	9.90		8.60	8.90	3.70	3.90	6.90	7.20
6 Mo	8.90	9.15	10.45	10.65		9.00	9.30	4.15	4.35	7.00	7.30
9 Mo			10.70	10.90		9.20	9.45	4.35	4.55	7.10	7.40
1 Yr	9.20	9.40	10.95	11.10		9.45	9.70	4.50	4.80	7.10	7.40
2 Yr											

　の（主要通貨に関する）1カ月から12カ月までのボラティリティは、多くの
ブローカーによってロイターまたはテレレート[iv]の画面に表示されている
（表示のみで会話不可）。典型的なものを表9.1に示す。

　銀行のトレーダーは通常、自分のスクリーン上に一つかそれ以上のページ
を開いている。たとえば、ブローカーのボックスを通して「1カ月、DEM、
ATMコール、10Mのビッド7.95％」と聞こえてくると仮定しよう。これは
市場にあるビッドの中間値であるが、金額は1,000万USDと少額だ。他の
ボックスからは、「6週間、デルタ30のDEMプット、100Mまでの価格がほ
しい」と聞こえてくるとしよう。ここではブローカーはデルタ30のDEM
プットという特定のオプションに対する双方向の価格を探している。銀行の
トレーダーはこのオプションに特段興味はないが、市場をつくろうとして、
「まずはUSD50Mまで8.2～8.6％」と回答したとする。この価格は（買い値
と売り値が4ティック離れており）積極的なものではなく、金額も5,000万
USDまででしかない。しかしながら、8.2～8.6％はこの特定のオプション
に対する市場を形成するための出発点となるから、ブローカーはこのクォー
トをとてもうれしく思うだろう。ブローカーは他の銀行から、「その金額で

---

iv　現在ロイターとテレレートはトムソン・ロイター社として統合されている。

あれば8.4%で買いたい」という注文をもらうかもしれない。ブローカーは現在8.4〜8.6%、1億USD対5,000万USDの市場を保有する。この結果は、最初に価格を照会した銀行に直ちに伝えられる。もし最初の銀行がオプションの売りに興味があったとすれば、トレーダーは「8.5%でUSD100M売りたい」という注文をブローカーに出すかもしれない。ブローカーは直ちに8.4の買い注文を出した銀行に「8.5%でUSD100Mお買いになりますか？」と尋ねる。それに対し銀行は「8.4%がベストです」と回答する。これはビッドのレベルを上げる意思がないことを示している。いまやブローカー市場は「8.4〜8.5%／双方USD100M」となっている。

　最初に市場（8.2〜8.6%）をつくった銀行の観点からは、次のようなことがブローカーのボックスから伝わってくる。

　　「あなたの内側に8.4%でUSD100Mの買い」
　　「もともとの興味は8.5%の売り。現在8.4〜8.5%で双方USD100Mですが、あなたの価格をはずしましょうか？」

　ここではブローカーは、最初の8.2〜8.6%で5,000万USDという価格はベストプライスの外であることを認識しているが、銀行のトレーダーに8.4〜8.5%という新しい市場で何かをする興味があるかと尋ねている。ないのであれば、価格をキャンセルすることができる。

　以上は、ブローカーがどのように市場を形成していくかの一例にすぎず、結局ブローカーは最終取引になんら関与することなく、理論的にも価格をつくることを禁じられている。ブローカーは特定のオプションに対する価格がどうあるべきかについて最善のアイデアは出すが、実際に価格をつくるのは銀行のディーラーである。市場においてはビジネスを推進することを目的とした多くの駆け引きが存在するが、ブローカーは通常こうした駆け引きに非常に長けている。たとえば、なんら注文や要望が入ってこない閑散とした市場においては、ブローカーはトレーダーの興味を、できれば取引を引き出すことを願って価格をつくりだす。トレーダーもこの駆け引きに長けており、興味をもっている「顧客」がいるといいつつ、他の銀行やブローカーに架空

のオプションの価格を聞いたりもする。

　これまでの例において、それぞれの価格の背後にいる銀行名については言及されていない。取引相手の名前は、取引を実行することについて最終的な確認がなされるまでは、ブローカーによって交換されたり与えられたりしない。この点は売り手、買い手がだれであるかをオープンにする取引所取引と大きく異なる。ブローカーは関係する取引当事者以外には銀行名を明かさないというプロとしての責任を負っている。そして、この責任は銀行のディーラーにも適用され、ブローカーに対して自分が取引にかかわった銀行以外の銀行名をもらすように求めてはならないとされている。

　にもかかわらず、時々、取引相手の名前が信用の観点から受け入れられないことがある。この場合、双方の銀行は合意した価格で取引を行うことを確約し、ブローカーはこの価格で「アイザウェー（either way）」として扱う。たとえば、8.5%で1,000万USDが出合ったものの（前述例を参照）、一方の銀行が他方の銀行名を受け入れることができなければ、ブローカー市場は8.5%「アイザウェー」あるいは8.5%「チョイス（選択）」になる。これはビッドとオファーが同じ価格であるが、取引は成立していないことを意味する。

　通常、ブローカーは他の銀行に取引相手を変更するように依頼するか、第三の銀行が双方の間に入り、双方の相手方として取引を行うプットスルー（原注1）を依頼する。この取引に関して、第三の銀行に手数料は課されない。

　問題を回避するために、信用力に関するOTC参加者の非公式な格付が行われている。これは、銀行の貸借対照表ではなく市場における特定の銀行の行動履歴を参照したものである。したがって、ブローカーはしばしば、ボラティリティについて合意した場合でも問題が生じる可能性があることを事前に伝えることで、自らの価格の品質を高めている。たとえば、「スモールネームの買い8.0%」あるいは「たしかに8.0%の買いはあるが、あなたには受け入れられないネームの可能性がある」という具合である。後者の場合、

ブローカーは担当している銀行が以前、8.0%の買いを提示している銀行を拒否したケースを覚えているかもしれない。

（原注1）　Put-throughs：当事者の間に第三者が入ることにより、もともとの取引の成立を可能にする。第三者への手数料は発生しない（取引コストを除く）。このように、プットスルーは市場流動性を増大させる。しかしながら、そのような場合に二つの（おそらく競合する）銀行の便宜を図るために第三者がクレジットラインを使うことの是非については銀行間で意見が異なる。ある銀行は、そのようなケースで他の銀行を助けることは、将来同じような行動で助けてもらうことによって償われると考えている。

(3)　スプレッド・トレーディング

ほかに店頭でよく行われる取引としては、ダイレクトでもブローカー経由でも行われているスプレッド取引がある。スプレッド取引とは、異なった行使価格（すなわち、異なったデルタ値）、異なった期日、異なったタイプ（すなわちコール、プット）からなる二つ以上のオプションの組合せか、それらの要素の組合せである。ストラドルはこの範疇に入るが、ATMの多様性によってオプション・ディーラーのつくるボラティリティの価格が影響を受けることはないので、ここでは除外とする。ストラドルは当初のデルタが中立、ベガが中立、ローが中立なオプションの組合せであるため、ATMのボラティリティを取引するうえでとても便利な方法である。

多くの種類のスプレッド取引があるが、最も典型的なものは以下のとおりである。

■ストラングル

ボラティリティのスマイルを取引するためのポピュラーなスプレッド。ある方向でストライクとなるOTMコールを買い、反対方向でストライクとなる同一デルタのOTMプットを買う（すなわち、スポットまたはフォワードレートは中間値）、あるいは両者を売る。デルタ値は変化するかもしれないが、通常コールもプットもデルタ25%（すなわち、デルタ25のストラングル）を組成する。当初のデルタ、ベガ、ローは中立であ

る。

ATMのボラティリティにプレミアムを乗せたビッドとオファーがクォートされる。たとえば、ATMのボラティリティが7.8〜8.2%の場合、マーケット・メーカーは、「デルタ25のストラングルは8.0〜8.4%」とクォートするかもしれない。マーケット・メーカーは、買いは8.0%で、売りは8.4%、つまりATMのボラティリティに対して0.2高いレベルで取引を希望している。プレミアムを計算する際は、コールとプットのデルタ値が同じであれば、コール、プットともに同じボラティリティが用いられる。

■リスクリバーサル（R／R）

（ボラティリティの）スマイルのゆがみを取引するために用いられる、とてもポピュラーなスプレッド取引である。一方向でストライクとなるOTMコールを買い（売り）、反対方向の同一デルタのOTMプットを売る（買う）、あるいはその反対を行う（すなわち、スポットレートは中間値）。通常コール、プットともデルタ25で組成される。デルタを中立にするために、二つのデルタの合計値でスポット取引が行われる。当初ベガは中立だが、（直物ヘッジではなくフォワードヘッジを行うのでなければ）ローリスクは高い。

たとえば、「デルタ25%のリスクリバーサル、0.1〜0.3%でコールが高い」（原注2）というように、方向性を述べたうえでコールとプットのボラティリティの差をクォートする。マーケット・メーカーは、ボラティリティ0.1%を払うことによってコールを買う（そして、プットを売る）、あるいはボラティリティ0.3%を得ることによってコールを売る（そして、プットを買う）。たとえば、マーケット・メーカーが0.1%でリスクリバーサルを買うと仮定する。それぞれのボラティリティは、コールの買いは8.1%（プットの売りは8.0%）、ボラティリティで0.1%のデビット（ネットプレミアムの支払または損失）（原注3）となる。マーケット・メーカーが0.3%でリスクリバーサルを売った場合は、それぞれの

価格は、コールの売りが8.3%、プットの買いが8.0%となり、ボラティリティで0.3%のクレジット（ネットプレミアムの受取りまたは利益）（原注4）となる。

■バタフライ・スプレッド

あまりみないサンドイッチの中身では決してない。ATMストラドルとOTMストラングルの組合せで、ボラティリティのスマイルを取引するのにより適した手法である。ディーラーは、ATMのストラドルを買うとともに、OTMのストラングルを売る、あるいはその反対。前に述べたOTMストラングルのボラティリティは、ATMのボラティリティより高いので、ネットでプレミアムの受取りとなる。OTMストラングルの買い（売り）は、ATMのレート変更の影響を遮断するわけではない。したがって、スマイルの変化をATMボラティリティの変化で埋め合わせることが可能となる。より正確にいえば、ディーラーはバタフライ・スプレッドを取引することにより、（ATMとOTMのボラティリティ）の差を「確定（lock-in）」することができる。

当初はデルタ中立、ベガ中立、ロー中立。バタフライ・スプレッドはATMのボラティリティとOTMストラングルのボラティリティの差でクォートされる。たとえば、マーケット・メーカーは「フラット-0.4%」（これは0.0-0.4%の俗語である）とクォートするとしよう。マーケット・メーカーはフラット、すなわちスプレッドゼロでOTMストラングルを「買い」、ATMストラドルを「売る」一方、0.4%でOTMストラングルを「売り」、ATMストラドルを「買う」だろう。ATMボラティリティが7.8〜8.2%の場合、ボラティリティはストラドル、ストラングルともに8.0%（フラットビッド）、そしてストラドル8.0%、ストラングル8.4%となる（0.4%オファー）。

■コール（プット）・スプレッド

ポートフォリオの調整のために使用され、多くの場合は短期。通常二つのOTMオプション（ITMではなく）を取引することによってスマイル

カーブの一方向を取引するために用いられる。低いストライクのコール（プット）を買い、高いストライクのコール（プット）を売る、あるいはその反対。デルタ値が異なることからスポット取引が必要。二つの権利行使価格の中間にスポットレートがない場合（通常ない）、このスプレッドはベガリスクと多少のローリスクをもつことになる。

■カレンダー・スプレッド

このスプレッドは期間に応じたボラティリティ・カーブの取引を行うために用いられる。カーブは（短期が長期より低ければ）ポジティブ、（短期が長期より高ければ）ネガティブ、（短期が長期と同じであれば）フラットとなる。トレーダーは、ある日のオプションを買い、別の日の同じ権利行使価格、同じデルタのオプションを売る、あるいはその反対。デルタを中立にするためにデルタ値の差に応じたスポット取引を行うものの、'forward-forward' ベース（原注5）のベガ、ローリスクは残る。

カレンダー・スプレッドは通常一方を「チョイス（選択）」（原注6）にし、もう一方を通常のビッド・オファーとしてクォートする。カレンダー・スプレッドの実例は後述のとおりである。

■ベータ・スプレッド

ある通貨ペアのオプションを買い、通常デルタ値の近い他通貨ペアのオプションを売る。両通貨ともにストラドルでなければ、両通貨ペアともにスポット取引が必要。

次に、市場では以上を組み合わせた取引もクォートされる。たとえば、次のような具合である。

「1 カ月、デルタ30のDEM／USDコール買い、2 カ月、デルタ30のDEM／USDプット売り」

これはカレンダー・スプレッドとリスクリバーサルの組合せである。

個々のオプションではなくスプレッドをクォートする目的は、二つのビッドとオファーによる取引を回避することにある。外国為替市場ではDEM買い／GBP売りを行うときに、なぜDEM買い／USD売りとGBP売り／USD買

いを行わなければならないのか。同じことがオプションのボラティリティの取引にも当てはまるが、ボラティリティのスプレッドをクォートする際には二つの異なった方法がある。

(1) 二つの取引を相殺してスプレッドを縮小する

(2) 一つの取引を通常のスプレッドでクォートし、もう一方の取引を「チョイス（選択）」でクォートする

■例

期間1カ月、デルタ30のDEMコールは8.2〜8.4%

期間2カ月、デルタ30のDEMプットは8.4〜8.6%

方法1：それぞれのクォートに基づくスプレッドの価格は、単純に一方のビッドを他方のオファーに対してネッティングする（あるいは、その反対）ことにより0.0〜0.4%となる。しかしながら、それでは個々の取引を行うのと同じであり、クォートの利点はないので、マーケット・メーカーは、ビッドとオファーの差を「狭める」。たとえば、0.1〜0.3%とクォートする。このことは、マーケット・メーカーはコールを8.3%で買い、プットを8.6%で売る（ネットで0.3%）か、コールを8.3%で売ってプットを8.4%で買う（ネットで0.1%）ことを意味する。

方法2：マーケット・メーカーはコールを8.3%チョイス（選択）とし、プットを8.4〜8.6%とクォートする。

これはマーケット・メーカーが同じボラティリティレベルを使用する方法1と同じネット効果をもつが、この方法のほうがより簡単で、ビッド・オファーが明確に定義されているため、より好まれる。マーケット・メーカーは通常、ベガ効果の低いほうをチョイス（選択）とする。この例では、期間1カ月のDEMコールがそれに当たる。これが、プロのトレーダーの間で行われる通常の取引手法である。

（原注2）　市場でのレート・クォート時には '0.1-0.3, Call over' と表現され

る。これは同程度のデルタ値のコールとプットでは、コール・オプションのボラティリティが、プット・オプションのボラティリティを上回っていることを示す。ほかに 'bid for the Call' や 'pay for the Call' などが使われる。

（原注3）　ボラティリティで0.1%のデビット（the debit of 0.1 in volatility）は、ボラティリティのスマイルやスキューが市場要因であり、このようなオプションの時価評価に使用されるということから、実際の損失ではない。実際、市場の評価にミッド・レートが使用されている場合（通常の慣行）、トレーダーは、ミッド・レートでのリスクリバーサルが0.2ならば、0.1を支払っても0.1の利益となる（つまり、リスクリバーサルの市場価値は0.2だがトレーダーはわずか0.1の支払でリスクリバーサルを買っている）。

（原注4）　原注3での説明のように「利益」は「損失」と同様に実際の利益ではない。

（原注5）　'forward-forward' は、外国為替および金利市場において、受渡しが将来行われる二つの取引を一つの取引のように行う場合に使用される用語である（ある日を買って、もう一つの日を売る、またはその逆）。たとえば、3カ月為替スワップと、逆の6カ月為替スワップ（2回のスポット取引が相殺される）を取引するかわりに、「6カ月に対して3カ月（three months against six months)」の外国為替取引を行い、両スワップの期近のスポット取引を省略できる。このようなポジションのリスクは、スポットから3～6カ月の期間にある。

（原注6）　チョイス（'a choice'）は、ビッド・オファー・スプレッドがない。換言すれば、マーケット・メーカーによってクォートされた同一（単一の）レートで売買することができる。

2　権利行使手続

　店頭オプションの柔軟性から、最終的な権利行使期日は日中のいかなる合理的な時間でもよい。しかし、市場は主たる時間帯として二つを採用しており、最終期限を午後3時と定めている。

　二つのカットオフ（権利行使期限時刻）は以下のとおりである。

(1)　ロンドン時間午後3時

(2)　東京時間午後3時

　オーストラリアではシドニー時間午後3時を期限として取引を行うという

ように、他のカットオフ（権利行使期限時刻）もあるが、一般的には地域通貨の地域取引に限定されている。

ニューヨークでは伝統的にニューヨーク時間午前10時が使用されているが、これは毎年1、2週間を除き、ロンドン時間午後3時と一致している。ロンドン時間午後3時とニューヨーク時間午前10時という二つのカットオフを避けるために、ニューヨーク時間午前10時を標準として採用することによって、市場はロンドン時間午後3時からニューヨーク時間午前10時に移行しつつある。

おそらく欧州のトレーダーにとっては、当初どのカットオフで取引されたかについて混乱したりもめたりするよりも、年に一度ロンドン時間午後4時に行使をするほうが好ましい。ICOMにおける契約条件（第12章参照）では、ニューヨーク時間午前10時を米・欧州時間帯におけるカットオフと定めている。

店頭オプションは個別に行使されなければならず、各々の買い手が売り手に連絡をし、行使を伝え、支払指図を交換する。直接取引におけるボラティリティのクォートと同様、これは通常期限時刻間近にRDSによって行われる。権利行使価格が現在のスポット相場にどれだけ近いかによって権利行使の態様は異なり、ディープITMオプションは通常日中の早い時間に行使される。

■例

H銀行はT銀行に対して期日9月15日、20万GBP、権利行使価格1.6600のGBPコール・USDプットの買いを保有している。現在のスポット価格は1.6800である。

9月15日、H銀行はポートフォリオに、当日期日を迎えるGBPコール・オプション（スポット価格1.6800、1GBPに対しUSD0.02の本源的価値をもつ）を保有していることを確認のうえ、T銀行に連絡し、このオプションをその日の午後3時まで（ニューヨーク時間の午前10時まで）に行使しなければならない。

H銀行は、午後2時45分にロイター（RDS）でT銀行を呼び、'XCISE''EXER'、あるいは単にコーリング・コードにサフィックス（添字）'X'を表示する。

H銀行：行使。ハイハイ（HIHI FRDS）、9月17日期日でGBP20Mを1.66で買います。GBPは私に直接送ってください。

T銀行：了解。やりとりはバックオフィスでお願いします。

H銀行：了解。バイバイ、友人（BIBI FN）。

H銀行は、このオプションを行使するため午後3時までにT銀行に連絡しなければならない。トレーダーは午後3時までにスポット価格が1.66まで下がる可能性が低いと判断し（スポット市場でもっと安くGBPを買えるのであれば行使をする必要はない）、午後2時45分にT銀行に連絡する。コール・オプションの行使を告げる（XCISE）以外は通常の方法と同様だが、ボラティリティを尋ねたりはしない。H銀行は、行使の結果発生するスポット取引の詳細をT銀行に伝え、支払指図を付け加える。この場合は、H銀行のロンドン支店に直接支払うように指示する。T銀行は行使に同意するが、詳細や支払指図はバックオフィスで交換すべく依頼する。これで余分な時間を節約できる。H銀行は同意し、行使連絡は終了となる。

行使は通常大変素早い手続であり、日によっては多くのオプションの期日が到来するかもしれず、そのような日にはすべてのITMオプションを午後3時までに行使しなければならないので、そのほうが都合がよい。さらにいえば、ほかの多くの銀行もH銀行に連絡をとり、オプション（すなわち、ITMになっているH銀行の売りオプション）の行使をしなければならない。こうした事情で、ロンドン時間午後3時（ニューヨーク時間午前10時）は大変忙しくなる。

オプションの行使は毎日行われるが、店頭市場においては行使が集中する特定の日がある。通常IMMの日（IMMとはCMEの金融先物・オプション部門）であり、3月、6月、9月、12月の3カ月ごとにCMEにおける通貨先物取引がこれらの月の第3水曜日に決済される。店頭オプションは、通貨先物と

同じ日に現物の受渡しを行うことができるように第3水曜日の2日前の月曜日に期限を迎える（スポット取引の決済のために2日間必要）。PHLX通貨オプションもこの日に決済される。ただし、PHLXのオプションの期限は第3水曜日の前の土曜日となっている[v]。

　店頭取引における3カ月ごとのIMM日の使用は伝統的で、取引所がオプション市場において支配的な要素であった時代にさかのぼる。現在では、米国雇用統計等の非常に重要な経済指標が発表される日を除き、1カ月以内の特定の日に限らず、1日、1週間、1カ月等以内のいずれの日でも取引可能である。

　時折、銀行は午後3時のカットオフに間に合わず、行使を忘れることがあるかもしれない。こういった場合、オプションがディープITMであれば当該当事者を大目にみる慣行となっている。この例は、次の項で取り上げる。

3　その他の慣行

　店頭市場は多くの異なった種類の銀行、金融機関から構成されており、それぞれが独自の規則、慣行、トレーダーの規律をもっている（それらが欠けていることもある）。しかし、市場はプロフェッショナルに運営されており、ICOM以外の規則はないにもかかわらず、トレーダーのプロ意識、品位によって維持されている。

　銀行はお互いに誠実に価格を形成し、たいていの離齬はトレーダーのレベルで妥協によって解消される。たとえば、特定のボラティリティで確約した後、プレミアムの額で合意できない場合、多くの銀行は「中間で折り合う」であろう。誤解があったとしても、通常、トレーディングルームの外、すなわち法廷に訴求することはなく円満に解決される。

---

v　PHLX（フィラデルフィア証券取引所）に上場されていたオプションは、現在はNAS-DAQ PHLXに上場されている。また、上場オプションの権利行使期日等については各取引所の商品内容を確認されたい。

たとえば、銀行はディープITMのオプションの行使を忘れ、午後３時の少し後に連絡をとることがあるが、その頃にはオプションの本源的価値が法律的に消滅している。こうしたことは、実際には起こらないだろう。オプションの売り手は行使を受けることを予期し、すでに行使後のポートフォリオを構築しているため、行使が遅れたことを大目にみても失うものはない。実際多くの銀行では午後３時の期限が過ぎた後でも、オプションの買い手に連絡をして行使するかどうかを確認している（1992年９月30日より有効となった）。ICOMにおいては、期日において本源的価値が１％以上あるオプションの自動行使を認めている。この手続によれば、売り手は通貨の交換を行うか（通常の行使と同様）、本源的価値分のみの現金決済を行うかを選択できる。

　もう一つ、「スタッフィング（stuffing）」として知られている慣行を述べておく必要があろう。これは特にブローカー取引に多くみられ、いくつかのかたちに類型化できる。あるものは正当化できるが、他のものは決してプロフェッショナルとはいえない。

　たとえば、ブローカーが7.8〜8.1％という市場をもっていたとしよう。ボイスボックスを通じて中継したところ、ある銀行が8.1％で買う意思を表示したとする。ブローカーが同価格での売りを提示していた銀行にそれを伝える前に（別のボイスボックスを通して）、潜在的な売り手から、「8.1％のオファーキャンセル」との声が入ってくる。ブローカーは、一方のラインでは買い、もう一方のラインではキャンセル、つまり一方の銀行は8.1％で買ったと思い、もう一方の銀行はキャンセルしたと思う、そのような状況にある。ブローカーは別の8.1％での売りを見つけねばならず、（たとえばレートの上昇により）それが不可能であれば、8.1％で身動きがとれなくなる。

　取引所市場ではピット内でクォートされているもののみが有効で、電話を通じ銀行に価格を伝え、オーダーをもらってピットに戻ってくる間に、その価格は容易に変化する。取引所ブローカーは彼らのクォートを保証せず、売り買いのオーダーを出した後で価格は変化するという市場慣行が受け入れら

れている。店頭取引ブローカーは、自らが提示した価格を遵守しようとする。それは（厳しい競争にさらされているということもあるが）、プライド、プロ意識の問題である。

したがって、8.1%でスタッフした場合、ブローカーはディーラーに対し8.1%の価格をなかったことにするよう頼むか（環境のせいでこの結果になるケースが多いが）、次の売り値との差額（原注7）を銀行に支払うかの選択を迫られる。

スタッフィングの好ましからぬ例として、明らかに間違った価格がクォートされ、一方が取引の成立を主張するケースがある。これはめったに起こらないが、プロでないプレーヤーとの間で起きやすい。

次に、互恵性について少し述べておこう。店頭市場における直接取引は、銀行が相互に価格を提供することをベースにして成り立っている。すなわち、もしあなたが私に価格を求めるのであれば、私はあなたに対して同じように価格を求める権利を有するということである。マーケット・メーカーはこの規律を取り入れ、ほかより厳しくこれを守る銀行もある。ポジション調整のためではなく、顧客ビジネスのためにクォートを求めているのであって、自分でポジションをもっていないのであれば、非互恵的な関係を求めることは誤りではない。そのような場合でなければ、互恵性を求めないブローカーのサービスを使うことが好ましい。

市場で活発に取引していた銀行が、一時的にマーケットメークから撤退することもある。通常それには正当な理由があるが、他の銀行にクォートを求められたときに、それを回避するために言い訳をする場合がある。本章を気楽に締めくくれるように、RDSを通じてしばしば伝えられる標準的な言い訳を取り上げよう。

・ディーラーが昼食中。（まだ午前10時半なのに！）

・すみません。その市場では取引をしません。（昨晩あなたのニューヨーク支店と取引をしましたが！）

・その日／月／年の取引は終了しました。（まだ午後2時／17日／10月です

が！）

・現在興味ありません。（ブローカー経由で私の名前を聞くくせに！）

・コンピュータが故障しています。（この電話を切ったらすぐに動くのでしょう
　が！）

・内部会議です。（電話を切ったらすぐに終わる会議でしょう！）

・火災訓練です。（ブローカー経由の取引は携帯からでしたね！）

・その通貨は顧客取引のみです。（あなた以外のだれもが顧客です！）

　市場慣行に関するICOMの規定については第12章で触れており、読者は本
章の補足説明として同章を参照されたい[vi]。

> （原注7）　ロンドンや他のセンターでは、通常、このような「差額チェック」
> は、現地のFXクラブ（現地の「FOREX」）を通じて、そのような支払が必要
> になった状況を注記したうえで送金される。

[vi]　第12章の原文では1990年代当時に利用されていたICOMについて記述しており、現在
とは状況が異なる。第12章の追記「1997年から2017年までの動きと最新状況」を参照さ
れたい。

第 10 章

アクティブ・ポートフォリオの
マネジメントとコントロール

あらゆるトレーディング・ポートフォリオは、あらゆる時点において、とりうるリスク量になんらかの制限が課される。外国為替取引ではそのリスクは非常に簡単に把握され、限度額は通常オーバーナイトでとるリスク額に対して設定される。また、日中のリミット（intra day limit）は通常、その何倍かで設定される。リミットはそれぞれの通貨ペアについてUSD相当額のポジションのかたちで設定されることもあれば、そのポジションが相場変動によって被る損失の限度額として設定されることもあり、その両方の場合もある。しかしながら、オプションは複数のリスクパラメーターをもち、正しいリスク管理を行うことが肝要となる。本章では、さまざまなリスクについて、その基本的な管理手法を示す。まず、第7章で述べた「グリークス（Greeks）」（ギリシャ語で表示されるオプションの各リスク）から始め、デルタヘッジされたオプション・ポートフォリオが通常、抱えているその他のリスクについて述べる。ほとんどの金融機関は主要な「グリークス」のリミットを設けているので、順にみていこう。

1 デ ル タ

　デルタの定義の一つは、ある時点におけるオプションのリスクを同等のスポットのリスク量で表したものということなので、外国為替の変動リスクに焦点をあわせるためには非常に有用なツールといえる。もしトレーダーが自身のポートフォリオを常にデルタ・ニュートラルにしたいと考え、相場変動に対して、デルタヘッジを繰り返せば、デルタ値は常にゼロとなる。しかし、多くのトレーダーは主要なポジションがベガ（Vega）であるときでも、スポットのリスクをとるのを好む傾向にある。

　デルタ値を管理するには基本的に2通りの方法がある。一つはデルタ値にリミットを設けることである。スポットと同じように、オーバーナイト・リミットとその2〜3倍の日中リミットが、米ドル額またはその他の通貨額で設定される。デルタのリミットは、オプション・ポートフォリオ内のすべて

のオプションとそのヘッジを合算したネット・デルタ額に対して設定される。それは、通貨ペアごとに、その時点のスポット、フォワード、金利、ボラティリティのセットをインプットして計算される（実勢相場による再評価＝マーク・トゥ・マーケット）。さらに、全体のエクスポージャーを管理するために、全通貨ペアの合計に対して総合デルタ・リミットが通常適用される。

　外国為替取引と同様、通貨ペアのなかには他の通貨ペアより変動が小さいものがある。たとえば、ある欧州通貨のペアはEMS（欧州通貨制度）の狭い範囲内でしか変動しないのでボラティリティが低く、EMS外の通貨対比でリスクは低くなっている。リスクが低いという認識から、そのような通貨ペアのデルタ・リミットはDEM／USDのような片方がEMS外の通貨ペア対比数倍に設定することができる。さらに、オプションのデルタポジションは、同じような、相関性が高い通貨ペアと一緒に運営されることがあり、それが考慮される場合もある。たとえば、あるオプション・トレーダーがDEM／USDで1,000万USDをロング、FRF（フランスフラン）／USDで同額をショートにするような場合、真のリスクはDEM／FRFのみといえ、デルタポジションはDEM／FRFだけで計算すればよいこととなる。

　この方法をすべての個別通貨ペアのポジションに当てはめて、通貨ごとにネッティングしていけばよいわけだが、これがデルタ管理の「第二の方法」といえる。

　表10.1では、実際のリスクは、－DEM／GBP（500万）と＋JPY（日本円）／USD（500万）、または、－DEM／JPY（500万）と＋GBP／USD（500万）である。どちらの場合も合算で1,000万USDのリスクであり、各通貨ペアの単純合計の4,000万USDとは異なる。複数通貨のオプション・ポートフォリオでは、この方法を採用することがデルタ管理に有用であり、リミットは通貨ペアごとではなく、各個別通貨ごとにロング、ショートを通算して適用される。

表10.1　あるオプション・ポートフォリオが以下のようなデルタポジション（USD相当額）をもっている：(1)+DEM／USD1,000万、(2)−DEM／USD1,500万、(3)−USD／JPY1,000万、(4)−JPY／USD500万
（"+"=ロング・買い、"−"=ショート・売り）

単位：100万USD

	DEM	GBP	JPY	USD
(1)	+10			−10
(2)	−15	+15		
(3)		−10	+10	
(4)			−5	+5
合計	−5	+5	+5	−5

　英国では、イングランド銀行（BOE）が、各銀行にスポットのリミットを課しているが、「Annex B」（原注1）[i]報告ではオプションのデルタ値もスポット・ポジションに加えて報告することとされており、そのデルタ値は上記の「第二の方法」と類似した方法でネット計算されたものとしている。また、リミットは（通貨ごとではなく）、全通貨合算後のショート・ポジションにのみ適用される。

　デルタは外国為替の変動リスクを管理するにはよい指標であるが、スポットの変化によってデルタ値が変化するため（ガンマ）、外国為替リスクほど単純ではなく、それゆえにスポットの外国為替リスクとまったく同様に取り扱うことは誤解を招きかねない。たとえば、ある銀行が次のようなリスクをもっていると仮定する。

オプション・ポートフォリオ：ネット・デルタ　ロング

USD1,000万

外国為替ポートフォリオ：スポット・ポジション　ショート

USD 1,000万

管理者の観点からすると、外国為替とオプションでリスクは相殺されてお

---

i　現在ではこのような規制はなくなっているため、本書ではAnnex Bの翻訳・収録を割愛している。

り、銀行にはリスクがないようにみえる。しかし、外国為替相場が動けば、オプション・ポートフォリオのデルタ値はガンマにより変化するのに対し、外国為替ポートフォリオは動かず（外国為替のデルタ値は常に100％である）、結果として残余リスクを発生させる。銀行の経営者はこの点を常に認識し、デルタの観点からは、オプション・ポートフォリオと外国為替ポートフォリオを区別して考えなければならない。

（原注1）　Annex Bは、イングランド銀行により英国内で営業する銀行に課せられる「S3」外国通貨エクスポージャーの追加報告。

2 　ガ　ン　マ

　ガンマはデルタの変化率を表し、通常ある一定のスポットの変化、たとえば1標準偏差または一定のパーセンテージに対して計測される。市場のインプライド・ボラティリティに応じて自動的にスポットの変化率が調整されることから、標準偏差を用いるほうが好まれる。たとえば、ボラティリティの高いDEM／USDの1標準偏差はだいたいスポットの1％に相当するが、ボラティリティの低いFRF／DEMで1標準偏差はスポットの1％よりはるかに小さい。

　ガンマを制限するには通常、二つの方法が使われる。一つはデルタ値の変化率の絶対値を制限する方法であり、もう一つは許容できる最大の損失限度額を設定する方法である。ともにスポットの一定の相場変動（たとえば1標準偏差）に対して設定される。損失が生じるのは、ガンマがネガティブの場合だけであるから、ガンマ・リミットはネガティブ・ガンマのときにのみ設定される。ガンマがプラスのとき、収益に制限を設ける必要はない。

■具体例(1)

　スポットの1標準偏差の動きについて、たとえば、ある通貨ペアにおいてスポットレートが上昇したときにデルタ値が800万USDネガティブに変化し、スポットレートが下落するとデルタ値が600万USDネガティブ

に変化するとした場合、ガンマ・リミットは、たとえば1,000万USDに設定すればよい。このリミットは両者のうちどちらか大きいほうか、両者の平均に対して設定される。

■具体例(2)

スポットの1標準偏差の動きについて、スポットレートが上昇すれば20万USDの損失が見込まれ、下落すれば15万USDの損失が見込まれるとしよう。ガンマ・リミットは、たとえば、どちらの変化に対しても最大25万USDの損失と設定すればいいだろう。

デルタと同様に、ある通貨ペアのガンマは相関性のある別の通貨ペアでヘッジできる。このような場合は、ガンマ・リミットをいくらか調整することも許容されるだろう（二つの通貨ペア間でボラティリティを取引すること、すなわちベータシナリオは、ガンマを生じさせる）。たとえば、DEM／USDの1標準偏差の動きに対する25万USDのガンマ損失は、同額のFRF／USDのポジティブ・ガンマでヘッジされる。DEMもFRFもEMSの制限下にあることから、FRF／DEMのクロス相場の変動による損失リスクは軽減されている。通常ガンマ・リミットは通貨ペアごとに設定され、すべての通貨ペア（ポートフォリオ）に対する総合リミットとともに管理される。

第8章でわれわれは、オプションの期日が近づくとガンマが急速に変化する場合があることを学んだ。特に権利行使期日当日は最終デルタ値が0％か100％になるので、ガンマは特に顕著な動きをみせる。ガンマ・リミットを設定する際、管理者は期日接近効果でリミットを超過する可能性があることを認識しておかないといけない。期日直前に承認リミットぎりぎりのガンマ・ポジションを有している場合は特に注意が必要である。ガンマ・リミットを厳しく運営すると、トレーダーは期日が近づくポジションを無理に手仕舞うか、そのネガティブ効果を相殺するような高いガンマをもつ短期のオプションを買わざるをえなくなる。しかし、ほとんどのトレーダーは、期日の「ゼロか100」デルタもオプションの特性であり、その場合のリミットは平常時の2倍または3倍で運営されるべきだと主張するだろう。どこまでのリス

クを許容するかはそれぞれの金融機関の判断であり、そのリスク選好度により異なる。

3 ベ ガ

　ベガはオプションの主要なトレーディング・リスクであり、通常、市場ボラティリティの1%の変化に対するオプション（プレミアム）の価値の変化によって測られる。オプションのポートフォリオでは、ベガリスクのリミットはある一定の動きに対して許容される損失限度額で設定される。それは、ボラティリティの上下1%の動きに対して、あるいは1%と2%に対して、という具合である。

　表10.2は、ベガ・リミットとして、市場ボラティリティ1%の変化に対し15万USDの損失限度額を設定している例である。

　しかし、この方法でポートフォリオのベガリスクを測ることには、ある重大な欠陥がある。それは、市場ボラティリティは残存期間ごとに同等に変化するわけではないからである。1カ月物のボラティリティが1%増加したからといって1年物も1%増加するとは限らない。実際に1年物はほとんど動かないことがよくある。「直線」管理は、ベガリスクの管理をさらにむずかしいものにしてしまう。たとえば、1カ月物で大きなベガポジションをもつ

表10.2　外国為替のオプションとヘッジのポートフォリオを市場ボラティリティで再評価した場合

	1週間	1カ月	3カ月	6カ月	1年
	7.5	8.0	8.3	8.5	8.7
(1)　プラス1%	8.5	9.0	9.3	9.5	9.7
(2)　マイナス1%	6.5	7.0	7.3	7.5	7.7

(1)の結果、ポートフォリオの価値の増加13万5,000USD
(2)の結果、ポートフォリオの価値の減少14万USD

トレーダーが1年物の小さなポジションをとることによって、ベガリスクのエクスポージャーを隠すことがありうるのである。短期物は、長期物よりボラティリティの変化率が高いので、1カ月物のベガリスクは高い。別の言い方をすれば、われわれは、市場ボラティリティの残存期間ごとの動きの違い（まさにボラティリティのボラティリティ）をみていないといけないし、正確にベガリスクをとらえ、コントロールするためには残存期間にウェイト付けをしなければいけないのである。

これは、たとえば、よく使われる1カ月物を参照して、その他の残存期間について「シフト」を設定することによって達成される。もし1カ月物が1％動けば、2カ月物は0.8％、3カ月物は0.6％というふうに設定する方法である。この「シフト」率は当該残存期間のヒストリカル・ボラティリティを参照して計算すればよい。簡単な方法は、単純にブローカーや他の銀行など外部機関から情報を収集することである。市場のパーセプションはボラティリティ・トレーディングの最も重要なポイントであり、すべてのトレーダーはこうした情報を念頭に置いている。表10.3は1％の直線変化よりもずっと現実に即した「シフト」による管理表である。

表10.3は、おそらく長期のボラティリティの変動を当初の1％より小さくして全体のベガリスクの影響が少なくなったことにより、損益の変化がかな

表10.3　外国為替のオプションとヘッジのポートフォリオをボラティリティシフトを適用して再評価した場合

	1週間	1カ月	3カ月	6カ月	1年
	7.5	8.0	8.3	8.5	8.7
シフト	1.4	1.0	0.6	0.3	0.1
(1) プラス	8.9	9.0	8.9	8.8	8.8
(2) マイナス	6.1	7.0	7.7	8.2	8.6

(1)の結果、ポートフォリオの価値の増加USD8万5,000
(2)の結果、ポートフォリオの価値の減少USD8万6,000

り小さくなったことを示している。この方法は現実に起こりうる事態に近く、最初の方法に比べてかなり正確にポートフォリオのベガを計測する方法といえる。管理リミットは最大損失許容額で設定される。ベガはその定義から、1％のインプライド・ボラティリティの変化に対して計測されるわけだが、個別のオプションについてはそれでいいものの、ポートフォリオ全体に対してはそのとおりではないことを肝に銘ずるべきである。

　ベガを管理するもう一つの方法は、各残存期間の1％の動きに対するベガを計測し、期間ごとにリミット管理をする方法である。この方法ではポートフォリオを期間ごとに分解する必要があり、いわゆる「ラダー（ladder)）」の概念を使うことになる。

　表10.4の例では、各権利行使期間の「レッグ（leg)」（オプションの元本を意味する取引用語）ごとにそれぞれのリミットがあり、また全体リミットの15万USDも設定されている。この方法では、トレーダーは異なる期間にわたってさまざまなポジションをとりうるが、すべての期間について同一方向のポジションにすることはできない。トレーダーは合算したネットのポジションがリミットを超えていない限り、各期間のリミットまで取引をすることができる。管理者は長期のボラティリティは短期ほど動かない（変動が少ない）ことを認識しており、そのため長期ではより大きいリミットを設定することができる。ここで示したリミット構造は一例であり、表10.3で示した「シフト」を用いて計算されたものではないことに留意されたい。

　ラダーはトレーダーがボラティリティ・カーブを取引するときに、ベガポ

表10.4　「ラダー」の例。市場ボラティリティの変動1％当りの損益（USD）の変化

	1週間	1カ月	3カ月	6カ月	1年	合計
プラス	20,000	40,000	(25,000)	75,000	25,000	135,000
マイナス	(20,000)	(40,000)	23,000	(78,000)	(25,000)	(140,000)
リミット	50,000	75,000	85,000	100,000	125,000	150,000

ジションの程度を確認するために使用される（第8章参照）。

　これまでベガ管理について、任意の通貨ペアのベガのコントロールについて議論し、潜在的な損失を管理するためにリミットが必要であることを示唆した。これは各通貨ペアについていえることであり、全通貨ペアの合算にもそのような管理リミットが必要である。しかしながら、一部の通貨ペアは他のペア対比よりはるかにボラティリティが低い。たとえば、DEM／NLGはDEM／USDよりボラティリティの変化率が低い。この場合、DEM／NLGのベガ・リミットはよりボラタイルな他の通貨ペア対比より高くあるべきである（損失の可能性はより少ないのだから）。あるいは、同じベガ・リミットにして、より小さい変化に対するオプション価値の変動を計測することも可能である。たとえば、ボラティリティが9％と高いDEM／USDではボラティリティの変化1％についてオプション価値の変動を計測するのに対し、ボラティリティが3％程度と低いDEM／NLGではその半分の0.5％の変化に対してオプション価値を計測とすることが考えられる。

　ベガを測定するには、単純な1％変化による計測ではなく、標準偏差を使用する方法がより正確である（これはガンマ計測の際にスポットレートの標準偏差分の変化を使用したのと同様である）。標準偏差を使用することで、各通貨ペアのヒストリカル・ボラティリティに応じてベガの調整が行われるからである。DEM／NLGのベガによる損失はDEM／USDのような変動性の高い通貨ペアより小さなボラティリティの動きで一定額に到達してしまうだろう。ボラティリティの標準偏差を計算するには選択された期間（たとえば1カ月）のボラティリティのボラティリティが必要となり、その過去のデータが必要となる。こうしたデータを提供している外部機関は少なく、多くの銀行がボラティリティの標準偏差を計算するためにデータを記録している。

　デルタやガンマと同様に、ある通貨ペアのベガリスクはそれと相関性のある他の通貨ペアでヘッジされる。たとえば、DEM／USDとNLG／USDはDEMとNLGがともにEMSの制限内にあることから、そのように考えられる。DEM／USDの市場ボラティリティがNLG／USDのそれと大きくかい離

する可能性は小さく、市場ボラティリティがこの相関の期待値から外れた場合、いわゆるベータポジション（第8章参照）がよくとられる。管理者はアクティブ・ポートフォリオにベガ・リミットを設定する際に、このようなヘッジ・ポジションをよく認識しないといけない。

　ここでの目的は、許容されうる損失限度額を決定して取引リミットを設定するために、実際にとられたリスクを把握することである。

　ベガについて最後にもう一つ重要ポイントを述べる。潜在的な損益の計測はひとえに、ポートフォリオの資産価値を計算するために市場ボラティリティを正確に入力できるかどうかにかかっている。ボラティリティはオプション価格を構成する一要因であるが、スポット、フォワード、金利とは異なり、他の市場ソースから入手できないものである。その結果、管理者は、たとえばブローカーなど、独立したボラティリティの入手経路を確保しておかないといけない。自社のトレーダーは管理リミットを超過しないように不正入力を行う可能性があることを肝に銘じ、自社トレーダーからの情報のみに依拠してはならない。

4　セ　ー　タ

　セータのリスク、すなわち時間経過による潜在的な損失（時間的価値の減少）リスクは通常は高いリスクとは考えられないために、多くの金融機関ではそこにリミットを設けることはしていない。セータのリスクをとるということはオプションをロングにしているということであり、ガンマによって利益を得る可能性があることになる。ガンマとセータは同時期に極値に達する。すなわち、期日近くになった時、およびATM（アット・ザ・マネー）の時である。しかし、両者は収益的には反対方向に動く（第8章ガンマ対セータのトレーディング参照）。セータは通常1日の時間経過に対して計測されるが、週末は1営業日のリスクが3日分となり、この場合にはセータのリスクは大きなものとなる。

リミットは許容できる1日分の最大損失額として設定されるが、通貨ペアごとではなく、全体のポートフォリオに対して設定されるのが常である。

5 ガンマ、ベガ、セータの総合管理

ガンマ、ベガ、セータをここまで個別に議論してきたが、最善の管理方法は1日の時間軸でスポットとボラティリティの動きを組み合わせることにより、全体の損失限度額に対して総合的に管理することである。そうすることで、セータのプラス（マイナス）効果は自動的にガンマのマイナス（プラス）効果と相殺されることになる。ベガは別次元のものとして追加され、トレーダーが1日のタイムフレームのなかでリスク・リターンを把握するためのポイント（grid）になる。

■例

下表は、スポット（ガンマ）とボラティリティ（ベガ）の動きによる1日経過後のオプション・ポートフォリオの合計正味価値の変化を示している。通貨ペアはGBP／USD、スポットレートは1.60、（1カ月の）ボラティリティは10.0％、単位は1,000USDである。

スポットレート	ボラティリティ		
	9.0	10.0 （現在値）	11.0
1.64	(11.5)	(59.5)	(88.0)
1.62	46.5	(3.5)	(38.5)
1.60（現在値）	50.5	8.5	(33.5)
1.58	3.0	(34.5)	(73.0)
1.56	(92.5)	(123.0)	(155.0)

また、上記の場合のデルタ値を100万GBPで表したものが下表である。

スポットレート	ボラティリティ		
	9.0	10.0 (現在値)	11.0
1.64	(4.0)	(3.8)	(3.5)
1.62	(1.6)	(1.5)	(1.4)
1.60 (現在値)	1.1	1.0	0.9
1.58	3.6	3.3	3.1
1.56	5.8	5.4	5.1

　最初の表はスポットとボラティリティの動きに対する損益を示し、2番目の表はデルタ値を示している。管理リミットは最初の表における損失許容額で設定すればよく、これはガンマ、ベガ、セータを管理する効果的な方法といえる。ただ、この方法は最悪シナリオを想定するもので、あまり起こりそうにない動きもある。たとえば、もしスポットレートが1日のうちに1.60から1.56または1.64に（2％以上も）変動すれば、市場ボラティリティが落ちることはまず考えられない。

　2番目のデルタ値の表は、損益が発生する理由を説明している。たとえば、スポットでGBPが下がるとなぜ損失が増えるかはスタート地点の為替1.60、ボラティリティ10.0の時にデルタ値が100万GBPロングになっていたからである。さらに、この表はスポット変動によるデルタ値の変化（すなわちガンマ）とボラティリティ変化によるデルタ値の変化（FENICSの造語'バンナ'）を示している。ボラティリティの変化がデルタ値に与える影響はそれほど大きくはないことが見て取れる。

　上記の2表から次の情報が得られたこととなる。

・このポジションはネガティブ・ガンマである（ボラティリティの変化なくスポットが動けば損失）。

・このポジションはポジティブ・セータである（スポットとボラティリティに

変化がなければ利益）。

・このポジションはベガ・ショートである（ボラティリティが下がれば利益）。

このようにデルタ値と損益との二つの表を組み合わせて管理している金融機関もある。

6 ローの管理

オプション・トレーダーは通常、金利の変動から利益をあげることをねらわないが、時々アクティブなオプション・ポートフォリオにかなりのローリスクが積み上がることがある。ローリスクは外国為替スワップを用いて容易に減じることができるが、トレーダーがその取引のビッド・オファーのスプレッドコストを嫌がることがあり、その結果、ローリスクが積み上がることになる。

ローは通常、意図的にとったリスクではないため、多くの金融機関はそれに対してリミットを設けることをせず、トレーダーに委ねている。

しかしながら、ローを管理するのは比較的簡単である。ポートフォリオの期間ごとのデルタ値または金利の変化による予想損失によって管理すればよい。

■例
あるオプション（およびデルタヘッジ）のポートフォリオが各期日において下記のようなデルタプロファイルをもっていたとする（単位：100万USD）。

スポットレート	1カ月	2カ月	3カ月	6カ月	1年
−16	−80	+70	+6	+10	+10
累積	−96	−26	−20	−10	0
リミット	*125*	*65*	*50*	*30*	*20*

ここではリミットは各期日の累積デルタ値の合計に対して適用されている。期日の短いところほどリミットが大きいのは、長期物に比べて短期物の金利リスクが小さいからである。累積値管理の手法はユーロドル市場のような他の市場での金利リスク管理に伝統的に用いられている。あるいは、金利が一定程度、通常1％動いた時の最大損失許容額でリミットを設定してもよい。

■例

	スポットレート	1カ月	2カ月	3カ月	6カ月	1年
	−16	−80	+70	+6	+10	+10
P/L	0	64	(105)	(12)	(30)	(20)
合計P/L = (103)
リミット(100)

　ここでは、金利が1％変化した場合のポジションへの影響を示している。結果はローリスクの損失リミット10万USDをやや超過（10万3,000ドル）している。

7　期日集中の管理

　単独のオプションがデルタ・ニュートラルのポートフォリオに与える影響は（それが平均的なオプションに比べて極端に大きいサイズでない限り）、期日近くにならなければそれほど大きいものではない。ただ、オプションが権利行使期日を迎え、その権利行使価格がスポットレートに近いとき、デルタ、ガンマ、セータの管理に大きな影響を与えうる。期日接近効果については、第8章で議論したとおりである。

　オプション・ショートによるネガティブ・ガンマやオプション・ロングによるネガティブ・セータの危険を避けるため、多くの金融機関は権利行使価格と権利行使期日について「集中リミット」（額面金額）を設けることにより、期日接近効果の影響を制限しようとしている。

■例

あるオプション・ポートフォリオの権利行使価格と権利行使期日。
DEM／USD（単位：100万USD）、スポットレート1.70（DEM／USD）。

	1週間	2週間	1カ月	2カ月	3カ月
1.74	10		(20)		10
1.73		50	(40)		
1.72			(35)	50	
1.71	10		(25)		15
1.70	(40)		(20)	(50)	
1.69		(10)			
1.68	20				
1.67		50			
1.66		(50)t			

このポートフォリオでは、これから7日間以内に期日がくるオプションが
デルタ、ガンマ、セータの全体ポジションに大きな影響を与え始める。ス
ポットレートの1.70で4,000万USDのショート・ポジションはきわめて危険
である。管理者は期日に向けて現在のスポットレートに近い権利行使価格の
オプションの金額を制限することで、その悪影響を減らすことができる。た
とえば、期日から7日以内のオプション金額を2,000万USDに制限すれば、
トレーダーは単純に1.70のオプションを2,000万USD買い、1.68のオプショ
ンを同額売ること（いわゆるリスクリバーサル取引）でポジションをリミット
内に抑えることができる。

　1カ月あるいは1カ月超の期限のオプションはリミットの影響を受けな
い。しかし、これらのオプションの権利行使価格が期日まで7日以内のエリ
アに近づくにつれて、どこかの時点で金額を2,000万USD程度に落とさなけ
ればならないことをトレーダーは理解しているだろう。トレーダーはこのよ
うに、日々のボラティリティ・トレーディングで積み上がるポジション集中
を管理するように促されることになる。

　表には2週間物で、1.67で5,000万USDのロングと、1.66で同額のショー
ト（"t"印）がある。"t"は期日が東京時間（いわゆる東京カットオフ）で

あることを意味している。その他はすべてニューヨーク・カットオフである。これは、ショート・オプションは東京時間午後3時に失効し（極東アジアでは通常そのように取り扱われている）、ロング・オプションはニューヨークの午前10時（通常ロンドン午後3時）まで失効しないので、二つのオプションが同じ日に権利行使期日を迎えるとしても（トレーダーは当初、一方のオプションを他方でカバーしたのだろう）、8時間（夏／冬時間で1時間のズレが生じるが）の時差が売買のポジションにあることを示している。

　ほとんどの銀行はこのような日中の時間差を管理するシステムをもっていない（1日単位の管理のみである）。この例では、トレーダーは（ショート・オプションが失効してから）8時間のオプションをただで手に入れたこととなり、その時間帯にスポットレートがストライクを越えて変動すれば利益を得る可能性がある。もし、売買が逆でロングがショートより先に失効すれば、トレーダーはオプション料をもらっていないのに潜在的な損失の可能性をもつことになる。実際にはそのようなことはなく（世の中にただのものはない！）、東京とニューヨークの失効時間の違いは取引時にクォートされるボラティリティに加味されて、違うオプション料が示されていないといけないわけである。しかしながら、銀行のシステムにそのような（1日のなかでの時間の概念を反映した）再評価機能がないために、東京で取引が行われた時点で、そのオプションは、ニューヨーク午前10時失効オプションに比べて低いプレミアムを反映して「損失」と記録されるだろう（極東の銀行であれば損失はロングのオプションのほうに記録されるだろう）。期日集中管理では、通常ではないカットオフ・タイムのオプションは特別扱いしておくことが重要である。さもないと、期日にスポットレートが権利行使価格に接近したときに、時間帯の違いが大きな痛手となるリスクがある。

8　全体のブックサイズ

　金融機関のなかには全体的なリスクを封じ込めるために、オプション・

ポートフォリオの大きさに制限を設けているところがある。ポートフォリオ内のオプションは正確にオフセットされうるので、これは正確な方法ではない。すなわち、ある銀行に売ったオプションを違う銀行から買い戻せば、そこにはトレーディング・リスクはない。もし、全体のブックサイズ（時々シグマと呼ばれる）に限度を設けるのであれば、マッチング、コンバージョンなどでリスクがゼロになっている取引を除外することが望ましい。これはトレーディング・ポートフォリオからリスクゼロのものを分別し、異なる区分で、たとえばマッチングずみ、ディール・コンバージョンなどとして管理すればよい。

このようにリスクゼロ取引を分別しても、管理者は時々そのポートフォリオのリスク計算（デルタ、ガンマ、ベガの算出）をさせて、すべての「グリークス」がゼロを示すことを確認しないといけない。このようにして管理者は、そこに悪党はいない（リスクがまったくない）ことを確信できる。

ブックサイズについては、マッチングされていようがいまいが、巨大なポートフォリオの重要な特性に言及しておかなければならない。それは、権利行使期日におけるオプション行使手続に関することである。同じ日に期日のくるオプションが多数あると多数の権利行使が発生し、トレーダーもオペレーターもその手続に忙殺され、権利行使を忘れてしまうことがある。マッチングずみの取引で、トレーディング・リスクがないものでも、期日にイン・ザ・マネー（ITM）であれば、行使しないといけない。たとえば、ある金融機関が一つのカウンターパーティからオプションを買い（ロング）、同じオプションを他のカウンターパーティに対して売った（ショート）とする。期日にスポット相場が権利行使価格に近づいてきても、その銀行は、ショートしたオプションについて行使連絡があるまで、ロングしたオプションの行使をしたくないだろう。しかし、ショート相手は午後3時ぎりぎりまで行使してこないだろうから、この銀行は期日までの最後の1秒間でロング相手への行使連絡に必死にならざるをえない。さらに、ロング相手が複数、それも多数だった場合は大変である。たとえば、ある銀行が1年前にGBP

コールを1.50で1億GBP売っていて、それを10個の1,000万GBP取引でカバーしていた場合を想定してみる。期日の午後3時にスポットレートが権利行使価格近辺であれば、その銀行は1社からの行使連絡を待つ一方、そのカバーのために10社への行使連絡をしないといけない。このような場合、ミスは容易に発生しうる。10社のうち1社への行使連絡を忘れたら、この銀行は、行使もれが発覚したときの市場レートがいくらであろうと関係なく、スポット市場で1,000万GBPのカバー取引をしないといけない（そのために利益が出たり、損失を被ったりするわけである）。

9 オプション料支払管理

　法人企業がディープ・イン・ザ・マネーのオプションを売り、引渡通貨のフォワードと適当なアウト・オブ・ザ・マネーのオプションを買って外国為替リスクをヘッジする、コンバージョン（第4章参照）によって資金調達をすることがある。ディープ・イン・ザ・マネーのオプションの売りは多額のオプション料を取引時に（通常2営業日後）受け取ることになるので、実質的に借入れをしたのと同じ効果となる。2営業日後のオプション料の受取りと期日におけるオプション行使による損失の差額は、そのオプション期間の利息と同額となる。であれば、なぜ最初から借入れをしないのだろうか。

　銀行その他の金融機関は顧客企業ごとに、その商品のリスクに応じた与信リミットを定めている。無担保のローンはリスクが高く、金利も高くなるが、外国為替取引は通貨の交換にすぎないのでリスクはかなり低いとみなされており、銀行から資金借入れ枠はもらえないが外国為替与信枠はもらえるような企業がこれを用いるのである。銀行は通常、顧客のオプション売りも外国為替与信枠内で運用するので、企業は（上乗せ価格などのない、安い）オプションを使って実質的な借入れ（シンセティックローン）をつくりだすのである。ただし、銀行がオプション料の支払限度を決めている場合は別である。銀行によっては、顧客に対するオプション料の支払に上限を設定する

ケースや、オプション取引は顧客への売り（顧客の買い——オプション料は顧客が銀行に対して支払う）しか認めないケースもある。また、すべての法人に対してこのような限度を設けて、異常な取引を抑制している銀行もある。

与信の問題はさておいて、このようにオプションを利用してシンセティックに資金を借り入れる行為は、貸借対照表では借入れとして表現されない。オプション料は現在の会計処理では「仮受金」として処理される。これは規制当局や中央銀行による融資規制の抜け道ともなる。

10　日中管理（Intra-Day Control）

本章で紹介したリミットや管理はすべて、毎日の業務終了後に作成されるオプション・ポートフォリオのポジション・リスク報告に基づいている。

日中のある時点で報告を受ければ、会計上は問題ない。ただ、オプション・トレーダーは日締めに向けてリミット内にポジションを抑えるものの、日中はるかに大きなリスクをとっているかもしれない。では、管理者はこのリスクをどのようにコントロールすればいいか。第一に、ある価格での取引と市場におけるそのカバー取引には常にギャップがあることを認識すべきである。これはディーリングであり、ブローキングではない。

第二に、トレーダーが取引記録の入力を管理している以上、ある時点でどのようなリスクをとっているかを正しく把握することはむずかしい。言い方を変えれば、どんな最新式のコンピュータでも入力されていないものを示すことはできない。

日中リミットはそれゆえにあまり意味がないといえる。最善の方法はオーバーナイト・リミットの数倍に設定し、チーフトレーダーにその運用の責任を委ねることである。

ほかの方法は日中にいくつかの時点を設定し（ルール・オフ・ポイント）、その時点で各リスク指標を計算し、リミット・チェックを行うことである。しかし、この方法をとったとしても、決められた時点と時点の間でトレー

ダーがリミットを超過しているかもしれない。

11 オメガ管理

　オメガをこの章に入れたのは、多くの金融機関がこのリスクの存在を知らないからである。オメガについては現在市場で使用されているどのソフトウェア・システムも対応しておらず、金融機関の採用する会計基準によっても対応が異なっている。さらに、オメガは会計通貨を含まない通貨ペアの取引でのみ発生するので、会計通貨を含む通貨ペアしか取引しない者には関心がない。たとえば、米ドル会計の銀行がUSDとほかの通貨を取引する場合には関係がない。

　管理者は、オメガが影響を及ぼさないなら、特に気にしなくていい。もし、問題となるなら、オメガを単純な外国為替リスクとして関連する通貨ポートフォリオに含めて扱えばよい。たとえば、DEM／GBPの取引のある米ドル会計の銀行はそのオメガリスクをDEM／USDまたはGBP／USDに含めて管理する。それはオプション料をDEMとGBPのどちらで受払いするか、どちらの通貨建てで表示するか（DEM／GBPか、GBP／DEMか）による。オメガにリミットを設ける必要はない。

　第7章はオメガリスクを、第8章はヘッジの例を示している。この章では、アクティブなオプション・ポートフォリオおよびデルタヘッジから生ずるリスクについて議論してきた。さらに考慮すべき事項やリスクは、規制管理（第11章）、ICOM（第12章）に基づく銀行のコミットメント、カウンターパーティ・クレジット（第13章）[ii]でカバーされている。

---

ii　カウンターパーティ・クレジット（第13章）は、原著が執筆された当時と現在では異なる点が多いため、本書では取り上げていない。

日本における
通貨オプション取引等に
係る規制

日本では、通貨オプション取引やバイナリーオプション取引（本章において「通貨オプション取引等」という）は金融先物取引の一種として旧金融先物取引法（1989〜2007年）の適用を受け、同法が金融商品取引法（2007年〜）に統合されたことにより廃止された後は、金融商品取引法の適用を受けてきた。一方、当該取引については監督法上の規制だけではなく、当該取引を行う銀行、証券会社等を会員とする自主規制団体が行う自主規制も重要な役割を担ってきた。

　本章では、日本における通貨オプション取引等に係る監督法上の規制および自主規制のこれまでの動きとその概要等について説明する。

Ⅰ　金融先物取引法時代

1　金融先物取引法の成立

　1970年代以降、外国為替市場における変動相場制への移行、為替レートや金利変動の激化、投資理論の発達などを背景に、米国をはじめ世界の主要国において金利、株価指数等の金融商品に係るデリバティブ取引が急速に広まり、取引規模を拡大させていった。

　通貨に係るデリバティブ取引もその例外ではなく、1980年代の前半に欧米の取引所で通貨オプション取引が上場されるようになり、また、銀行間のレート等に基づき取引所外で行われる通貨オプション取引（以下、この章において「店頭通貨オプション取引」という）の市場も1983年頃から英国等を中心に急速に発展していった。

　各国では、これらの動きにあわせて法整備等が進み、日本においても1988年5月、「金融先物取引法」が成立し、翌1989年3月から施行された。

　同法は、「金融先物取引所」[i]の開設する市場において行われる通貨や金融指標等に係る先物・オプション取引（海外市場における類似の取引を含む）を

規制の対象としてスタートしており、②および③で述べるように、幾度かの改正を経つつ、その規制範囲を拡大していった。

なお、店頭通貨オプション取引については、1984年以降、日本においても選択権付為替予約というかたちで取り扱われ始めていたが、2004年の同法改正（翌2005年7月施行）までは、規制の対象ではなかった。

2 金融ビッグバンと規制緩和

1998年6月、日本における金融ビッグバンを推進する「金融システム改革のための関係法律の整備等に関する法律」（金融システム改革法）が成立し、同法により金融先物取引法についても改正が行われた。

当該改正では、デリバティブ取引の多様化に対応するべく、同法における規制対象取引の市場集中義務を緩和することとし、その一部の取引について、銀行、証券会社その他の政令で定める者（金融先物取引所の会員等に限る）が取引の一方の当事者となって、取引所の相場により行う場合に限って取引所外の店頭取引を行うことが認められることとなった。

この新たな店頭取引は、「店頭金融先物取引」と定義されたが、このときも、店頭通貨オプション取引等の取引所の相場によらず、銀行間のレート等により行われる店頭のデリバティブ取引はその定義に含まれず、規制の対象外のままであった。

3 一般顧客を相手方とする店頭取引の台頭と規制範囲の拡大

1984年4月の実需原則の撤廃後、日本においても店頭通貨オプション取引の市場は急速に拡大していった。そして、1998年4月の「外国為替及び外国

---

i 1989年4月に東京金融先物取引所（現在の東京金融取引所）が創設された。

貿易法」（以下、本章において「外為法」という）の改正で、外国為替取引が一般の企業や個人にも解放されると、同取引の顧客層は中小企業等にも広がっていく。

　同じ頃、店頭外国為替証拠金取引についても、外為法改正により、同取引を取り扱う業者が急増し、個人顧客との間にトラブルが相次いだことから、現在の金融商品取引法（Ⅱ参照）にいう適格機関投資家のようないわゆるプロの投資家以外の個人や中小企業などを対象とした通貨に係る店頭デリバティブ取引に関する法整備が検討されることとなる。

　こうして、2004年12月、金融先物取引法の改正が行われ（2005年7月施行）、店頭通貨オプション取引、店頭外国為替証拠金取引などが、新たに「店頭金融先物取引」の定義に含まれることとなり、一般顧客[ii]を相手方とする店頭金融先物取引または一般顧客のために行う同取引の媒介、取次、もしくは代理については、同法の規制を受けることとなった[iii]。

　なお、広告規制、契約締結前の書面、契約締結時の書面の交付義務、顧客に対する誠実義務、不招請勧誘[iv]の禁止、損失補てんの禁止、その他禁止行為、自己資本規制比率や外務員制度など今日の金融商品取引法下においても続く規制体系の骨格の多くがこのとき整備された。

---

ii 　金融先物取引に関する専門知識および経験を有すると認められる者として内閣府令で定める者、資本金の額が内閣府令で定める金額以上の株式会社のいずれにも該当しない者。

iii 　「預金等に組み込まれた金融先物取引」（外貨預金の為替予約や特約付外貨預金のオプションなど）はこの法律の対象から除外された。

iv 　受託契約等の締結の勧誘の要請をしていない一般顧客に対し、訪問または電話により、受託契約等の締結を勧誘すること（継続的取引関係にある顧客に対して受託契約等の締結を勧誘する行為、外国貿易その他の外国為替取引に関する業務を行う法人に対する勧誘であって、当該法人が保有する資産および負債に係る為替変動による損失の可能性を減殺するために受託契約等の締結を勧誘する行為は除く）。

Ⅱ 金融商品取引法下における規制

1 金融商品取引法の成立

　日本版金融ビッグバン以降、金融技術の進展に伴い、金融商品の多様化が進み、また、複雑化していくなか、こうした金融・資本市場を取り巻く環境の変化に対応し、利用者保護ルールの徹底と利用者利便の向上、「貯蓄から投資」に向けての市場機能の確保および金融・資本市場の国際化への対応を図ることを目指し、2006年6月、(1)投資性の強い金融商品に対する横断的な投資者保護法制（いわゆる投資サービス法制）の構築、(2)開示制度の拡充、(3)取引所の自主規制機能の強化、(4)不公正取引等への厳正な対応の四つを柱とする「証券取引法等の一部を改正する法律」および「証券取引法等の一部を改正する法律の施行に伴う関係法律の整備等に関する法律」が成立した。

　金融先物取引法もこの改正証券取引法に統合されることとなり、同改正法は「金融商品取引法」と名称を改め、2007年9月に施行された。

　金融商品取引法は、幅広い金融商品を規制対象としていることから、業務内容に応じ、「第一種金融商品取引業」「第二種金融商品取引業」「投資助言・代理業」および「投資運用業」に区分され、店頭通貨オプション取引は第一種、取引所通貨オプション取引は第二種に該当することとなった。

　通貨オプション取引等における行為規制に関しては、細かな差異や金融商品取引業者等（金融商品取引業者および登録金融機関をいう。以下、本章において同じ）として対応が求められる点はあったものの、2005年7月に施行された改正金融先物取引法下における行為規制の基本的な骨格は維持・継続された。

　ちなみに、店頭通貨オプション取引等については、金融先物取引法下では一般顧客との取引が規制の対象となっていたように、金融商品取引法におい

ても適格機関投資家などのデリバティブ取引に関する専門的知識および経験を有すると認められる者として内閣府令で定める者や資本金の額が内閣府令で定める金額以上の株式会社を対象とする取引は金融商品取引業から除かれている。

なお、有価証券関連取引に該当しない通貨オプション取引等は、金融商品取引法上の投資者保護基金の対象外となっている。

2　金融商品取引法における基本的な行為規制

金融商品取引業者等には、金融商品取引法により、顧客に対して通貨オプション取引等に係る契約の勧誘を行うに際してさまざまな行為規制が課されている。

たとえば、顧客の知識、経験、財産の状況および契約を締結する目的に照らして不適当と認められる勧誘を行ってはならないとする適合性の原則や、契約を締結しようとするとき、顧客に対して、契約の概要やリスクなど同法に定める事項について記載した書面（契約締結前の書面）を交付する義務がある。ちなみに、当該書面の交付にあたっては、あらかじめ、顧客に対して、当該顧客の知識、経験、財産の状況および契約を締結する目的に照らして当該顧客に理解されるために必要な方法および程度による説明をすることとされており、当該説明なしに契約を締結することは禁止行為に該当する。

そのほか、顧客に対する誠実義務、広告規制、店頭通貨オプション取引等に係る不招請勧誘の禁止、契約締結時の書面の交付義務、損失補てんの禁止、各種禁止行為などの行為規制が金融商品取引業者等に課せられている（特定投資家の場合、一部の行為規制は適用除外となる）。

3　金融商品取引法の国際的適用範囲

金融商品取引法の国際的な適用範囲、いわゆる国内法の「域外適用（extraterritorial jurisdiction)」の問題については、事例ごとに、個別具体的に判断がなされる必要があると考えるが、松尾直彦氏の論説「金融商品取引法の国際的適用範囲」（2011年）[v]における整理が参考になる。

当該論説では、金融商品取引法の国際的な適用範囲について、「内―内」「内―外」「外―内」「外―外」のような四つの取引類型に分け、属地主義の観点から、「外―外」は原則適用外、その他は適用されるという整理がなされている。

4 通貨オプション取引等に係る主な金融商品取引法の改正

(1) 区分管理方法の信託への一本化等

2007年の夏以降、外国為替証拠金取引を取り扱う金融商品取引業者の破綻が複数みられ、また、この頃から同取引の高レバレッジ化が進行してきたことを契機に、金融庁において、同取引を中心としつつ、通貨オプション取引も含めて顧客保護等の観点から規制の見直しがなされた。

その結果、2009年7月に「金融商品取引業等に関する内閣府令」（本章において「金商業等府令」という）が改正され、通貨オプション取引や外国為替証拠金取引を含む取引として新たに定義された「通貨関連デリバティブ取引等」を対象に、区分管理信託への一本化、個人顧客との通貨関連デリバティブ取引におけるロスカット・ルールの整備および遵守が義務づけられた（ともに同年8月施行、既存業者に対して6カ月の経過措置あり）。

また、同年8月、同じく金商業等府令の改正により、個人顧客との通貨関連デリバティブ取引を対象とする証拠金規制[vi]が導入されることとなった

---

v 東京大学法科大学院ローレビュー第6巻（2011年9月）寄稿論文。
vi 通貨オプション取引については、顧客がオプションを売る立場となる取引のみ規制対象となる。

（施行は翌2010年8月で、施行後1年間は義務づける証拠金率（4％以上）を2％以上とする経過措置あり）。

　なお、銀行が取り扱う通貨オプション取引の顧客は基本的に法人である場合が多いと考えられるが、法人顧客との取引はロスカット規制、証拠金規制の対象にはなっていない。ただし、区分管理信託への一本化については、法人顧客との取引も対象となるため、通貨オプション取引であっても、仮に証拠金を顧客から預かるような場合があれば対応が必要となる。

⑵　リーマン・ショック後の店頭デリバティブ市場改革

　2007年頃から米国においてサブプライムローン問題が顕在化すると、その影響は米国を超えて各国に飛び火し、2008年9月には同問題に端を発したリーマン・ショックが起こり、世界的な金融危機を招き、世界経済へも大きな打撃を与えた。

　こうした経験を経て、2009年9月に開催されたG20ピッツバーグ・サミットでは、首脳間で国際金融規制体制の強化の一環としての店頭デリバティブ市場の改善についての合意がなされ、米国のドッド・フランク法など各国において規制の整備が進められた。日本でも、このような世界の動きに協調し、各種の法整備など、店頭デリバティブ市場改革が行われることとなった。

①　清算集中義務および取引情報の保存・報告制度

　日本における店頭デリバティブ市場改革の先陣として、まず2010年5月、金融システムの安定性・透明性の向上を図り、投資家等の保護を確保することを目的とする金融商品取引法の改正が行われ（施行は2012年11月）、清算集中義務および取引情報の保存・報告制度が導入された。

ア　清算集中義務

　金融商品取引業者等は、店頭デリバティブ取引のうち内閣府令で定められたもの（CDS取引等や金利スワップ取引等（適用除外あり））を行う場合には、当該取引に基づく自己および相手方の債務を金融商品取引清算機関等[vii]に負

担させることを義務づけられた。

イ　取引情報の保存・報告制度

　金融商品取引清算機関または外国金融商品取引清算機関、そして金融商品取引業者等は、内閣府令で定めるところにより取引情報を保存し、当局に対して報告を行うことを義務づけられた。

　金融商品取引業者等による取引情報の保存および報告の対象となる取引には、店頭通貨オプション取引なども含まれるが、同取引については権利行使期間が2営業日以内のものはその対象から除かれるなど、取引によって適用除外になっているケースもある。

　なお、金融商品取引業者等が自ら取引情報の保存および報告を行うかわりに、内閣総理大臣の指定を受けた取引情報蓄積機関または指定外国取引情報蓄積機関に対して取引情報を提供した場合には、当該制度の適用除外となる。

②　電子取引基盤の利用義務づけ

　2012年9月、金融商品取引法の改正（2015年9月施行）により、金融商品取引業者等は、一定の店頭デリバティブ取引について電子取引システムの使用を義務づけられた。

　また、当該改正では、電子取引システムの提供者に対する価格・数量などの取引情報等の公表の義務づけ、海外の電子取引システム提供者の国内参入に係る許可制度の整備も行われている。

　当該規制の対象となる取引（特定店頭デリバティブ取引）については金商業等府令により定められており、現状では円金利スワップ取引（適用除外あり）がその対象となっているが、通貨オプション取引等については含まれていない。

---

vii　CDS取引等の場合は金融商品取引清算機関が、金利スワップ取引等の場合は金融商品取引清算機関（当該金融商品取引清算機関が連携金融商品債務引受業務を行う場合には連携清算機関等を含む）または外国金融商品取引清算機関に負担させることとなっている。

③ 非清算店頭デリバティブ取引に係る証拠金規制

2016年3月、金融庁は、金商業等府令その他関連する監督指針の改正等を行い、金融商品取引業者等に対して、一定の非清算店頭デリバティブ取引（金融商品取引清算機関等を通じた決済がされない店頭デリバティブ取引をいう。以下、本章において同じ）について、取引相手方から証拠金の預託を受けるなどの所定の措置を講じていないと認められる状況に該当することのないように業務を行うことを義務づけた。

当該規制の概要を述べると、非清算店頭デリバティブ取引について、取引相手方から時価変動相当額を変動証拠金として受領する義務、取引相手方が将来デフォルトした際に取引を再構築するまでに生じうる時価変動の推計額を当初証拠金として受領する義務を課すというものである。

当該規制の対象は、第一種金融商品取引業者および登録金融機関（一部除く）であるが、たとえば、取引の当事者の一方が当該規制の対象ではない場合には適用されず、また、信託勘定で経理される取引、同一グループ内の企業間取引、一定のクロスボーダー取引、そのほかに取引の当事者の一方または双方の所定の期間の各月末における非清算店頭デリバティブ取引の想定元本額が一定額以下の場合には適用されないなど詳細な適用除外が設定されている。

当該規制は、2016年9月より、非清算店頭デリバティブ取引の想定元本額の規模に応じて段階的に実施されている。

(3) 個人向け通貨関連店頭バイナリーオプション取引

個人顧客を対象とした外国為替証拠金取引に関する各種の規制が段階的に強化されていった2009年頃から、同取引を取り扱う金融商品取引業者が、個人顧客に向け、通貨（通貨指標）を原資産とし、継続・反復して取引を行うことができる店頭バイナリーオプション取引（バイナリーオプション取引については第13章を参照）を新たに取り扱うケースがみられるようになり、その取引高も次第に拡大していった。

ただし、その拡大に伴い、同取引に関し、「円高か」「円安か」といった騰落を予想するだけであって、5分、10分といった短時間で結果が出ること、1日に100回以上も繰り返し取引が可能であることなどから賭博性が高く、商品性に問題があるのではないかといった趣旨の指摘が聞かれるようになる。

　その一方で、単に損失が限定された安心できる外貨投資であると喧伝するかのような広告がみられるなど、その商品性について誤った印象を定着させるおそれがあり、顧客を安易な投資に導きかねず、過度の投機的取引などの顧客保護上の問題に発展する可能性も懸念されかねない状況が生じていた。

　そうしたなか、同取引の健全な発展のため、顧客保護に資する商品設計や商品の提供等に関するルールの整備が必要であるとの機運が高まり、業界を中心に議論が行われ、2013年4月には、一般社団法人金融先物取引業協会（Ⅲ参照）から「通貨（通貨指標）を原資産とする個人向け店頭バイナリーオプション取引にかかる自主規制の在り方（最終報告）」[viii]が公表された。

　金融庁は、こうした動きをふまえて、2013年7月、金商業等府令を改正し（施行は同年8月、既存業者には4カ月の経過措置あり）、同取引を通貨関連デリバティブ取引の定義に組み込み、区分管理信託、個人顧客との取引におけるロスカット・ルールの整備・遵守および証拠金規制の対象とした。

　また、当該改正により、取引に際して、金融商品取引業者等は、あらかじめ、顧客に権利行使価格を提示すること、取引期間および期限を金商業等府令の規定を満たした適切なものとすることが義務づけられた。

　なお、同取引に係る自主規制については、Ⅲ ③ (2)で説明している。

[viii]　当該報告のなかで、同協会において同取引の取引期間その他取引の内容（商品性）について自主規制を設けるにあたり、「こうした商品性にかかる自主規制については、金融商品取引法令の枠組みの下で、具体的な取扱方法を規定するものとなるよう、金融商品取引法令の手当てを含めた整備をすることを要望する」と述べられている。

表11.1　通貨オプション取引等に係るおもな公規制

金融商品	主な金融商品	店頭デリバティブ新規制				証拠金規制（オプションの買いおよび決済を除く）	
		電子取引基盤	TR対象	CCP対象	証拠金規制	個人	法人
通貨オプション取引	Vanilla Option Single Barrier Option Doubles Barrier Option	金商法40条の7	金商法156条の64	金商法156条の62	金商法40条2号	府令117条1項27号、28号	—
	Window Barrier Option など	規制対象外（改正された金融商品取引業等に関する内閣府令1条3項25の2号の特定店頭デリバティブ取引に含まれず）2015年9月1日施行	金商法2条22項3号および4号（ただし、権利行使期間が2営業日以内のものは除く）	適用除外	金融商品取引業等に関する内閣府令123条21号の5、21号の6（2016年9月1日から施行）、ただし除外規定が複数あり	通貨関連デリバティブ取引（府令123条1項21号の2）	—
バイナリー・オプション	Digital Option Accrual Option など					府令117条1項27号、28号	—
						通貨関連デリバティブ取引（府令123条1項21号の2）	—

出典：一般社団法人金融先物取引業協会「平成28年度事業報告書」別紙18表を一部加工して引用。

信託保全（媒介・取次・代理を含む）		ロスカット規制		不招請勧誘の禁止		新確認書		注意喚起文書 OTC：初回と年1回市場取引（初回、継続は必要なし）	
個人	法人	個人	法人	個人	法人	個人	法人	個人	法人
府令143条1項1号		府令123条1項21号の2		施行令16条の4		金融商品取引業者等向けの総合的な監督指針Ⅳ－3－3－2(6)④ 協会業務取扱規則8条の2		金先協業務取扱規則7条の2	
通貨関連デリバティブ取引等（府令143条3項）	通貨関連デリバティブ取引等（府令143条3項）	通貨関連デリバティブ取引（府令123条1項21号の2）	—	金融先物取引等（特定投資家を除く）		店頭デリバティブ取引等（金商法2条8項4号、ただし特定投資家を除く）		金融先物取引等（特定投資家を除く）	
府令143条1項1号		府令123条1項21号の2		施行令16条の4		金融商品取引業者等向けの総合的な監督指針Ⅳ－3－3－2(6)④ 協会業務取扱規則8条の2		金先協業務取扱規則7条の2	
通貨関連デリバティブ取引等（府令143条3項）	通貨関連デリバティブ取引等（府令143条3項）	通貨関連デリバティブ取引（府令123条1項21号の2）	—	金融先物取引等（特定投資家を除く）		店頭デリバティブ取引等（金商法2条8項4号、ただし特定投資家を除く）		金融先物取引等（特定投資家を除く）	

Ⅲ 自主規制団体による自主規制

1 一般社団法人金融先物取引業協会

　金融商品取引法に基づく金融商品取引業者等の自主規制団体には、内閣総理大臣の設立認可を受けた「認可金融商品取引業協会」と、同法に規定する業務を行う者として認定を受けた「認定金融商品取引業協会」があり、現在は前者一つ、後者四つの計五つの自主規制団体がそれぞれ担当する金融商品分野について自主規制を行っている。

　そのうち、通貨オプション取引等の通貨関連デリバティブ取引を含む金融先物取引に係る自主規制は、認定金融商品取引業協会である「一般社団法人金融先物取引業協会」（以下、本章において「金融先物取引業協会」という）が行っている。

　同協会は、1988年5月に制定された金融先物取引法（翌1989年3月施行）の規定を受けて、金融先物取引業の適正円滑な運営を確保することにより、投資家の保護と金融先物取引業の健全な発展に資することを目的に、翌1989年8月、大蔵大臣の設立許可を得て発足した（設立当時は「社団法人」であり、2012年4月以降、「一般社団法人」となった）。

　その後、2005年7月に改正金融先物取引法が施行され、一般顧客を対象とする店頭金融先物取引がその規制を受けることとなると、店頭通貨オプション取引を取り扱う地方銀行等、店頭外国為替証拠金取引を取り扱う専業者や証券会社等が新たに同協会に加入し、同協会の会員構成や業務は大きく変わることとなった。このとき外務員の登録事務、紛争の解決のためのあっせん[ix]が新たに同協会の業務として追加されている。

　そして、2007年9月から、金融先物取引法を包含するかたちで「金融商品取引法」が誕生し、金融先物取引業協会は同法に基づく「認定金融商品取引

業協会」の一つと位置づけられた。

2 自主規制規則等

金融先物取引業協会では、金融先物取引業に関する法令遵守の指導、監査等を行っているほか、投資者の保護と協会会員の金融先物取引業務の公正円滑な運営を図るため、従業員等の服務、取引の勧誘、顧客の管理その他顧客の委託に係る金融先物取引等の取扱いに関し、関係法令の遵守をはじめ必要な事項について自主規制規則等を定めている。

自主規制規則等のうち、会員の金融先物取引業務の取扱いに関する基本規程的な位置づけにあるのが「金融先物取引業務取扱規則」である。同規則では、顧客カードの整備（顧客が特定投資家である場合を除く）、取引開始基準の整備、取引説明書の交付とそれに対する確認書の徴求といった受託取引等の開始手続等のほか、過度の投機的取引の防止、顧客に対する書面の交付方法といった受託取引等の執行および管理に関する事項などを規定している。

その他の規則としては、たとえば、会員の従業員が禁止行為や不適切行為を行うことがないよう定める「金融先物取引業務に従事する従業員等の服務に関する規則」などがある。

3 通貨オプション取引等に係る主な自主規制等

金融先物取引業協会では、関係法令の改正や業界を取り巻く環境等に対応するべく、必要な自主規制規則等の新規制定や改正等を行っている。ここでは、これまで行われた通貨オプション取引等に係る主な改正等について説明する。

---

ix 同協会会員の金融先物取引業務に関する投資家等からの苦情の処理および紛争に至った場合のあっせん業務については、2010年2月から、特定非営利活動法人「証券・金融商品あっせん相談センター（FINMAC）」に委託されている。

(1) 注意喚起文書・確認書

リーマン・ショックを契機として、デリバティブ取引についてさまざまな法規制等が検討、実施されるなか、顧客への勧誘・説明態勢の観点から、2010年4月、金融庁により「金融商品取引業者等向けの総合的な監督指針」が改正され、金融商品取引業者等は、通貨オプション取引等を顧客に提供するにあたって、その商品内容やリスク、中途解約および解約清算金、ヘッジの有効性などを具体的にわかりやすいかたちで解説した書面等を当該顧客に交付し、十分かつ適切な説明を行い、これらの説明を受けた旨の確認書を当該顧客から受け入れ、保存する等の措置をとることとなった。

また、2010年9月には金融庁が「デリバティブ取引に対する不招請勧誘規制等のあり方について」を公表し、そのなかで、デリバティブ取引全般において、金融商品取引業者等から顧客(特定投資家を除く)に対して注意喚起文書を交付、説明することを自主規制ルールで策定するよう求める旨が示された。

これらを受けて、金融先物取引業協会では、2011年2月、同協会の金融先物取引業務取扱規則を改正し、次の事項を追加した(施行は同年4月)。

① 注意喚起文書の交付等

協会会員は、特定投資家を除く顧客に対して通貨オプション取引等その他の金融先物取引を提供する場合、当該顧客に対して、あらかじめ、不招請勧誘規制の適用の有無、投資リスク、金融ADRに係る事項について十分に説明を行い、それらについて明瞭かつ正確に表示した注意喚起文書を交付すること(ただし、注意喚起文書の交付後1年以内に行われる同種の内容の取引については交付不要。また、取引所取引の場合は取引のつど、交付されたものとみなす)。

② 顧客への説明確認

協会会員は、特定投資家を除く顧客との間で行う店頭通貨オプション取引その他の店頭金融先物取引(店頭外国為替証拠金取引を除く)について、同取

引の対象となる金融指標等を含む基本スキーム、その指標水準の推移等から想定される損失額および想定した前提と異なる状況になった場合に損失額が拡大する可能性その他協会規則に定める事項について顧客に十分に説明し、理解を求めたうえで、顧客の判断と責任において同取引を行う旨の確認書を徴求すること（ただし、同取引のうち、定型化された取引であって、顧客から証拠金の預託を受けて行われる取引またはオプションの付与（顧客がオプションを取得する立場になるもの）については、確認書を徴求した日から1年以内は徴求不要）。

⑵ 個人向け通貨関連店頭バイナリーオプション取引に係る規制

Ⅱ④(3)に述べたとおり、2013年7月、金商業等府令が改正され（同年8月施行、既存業者等には一部規定に4カ月の経過措置あり）、通貨関連店頭バイナリーオプション取引について新たな規制が設けられたが、金融先物取引業協会でも、同年7月、「個人向け店頭バイナリーオプション取引業務取扱規則」および同規則に係るガイドラインを制定し（同年8月施行、既存業者等には一部規定に4カ月の経過措置あり）、同協会会員に対し、継続かつ反復して取引が可能な通貨関連店頭バイナリーオプション取引を個人顧客に提供する場合の提供方法等のルールを導入した。

同ルールは、短時間のHIGH／LOW取引や、いわゆる「総取り」を禁止し、取引期間中の売買・ポジション解消機会の提供を義務づけるなど、顧客保護、透明公正な取引環境の整備に係る事項について定めるほか、口座開設に際して、顧客の同取引に関する基礎知識の確認を義務づけるなど先進的な取組みも含まれている[x]。

---

x　詳細については、金融先物取引業協会ホームページ「個人向け通貨関連店頭バイナリーオプション規制について」（http://www.ffaj.or.jp/binop/）を参照のこと。

Ⅳ 近年の動向等

　本章で述べてきたように、日本における通貨オプション取引等に係る規制については、デリバティブ取引の発展、世界的な金融危機など、日本の金融・資本市場を取り巻く環境の変化のなかで、公規制および自主規制を積み重ね、成熟させてきた。

　そのようななか、近年の動きとしては、2017年3月、金融庁から、従来型のルールベースでの対応のみを重ねるのではなく、プリンシプルベースのアプローチを用いることが有効であるとの考えのもと「顧客本位の業務運営に関する原則」が公表され、同庁は金融事業者に対して、同原則を採択するにあたり、外形的遵守に腐心するのではなく、その趣旨・精神を自ら咀嚼したうえで、それを実践していくためにはどのような行動をとるべきかを適切に判断していくことを求めるなど、規制のあり方も変わりつつある。

　また、2013年に海外の外国為替市場で発覚した為替指標レートをトレーダーが恣意的に操作するといった不正行為を受け、各国の中央銀行および外国為替市場の参加者の間で、外国為替市場における規律づけを強化すべきとの認識が広がり、BISにおける作業部会（Foreign Exchange Working Group）で2015年より外国為替市場におけるグローバルに単一の行動規範が検討され、2017年5月に「グローバル外国為替行動規範」の最終版が公表された。

　このように、従来の規制のあり方の変化に加え、当該規制以外からも市場参加者の行動に影響を与えうるグローバルな枠組みが登場するなど、通貨オプション取引等および通貨オプション市場を取り巻く環境は、新たな段階を迎えているといえよう。

［尾澤　隆浩］

※本章における法令諸規則や自主規制規則についての記載はあくまで概要であり、

2018年2月23日時点における著者の認識に基づくものであって、以降に改正等がなされる場合もあるため、各法令等の最新かつ具体的な内容に関しては、実際の条文を確認すること。

【参考文献】
・一般社団法人金融先物取引業協会（2013年）「金融先物取引の知識」
・一般社団法人金融先物取引業協会ホームページ　http://www.ffaj.or.jp/
　2018年2月23日アクセス
・金融庁ホームページ　http://www.fsa.go.jp/　2018年2月23日アクセス
・日本銀行ホームページ　http://www.boj.or.jp/　2018年2月23日アクセス
・松尾直彦（2011年）「金融商品取引法の国際的適用範囲」
　（『東京大学法科大学院ローレビュー』第6巻　寄稿論文）

通貨オプションに適用される契約条件

この章では、店頭取引市場で発展してきた通貨オプションに適用されるさまざまな契約条件の概略を示す。それらの書式の制定以前は、各銀行がその固有の基準と用語に基づいて取引を行っていた。その基準と用語は（銀行ごとに）おおいに異なっており、それが市場の潜在的な成長を一般的に阻害していた。

1 ロンドン・インターバンク通貨オプション市場（LICOM）用語集

　読者は、店頭取引市場が1980年代初頭からおもにロンドンにおいて発展したことを、これまでの章でみてきた。フィラデルフィア証券取引所（PHLX）は1982年12月に最初の通貨オプション取引（GBPとUSDのアメリカン・オプション）を上場し、確かな第一歩を踏み出した。だが、店頭取引市場は、1984年にロンドンで特定の銀行がビッドとオファーのレートを提示しあうこと（ツーウェイプライス）にコミットしたことから始まった。同年に、イングランド銀行は通貨オプション取引の報告義務を課し（第11章参照）、ブローカーが草創期の市場でサービスを開始した。しかし、一つのことが依然として抜けていた。それは、店頭取引の法的側面をカバーする契約条件の書面化と、適切な市場慣行を反映した諸ルールである。英国銀行協会（BBA）は、1984年に、この契約条件を制定する作業部会を立ち上げ、その結果、LICOM用語集が1985年8月に出版された。LICOM用語集は、ロンドンの市場慣行をカバーすることだけを意図していたが、ほどなく、ほぼすべての店頭取引の標準となった。米国では、1986年に、LICOMを多少加筆修正したかたちでNYICOM（ニューヨーク・インターバンク通貨オプション市場。後にUSICOMと改称）として公表された。

国際通貨オプション市場（ICOM）用語集

　1989年までに、当初の用語集が、デルタヘッジを伴うボラティリティに基づく値決めへと発展した市場慣行を十分に反映していないことが明らかになった。さらに、市場参加者の数と層が大幅に拡大し、まさに国際化した。1989年5月にBBAは市場関係者と共同して作業部会を再度立ち上げ、1985年版用語集の改訂と市場慣行のガイダンスの作成を目指した。加えて、用語集の世界的な普及に重点が置かれたため、用語集の新名称はICOMとなった。LICOMの作業部会と同様に、イングランド銀行はICOM作業部会にオブザーバーとして参加した。

　ICOMが制定されつつあったのと同じ頃に、米国ではUSICOM用語集改訂に向けて同様の努力が行われていた。1990年にBBAのICOM作業部会とUSICOM作成の任にあたるニューヨーク外国為替委員会の代表者たちは、二つの用語集の相違点の解決と世界の店頭通貨オプション市場で使用する単一の書式の制定を目的として会合を開いた。ニューヨークで行われた作業の一面は、重要性が高まりつつあった取引相手の信用リスクの問題、特に債務不履行、破産、不可抗力の発生時における当事者の権利・義務の問題に取り組むことにあった。ICOM用語集は、現在、それらの事象のいずれかが発生した際の通貨オプションの解約・清算の方法を規定している。さらに、同書式は、当事者の法的な権利・義務に関する規定に加えて、通貨オプションの組成、権利行使、資金決済（差金決済と自動行使といった問題を含む）に関する、市場慣行を反映した基本契約書として作成された。

　ニューヨークの作業部会は米銀の法務部門の代表者で構成されていたが、BBAの作業部会はロンドンの銀行のトレーダーのシニア・マネージャーで構成されていた。それがおおいに相互補完的な組合せであることが証明された。加えて、BBAの作業部会は、他の諸国（たとえば、日本）の代表も作業に参加させ、ブローカーの利益を考慮するメンバーも指名していた。

　日本では、東京外国為替市場慣行委員会が、ニューヨーク外国為替委員会

と類似した方法で1993年3月にICOM用語集を出版した。BBAはその両者と完全に連携していた。

　1992年にロンドンで通貨オプション取引のICOMが出版された後、1993年にBBAによって、スポット・フォワード外国為替取引用の基本契約書がIFEMA（International Foreign Exchange Master Agreement）という名称で制定・出版された。外国為替取引市場は継続的に発展するので、またIFEMAは特定の問題についての新しい考えを反映しているので、IFEMAは当初の1992年版ICOMとはいくつかの点において相違していた。そのため、ICOMはBBAによって1997年2月に改訂され、1997年版ICOMとして出版された。1997年版ICOMには、バリア・オプションの定義といった、いくつかの重要な追加規定が含まれていた。この1997年版ICOM、「ICOM2」と呼ばれることもある文書の概略を、本章で紹介することにする。ICOM2の写しを巻末のAppendix IVに（英国銀行協会の親切な了解を得て）掲載している。IFEMA用語集は1997年の（ICOM2の）発刊を通して改訂されており、その書式も1997年版ICOMを補完するべく巻末のAppendix IVに掲載されている[i]。

　ICOM用語集の改訂は、スポット・フォワード外国為替取引と通貨オプション取引兼用の契約書様式を、別途、発刊することを促進した。その契約書様式は、1997年版FEOMA（Foreign Exchange Options Master Agreement）として知られる。これは実質的に、ICOMとIFEMAをひとまとめにしたものだが、それらは用語集というよりも、むしろ基本契約書として発刊された（⑤の(3)を参照）。FEOMAは1997年3月に発刊された。それは、1997年版ICOM発刊の翌月であり、かつ1997年版IFEMA発刊と同時であった。

　ここで言及されているICOM、IFEMA、FEOMAといった書式は、すべてロンドンの英国銀行協会（BBA）の主催のもと、ニューヨークの外国為替委員会、カナダの金融機関向け外国為替委員会、東京外国為替市場委員会の

---

i　本書では、ICOM2、1997年版IFEMAとも翻訳・掲載を割愛している。

協力によって制定された。これらの委員会はいずれも外国為替市場の市場慣行と市場の一般的な利益のために尽力している。

3 　国際スワップ・ディーラー協会（現国際スワップ・デリバティブ協会／ISDA）

　国際的な金利スワップ市場は国際スワップ・ディーラー協会（ISDA）が発行した契約条件に基づいて運営されている。1992年に外国為替と通貨オプションの定義集が出版され、ISDAマスター契約とともに使用されている。ISDAの契約条件は債務不履行等の発生時の異種商品間ネッティングを許容している。通貨オプションの定義集はICOMに非常によく似ている（ISDAはその定義集の制定におけるICOMの助力を認めている）。その結果、金融機関はICOMとISDAのいずれか、またはその両方を実質的に選択使用できることになった。通貨オプションと金利スワップの両方を活発に取引する金融機関は、ISDA、またはICOMとISDAの両方を使用しうる。この場合、唯一の利点は、取引相手の債務不履行時に2個（一つは通貨オプション、もう一つは金利スワップ）ではなく、1個のネット支払（すなわち二つの商品にまたがるネット支払）が可能なことである。ICOMとは異なり、ISDAの通貨オプションの定義集は対象通貨を限定列挙しており（ICOMでは全通貨が対象）、かつ通貨オプションの市場慣行のガイドラインを掲載していない。執筆時点で、1992 ISDA FX and Currency Options Definitionsは、1997年版ICOMに含まれるバリア・オプションの定義を含めるかたちで改訂されていない。したがって、各銀行はそのような通貨オプションにはICOMの使用を望むかもしれない。

4 　市場の選好

　原著の執筆時点で、銀行や他の金融機関は、彼らの通貨オプションのビジ

ネスをカバーするためにISDA契約条件か、1997年版ICOM（1992年版ICOMを実質的に更新したもの）を、使用している。いずれも法的拘束力のある書式であり、債務不履行の発生時にネッティング契約によって信用リスクを削減する規定により、通貨オプション取引をサポートする。

5 基本契約書──その要旨

以下に、使用可能な契約書を概説しておく。

(1) International Currency Options Market（ICOM）── 1997年2月制定

通貨オプション専用の基本契約書様式と用語集であるが、最も盛んに取引されているエキゾチック・オプション（例：バリア・オプション。第13章参照）も含んでいる。基本契約書様式に付属する解説書には、市場慣行のガイドラインも含まれる。異なる特約がない限り、ロンドンで通貨オプションを取引している銀行はICOMの契約条件を使用しているとみなされる。ICOMは、ロンドンの英国銀行協会が、ニューヨークの外国為替委員会、カナダの金融機関向け外国為替委員会、東京外国為替市場委員会と協力して制定した。

(2) International Foreign Exchange Master Agreement（IFEMA）──1997年3月制定

スポット・フォワード外国為替専用の基本契約書様式と用語集である。基本契約書様式に付属する解説書には、市場慣行のガイドラインも含まれる。異なる特約がない限り、ロンドンでスポット・フォワード外国為替を取引している銀行はIFEMAの契約条件を使用しているとみなされる。IFEMAは、ロンドンの英国銀行協会が、ニューヨークの外国為替委員会、カナダの金融機関向け外国為替委員会、東京外国為替市場委員会と協力して制定した。

(3) The 1997 Foreign Exchange Options Master Agreement (FEOMA) ——1997年3月制定

　スポット・フォワード外国為替と通貨オプションをカバーする基本契約書様式（用語集はなし）である。この書式は基本契約書だけであり、その目的、すなわち債務不履行時に銀行が外国為替取引と通貨オプションの与信残高をネットすることを可能とするために、ICOMとIFEMAを統合することを意図している。ICOMとIFEMAが市場慣行のガイドラインを含み、かつ用語の通常の定義を規定する用語集として制定されたので、FEOMAには別冊の解説書は不要とみなされた。FEOMAは、ロンドンの英国銀行協会が、ニューヨークの外国為替委員会、カナダの金融機関向け外国為替委員会、東京外国為替市場委員会と協力して制定した。

(4) International Swap Dealers Association, (ISDA)[ii], 1992 ISDA FX and Currency Option Definitions——1992年制定

　「定義集」として制定されたが、金利スワップ等のスワップ取引のためのISDAマスター契約の一部を構成する。そのようなものとして、ISDA定義集は金利スワップ、外国為替、通貨オプションに使用可能である。その通貨オプションの定義集はICOMに酷似しているが、対象通貨が限定列挙されており（ICOMは全通貨を対象とする）、通貨オプションの市場慣行のガイドラインを掲載していない。

---

ii　ISDAの現在の組織名称は 'International Swaps and Derivatives Association, Inc.' である。

6 1997 International Currency Options Market (ICOM) Terms

ここでは新しいICOM書式をおもに解説する。その理由は、それが通貨オプションのすべての基本契約書における契約慣行や市場慣行のバックボーンを形成しているからだ。

ICOM書式はインターバンクのプロ業者間での市場慣行にとどまっており、個々の金融機関がその顧客との取引で選択する契約条件と直接の関係はない（ただし、ICOM書式はかかる対顧客取引にも使用可能である）。銀行や他のプロの市場参加者は、もし彼らがそれを望めば、ICOM以外の契約条件や契約書式を自由に選択できる。だが、その場合には、彼らは、彼らの契約条件がICOMとどのように相違するのかをお互いに明確にする義務があると考えねばならない。かくして、ICOMは常に市場の基礎にあり、店頭通貨オプション取引の標準と考えられている。

1997年版ICOMは13の節で構成されているが、前文、免責規定、所見、取引発注書式、サンプルを除けば、主たる規定は下記の4節である。

(1) 基本契約書の解説 (Guide to the Master Agreement)

イントロダクション、おおよび市場慣行と基本契約書の条項についての節を含む。市場慣行については後述 7 のとおり。実際の基本契約書の条項の節では、法的書類（下記(2)）の解説と案内を行っている。

(2) 実際の基本契約書の条項 (The actual Master Agreement Terms)

基本契約書は法的な書類として自立しており、いくつかの銀行は、ICOM様式の基本契約書の締結を、すべてまたは一部の取引相手と契約書正本(hard-copy)に署名することによって記録に残すことを望んでいる。同基本契約書の条項については、上記(1)で解説しているので、筆者（原著者）はこ

212

の点には深くは触れない。

⑶ 合意するべき特定の事項のリスト（Schedule of "Certain Matters to be Agreed"）

　この節では各銀行が決定するべき事項を解説している。具体的には、対象取引の範囲（Scope of the agreement）、取引可能店舗（Designated offices）、通知連絡先（Notices／住所、電話番号、担当部署名等）、決済口座の詳細（Payment instructions）、ネッティング（Netting）、自動行使（Automatic exercise）、基本通貨（Base currency）、極度額（Threshold amount）、追加の期限の利益喪失事由（Additional events of default）、自動的期限前解約（Automatic termination）、十分な保証（Adequate assurances）、準拠法（Governing law）、裁判管轄の合意（Consent to jurisdiction）、訴状送達受領代理人（Agent for service of process）、特定の規制関連の表明（Certain regulatory representations）、追加の誓約（Additional covenants）である。

　この節に関するコメントは 8 で述べる。

⑷ バリア・オプションの追加規定（The Barrier Option Addendum）

　通貨オプションのバリア・オプションへの拡大に伴って、その専門用語の定義が追加規定（Addendum）として追加された。定義された事項は、バリア・オプション（Barrier option）、バリア決定代理人（Barrier determination agent）、バリア期間（Barrier period）、行使時間帯（Exercise time window）、最初のスポット・レート（Initial spot rate）、イン行使価格（In strike price）、ノックイン・イベント（Knock-in event）、ノックイン・オプション（Knock-in option）、ノックアウト・イベント（Knock-out event）、ノックアウト・オプション（Knock-out option）、アウト行使価格（Out strike price）、スポット外国為替相場（Spot exchange rate）、スポット市場（Spot market）、ノックイン・イベント／ノックアウト・イベントの通知義務（Responsibilities of Notification of Knock-in event)、権利行使（Exercise）、資金決済（Settlement）であり、かつバリア・オプションの消滅（Discharge and termination）もこの節に含まれている。この節に関するコメントも 9 で述べる。

　下記 7 では、上記(1)「基本契約書の解説」中の市場慣行の部分を引用し（イントロダクションを除く）、コメントを加えて、第9章「店頭取引における市場慣行」の補足とする。

7　市場慣行（Market practice）

(1)　値決め（Price quotation）

「値決めには一般的に受け入れられている二つの方法がある。それはプレミアムとボラティリティである。いずれのケースも、取引相手は下記の事項に合意する。

オプションタイプ（Option Style）：アメリカン（American）と
　　　　　　　　　　　　　　　　　　ヨーロピアン（European）

コールの通貨と金額（Call Currency and Amount）

プットの通貨と金額（Put Currency and Amount）

行使日（Expiration Date）

行使時刻（Expiration Time）

プレミアム支払日（Premium Payment Date）

決済日（Settlement Date）

行使価格（Strike Price）

取引相手は同時に発生する為替取引（一般にデルタヘッジとして知られている）を成約するか否かについても合意せねばならない」。

　実務では、トレーダーがオプションタイプを明言するのは、きわめてまれである。なぜなら、アメリカン・タイプはインターバンク市場では一般的に

は使用されておらず、ヨーロピアン・タイプが標準形とされているからである。プレミアム支払日は、値決めの前には特定されないが、もし取引が支払指図等を織り込んで成約される場合には取引条件に含まれる（第9章のボラティリティによる値決めの事例を参照）。デルタヘッジは、それを意図的に排除する場合（まれなケース）やデルタ中立的なオプションの組合せ（ストラドルまたはストラングル）の値決めの場合を除いて、ボラティリティによる値決めに自動的に織り込まれていると考えられている。

「値決めは下記(a)(b)のいずれかの方式で行われる。

(a)　プレミアム。その場合には、取引相手が上記の事項に合意し、かつプレミアムの価格をどのように表記するのか（たとえば、いずれかの通貨のパーセンテージとして、またはもう一方の通貨1単位に対する他方の通貨の金額で）についても合意する（プレミアムの値決めにおいてデルタヘッジが取引の一部を構成する場合は、スポットレートについても合意する必要がある）。

(b)　ボラティリティ。その場合には、取引相手が上記の事項に合意し、かつボラティリティを年単位のパーセンテージとして表記することにも合意する。このファクターこそが、スポットレート、当該通貨ペアの金利の要素、当該オプションの行使期日までの日数、行使価格と結びついて、プレミアムの計算に用いられるものである」。

プレミアムによる値決めが求められる場合には、通常、デルタヘッジなしのライブ（live）ベース（原注1）で算出され、対象通貨のパーセンテージとして表記される。ただし、GBPとUSDの組合せの場合は、対GBPごとUSDのセント表示を行うのが通例のため、その例外となる。具体例として、DEM[iii]とUSDの組合せの場合、価格はUSDのパーセンテージとして表記され、DEMとGBPの組合せの場合は、価格はGBPのパーセンテージとして表

---

iii　DEMは1999年の欧州通貨統合の結果、ユーロに編入され、消滅したが、本書の出版当時（1997年）には存在していた通貨のため、原著を尊重し、そのまま記述している。

記されるが、GBPとUSDの組合せの場合は、対GBPごとUSDのセント表示を行う。

　例外は、USDを基本通貨として使用しない諸国で発生する。その場合には、対USDごとの通貨単位が通常の方法である。たとえば、DEMとUSDの組合せの場合は、USDに対するDEMの相場を表示する。プレミアムでの値決めは市場のプロ業者の間では標準ではないが、オプションの値決めシステムに投資していない一部の小規模銀行では依然として使用されている（もしその銀行に外国為替取引の部署があれば、デルタヘッジを伴うボラティリティでの取引のほうがベターである。それによって当該取引に含まれる外国為替取引の要素が把握できるからである）。

　「オプションは、とりわけ、そのプレミアムについて合意するまでは法的な拘束力のある契約ではない（ただし、基本契約書は、プレミアムの支払前でも、オプションは法的な拘束力のある契約であると考えている）。したがって、ボラティリティ方式によって進行中の取引の実行可能性を確保するには、取引相手はプレミアムの価格に可及的にすみやかに同意する必要があり、かつ算出したプレミアムが、同意したボラティリティとその同意した時点での市場の状況を正確に反映することが必須である。当事者間の誠意をもった交渉（または、まずは値決めを議論した際の当事者間の会話記録の参照）によって解決できない紛争が発生した場合には、相互に受入れ可能な第三者による仲裁へのすみやかな移行が推奨される。市場参加者は、プレミアムの算出の相違はアメリカン・タイプのオプションを含む取引において、より多く発生しているため、かかるオプションの成約時には十分に注意する必要があることを認識するべきである」。

　非常に活発な市場でのボラティリティ方式の値決めは、時として銀行がボラティリティの価格とデルタ算出のためのスポット参照値に同意したかたちをとり、プレミアムについては市場がより静かになった、後の時点で合意す

ることになる。上記はその法的な意味についての記述である。

　市場のほとんどのプロ業者は単純に「仲値で折り合う」ため、プレミアム
の相違についての紛争はまれである。スポットとボラティリティのレートが
事前に決まるので、紛争はオプションの価格における他の要因からのみ生じ
る。すなわち、フォワードレートと金利である。もしそれらも一致していれ
ば、その場合には、相違はオプションの値決めモデルに起因する。取引の際
には、Inventure Ltd（現在のFenics Software Limited）のFENICSオプション
値決めシステムが市場の現在の標準であり、ボラティリティ方式の値決めに
おいてプレミアムに同意しない銀行は、ブローカー等の第三者を通じて上記
システムを紛争解決基準として参照するべきである。さらに注目するべき
は、FENICSが1日のうちの時刻に応じてオプションを値決めする機能
（clock）を有していることである。それによって、同一のボラティリティ・
レートについて、同機能のスイッチが入っている場合には、入っていない場
合とは異なるプレミアムを算出することができる（値決めモデルが時間を日で
はなく、日とその部分に分割する）。市場の標準では、FENICSのスイッチを
入れずにプレミアムを算出しており、日中の残っている時間の長さにより必
要とされる補正は、最初の段階で、ボラティリティをクォートする際になさ
れるべきである。アメリカン・タイプのオプションの値決めでは、異なるシ
ステム間で多くの相違が生ずる。それは、アメリカン・タイプのオプション
の人気の低下を部分的に説明している（その主たる理由は、アメリカン・タイ
プのオプションが決してヨーロピアン・タイプのオプションよりも安価になりえ
ないことにある）。相違は、二つの通貨の金利が類似している時に発生する傾
向がある。

　　「加えて、ボラティリティを取引する場合には、当該オプションの成約
　　と同時に当事者間でスポットレートに同意する必要がある。これは、
　　（オプションの）原資産となる外国為替取引の基本（デルタヘッジ）を構
　　成する（もしあれば）」。

これは、ボラティリティ方式の値決めにおける通常の市場慣行であり、デルタヘッジなしでのボラティリティ方式の値決めによる取引はきわめてまれである（ただし、ストラドルやストラングルといったデルタに中立的な合成取引の場合を除く。かかるケースでは、デルタはほとんどゼロである）。

（原注1）　ライブの値決めは、オプションのマーケット・メーカーがスポット相場の変動を理由にオプションプレミアムを変化させることができる方法である。言い換えれば、取引相手とはデルタヘッジの取引は行わないため、マーケット・メーカーは当初のスポットのリスクを無効化できないということである。通貨オプション取引を活発に行う銀行（すべてのマーケット・メーカーを含む）は、ボラティリティで値決めをする場合は、同時にデルタヘッジを行う。したがって、ライブの取引は、通常、事業会社や個人顧客といった銀行以外の取引相手と行う取引である。

(2)　消滅日のクォート（Quotation of expiration dates）

「一般的に、消滅日のクォート方法は二つある。特定の消滅日を指定する方法と暦月を指定する方法である」。

①　特定の消滅日を指定する方法（Straight expiration dates）

「特定の期間（1カ月、2カ月等といった期間）について値決めされるオプションにはその最終消滅日がある。それは、その期間に相当するフォワード取引（ディーラー間の外国為替市場での取引）の決済日より前の日であり、もしオプションが消滅日に行使されれば、当該日付で決済される結果となる。もし解決方法が二つ以上あれば、取引日から最も遠い日が消滅日となるだろう。

■事例

本日の日付：　3月4日

スポット決済日：　3月6日

1カ月フォワードの決済日：　4月6日

3月4日に値決めされた1カ月物オプションの消滅日は、結果として
その決済日（Settlement Date）が4月6日となる日、つまり4月4日で
ある（ただし、4月4日と4月6日の間に土日や祝日がないことを条件とす
る）。期間が1カ月未満の場合は、誤解を避けるべく、両当事者は特定
の日付を参照することを推奨する」。

　これは比較的単純な方法であるが、休日が存在すると、オプションの消滅
日の計算が困難となる場合がある。もし合意した消滅日が事後的に祝日であ
ることが判明した場合には、両当事者が条件変更（通常、その際には当初のプ
レミアムの価値を変更する）を行わない限り、当該契約上それらの合意した日
が維持される。1カ月未満の期間は、1週間、10日等ではなく、特定の日付
によって指定されるべきである。なぜなら、フォワード外国為替市場では、
たとえば、休日1日を含む8日を1週間として値決めすることがありうるか
らである。この推奨にもかかわらず、オプションの市場慣行では、依然とし
て1カ月未満の期間を、「本日から消滅日までの日数」で表現する。たとえ
ば、「DEMとUSDの1週間のボラティリティはどうか？」とは、翌週の応答
日時に最終期日を迎えるオプションを意味するが、上記のルールでは8日の
期間ということになるかもしれない。すなわち、1週間後のスポットは8日
後となり、結果的にオプションの消滅日までの期間も同じ日数となる。この
点には、常に注意が必要である。

② 暦月で消滅日を指定する方法（Expiration dates by calendar
month）

　「現在では、消滅日として特定の月を指定せず、暦月を指定するのが市
場慣行である。かかる状況では、オプションの消滅日は特定の月の第三
水曜日の直前の月曜日であると、一般に理解されている」。

通貨オプションは他の市場のオプションと同様、時として、CMEのIMM
取引の先物決済日と消滅日が同じになるように取引される。IMMの決済は

3月、6月、9月、12月の第三水曜日に行われる。したがって、店頭取引のオプションの消滅日はその水曜日の直前の月曜日となる。その目的は、店頭取引のオプションの行使の結果として行われる決済を水曜日とするためである（スポット決済は2日後である）。PHLX（フィラデルフィア証券取引所）の通貨オプション取引も、他の月を限月として第三水曜日に資金決済される。したがって、ここで述べた店頭取引の慣行は拡張し、年間のすべての月をカバーするようになった。

上記の慣行にもかかわらず、店頭取引の大多数は、将来の特定の日ではなく、固定期間（1カ月、1週間、1日等）で消滅日を表示している。

③ 消滅日が非営業日だった場合 (Expiration on non-business days)

「基本契約書には、消滅日が営業日（すなわち、当該オプションを売った売り手のオフィス所在地の銀行営業日）でなければならないと規定されてはいないが、慣行上、消滅日は営業日であるのが通常である。しかしながら、一部のディーラーは、その消滅日が彼らの記帳店舗の所在地の銀行営業日でなくとも、定期的にオプションを売っている（同様に、一部のディーラーは行使通知を非営業日に受領している）。もし消滅日が売り手の記帳店舗の所在地の現地銀行営業日ではない場合には（あるいは、もし売り手が非営業日にその記帳店舗で行使通知を受領したくない場合には）、売り手は、買い手がそのオプションを行使できるように他のアレンジメント（行使通知受領のために異なる店舗や代理人を指定する等）を行う義務がある。かかる状況下では、売り手は買い手にそうしたアレンジメントを可及的にすみやかに通知し、かつ消滅日までに買い手に対しアレンジメント内容を再確認せねばならない」。

オプションはしばしば、現地の銀行休業日を消滅日として取引される。取引を制限する最も重要な休業日は一般的に米国の休業日であり、それに次いで、英国、ドイツ、日本の休業日である。国際的な銀行の多くは現地の銀行休業日に働くトレーダーを有しており、最終期日を迎えたオプションの行使

に問題はない。たとえ現地の銀行休業日に営業しない銀行であっても、その海外支店を通して行使を容易にアレンジできる。

④ 取引確認書（Confirmations）

「オプションの重要な取引条件は、当該オプションが成約された時点で、必ず両当事者によって確定される。それらの取引条件への両当事者の合意は、その取引確認書で規定される。しかしながら、当該取引確認書での規定が求められていない、オプションに関する事項もありうる。市場参加者はかかる事項に関する情報を当該取引確認書の「その他の契約条件」の欄に記載することを奨励されている。取引確認書の定義によれば、当事者は取引確認書で指定する可能性のあるその他の事項を取引確認書に記載することができる。それは、バリア・オプション等のエキゾチック型のオプションにおいて、特に必要とされる可能性がある」。

取引確認書は、（取引所のような）中央清算機関のない店頭取引の市場において、売りと買いを照合するために非常に重要な役割を果たしている。ICOMの冒頭の段落は平易に表現すると、トレーダーやブローカーは、彼らの取引が常に市場慣行に従っており、異例な事項は値決めをする時に明示されるよう注意しなければならない等と述べている。加えて、当該取引が成約された場合には、関連する詳細事項は通常の取引確認書に「その他の契約条件」という区分で追記されねばならない。

「通常のスポットおよびフォワードの外国為替市場においても同様であるように、取引確認書の迅速な交換（なるべく電子的な交換）と、それを受領した直後に徹底的に確認すること（そして、必要であれば相手方に照会すること）は、当該市場が秩序を保って機能するためにも、多くの種類の詐欺行為を防止するためにも、きわめて重要である。オプション市場は、現物市場よりも複雑である。その理由は、個々の取引ごとに指定するべきパラメーターがより多いこと、およびさまざまなタイプのオ

プションが取引されることにある。この追加的な複雑さは、取引確認書の迅速な発行の必要性を高めている。しかしながら、オプションの取引確認書には、しばしば、当該オプションの経済的な条件以外の条件が記されるため、両当事者が取引確認書を交換するかわりに、一方当事者が他方当事者に取引確認書を送付し、他方当事者の署名を求めるのが通例である。ブローカーに対しても、彼らがアレンジしたオプションの取引確認書を取引の両当事者に送付することが提唱されている。もし当該オプションの取引条件について両当事者間で誤解が発生した場合には、それは通常、取引確認書（一方当事者が他方当事者に送付する1個の取引確認書または両当事者が交換する複数個の取引確認書）の点検によって発見される。届く予定の取引確認書の未着や取引確認書の不一致や誤記については、当該市場の慣行で認められた期間内に照会や反論がなされるべきである」。

　取引事項の確認、受け取った契約書のチェック、未着の場合のフォローアップは、店頭取引のオプションにおいて発生する誤解を減らすために非常に重要である。ICOMは、「（取引確認書の）受領直後における徹底的な確認」の重要性を繰り返し説くことにより、また、取引確認書の電子的な交換（郵送ではなく）の推奨により、この問題の解決を試みてきた。

　今日に至るまで最も多く発生し続けている誤りは、プットのかわりにコールを記録すること（あるいは、その逆）である。もしこれを取引確認書の点検の段階で見落とすと、消滅日に一方当事者がそのオプションをアウト・オブ・ザ・マネーと信じて行動するまで発覚しない。この種の誤解は時として取引確認書の点検の段階で見落とされる。その理由は、同じ「コール」でも、一方当事者がペアとなっている一方の通貨について表現しているのに対し、他方当事者はもう一方の通貨についてコールと呼んでいるからである。

　「取引確認書の推奨様式はこのガイドの巻末資料として掲載されている。

市場参加者（ブローカーを含む）は、誤解のリスクを減らすべく、提案
　されている上記様式と専門用語に依拠することが推奨されている」。

　もしあらゆる店頭取引の市場参加者が取引確認書の推奨様式を採用すれ
ば、その点検は格段に容易になり、前述したたぐいの誤解（プットをコール
と取り違えること）が発見される確率はより高くなるだろう。

　　「市場参加者は多くの場合、オプション成約と同時にデルタヘッジを
　（当該オプションの取引相手または第三者と）行う。かかる（二つの）取引
　の確認を別々に行うのが市場慣行である（かつ、市場参加者にはそれが推
　奨されている）。加えて、ブローカーは、自らがアレンジしたデルタヘッ
　ジの取引確認書を当該取引当事者に送付することが、提案されている」。

　デルタヘッジは、別個の外国為替取引として取引確認の対象となるが、
「通貨オプション参照」またはこれと類似の注記がなされるのが通常である。
ブローカーは通常、テレックスにより、当該オプションの取引確認とともに
デルタヘッジの取引確認も行い、別々に取引確認書を発行する。
　デルタヘッジを参照することによって多くの誤りが発見されることは特筆
に値する。たとえば、前述のコールとプットの問題についても、デルタヘッ
ジは売りのかわりに買い（あるいは、その逆）として構築され、その結果と
して誤った通貨の支払となる。ほとんどのヘッジ取引はスポットで行われる
ので、誤解は2日後には発見される。

　　「最後に、市場参加者は、オプションの成約前、交渉の開始時に、当該
　オプションの取引や組成、権利行使方法または決済方法が確立した市場
　慣行とどのように異なるのかを示すべきである。同様に、ブローカー
　は、オプションの組成と取引相手とのやりとりにあたって、市場慣行に
　配慮し、市場慣行を遵守すべきである（それには、推奨様式で取引確認書
　を発行することも含まれる）」。

取引確認書の発行のすべての手順、その受領と未受領は、市場によっておおいに異なる。一般的に、銀行はこの問題をより重要視し、彼らのシステムと手順を最新のものとするために投資している。しばしば取引確認書の点検は若手スタッフに任せられており、目視で確認する場合がほとんどである。事務職員が目視で個々の記録を相手方の記録と照合する。この方法が成功するかどうかは、その担当者個人の業務遂行能力に依っている。取引確認書を点検し、未受領等を発見するためのよりよい方法は、二次的な入力作業を行うことである。すなわち、事務職員が、取引相手が作成した取引確認書に記載された取引条件の詳細をコンピュータに入力すると、そのコンピュータが最新のデータベースと比較検証し、即座に相違点を示す。そのコンピュータは、比較検証がいまだなされていない取引を特定し、取引確認書の未受領を浮かび上がらせることも可能とする。

　また、取引確認書は、郵送ではなく電子的な方法（たとえば、SWIFT）によって発行されるべきである。書面による取引確認に加えて、現在、多くの銀行では、電話による口頭での取引確認を、潜在的な誤りを発見するためのよりよい方法（かつ格段により迅速な方法）として、当該取引の成約日に行っている。この点検は、プレミアムの支払や価格決定日等のために指図を交換するのと同時に行うことができる。

8 ICOMで合意するべき特定の事項のリスト（Schedule of Certain Matters to be Agreed）

　以下は、ICOMで合意するべき特定の事項の概略であり、下記の記載が求められる。

Part I：対象取引の範囲（Scope of the agreement）

　多くの銀行は多くのさまざまな市場で取引を行っている。この項目では、どのオフィスや支店、またはすべてのオフィスや支店が当該マスター契約（ICOM）に含まれるかを記載。

Part II：取引可能店舗（Designated offices）

　各当事者の記帳店舗の詳細を記載。

Part III：通知連絡先（Notices）

　各当事者の住所、電話番号、テレックス番号、ファクシミリ番号および本契約に関する通知が送付される担当部署名等を記載。

Part IV：決済口座の詳細（Payment instructions）

　各当事者の通貨ごとの支払指図やStandard Settlement Instructions（SSI）（原注２）の使用についての詳細を記載。

Part V：ネッティング（Netting）

　このネッティング規定は、各当事者が、マスター契約（ICOM）の４条「オプションの相殺（Discharge of Options）」、同６条１項「プレミアムの差金決済（Netting of Premiums）」、同６条２項「その他の金額の差金決済（Netting of Other Amounts）」を適用するか否かの選択を記載することを許容している。一部の銀行はそれらすべてのネッティングに対応可能なシステム処理能力を有していない。

Part VI：自動行使（Automatic exercise）

　各当事者は、もしオプションの買い手であれば、イン・ザ・マネーの状態のオプションの自動行使の適用・不適用の選択を記載することができる。当初の1992年版ICOMでは、自動行使は、なんらかの技術的な理由により、巨額の本源的価値がオプションの売り手に潜在的に留保されるのを防ぐための仕組みとして導入された。たとえば、通信障害により買い手が指定された行使時刻までに売り手に連絡できなかったような場合である。自動行使は、１％以上の本源的価値を有するオプションだけに適用される。

Part VII：基本通貨（Base currency）

　契約のための基本通貨を当事者ごとに指定する。

Part VIII：極度額（Threshold amount）

　期限の利益喪失事由（Event of Default）の定義の各項に関して、各当事

者はその極度額を指定することができる。

Part IX：追加の期限の利益喪失事由（Additional events of default）

　三つの潜在的な期限の利益喪失事由が掲載されており、銀行は、それらのうちのいずれか、またはすべてが、追加の期限の利益喪失事由に該当することを示すことができる。

Part X：自動的期限前解約（Automatic termination）

　各当事者は、マスター契約（ICOM）の8条1項「解約清算（Close Out and Liquidation）」所定の自動的期限前解約の規定の適用・不適用を指定することができる。

Part XI：十分な保証（Adequate assurances）

　各当事者は、マスター契約（ICOM）の11条14項「解約清算」所定の「十分な保証」の規定の適用・不適用を指定することができる。この条文はニューヨーク版のマスター契約（ICOM）のみに適用される。なぜなら、BBAが発表した英国での1997年版ICOMには、11条14項が含まれていないからである。

Part XII：準拠法（Governing law）

　Part XIIでは、ニューヨーク州法、英国法、日本法のいずれかを適用法として選択することができる。

Part XIII：裁判管轄の合意（Consent to jurisdiction）

　各当事者は、ニューヨーク州の裁判所、英国の裁判所、東京地方裁判所のいずれかの裁判管轄に服する。

Part XIV：訴状送達受領代理人（Agent for service of process）

　この項目では、訴訟における訴状送達受領代理人の任命を許容しているが、それを希望しない場合には、不適用とすることも可能である。

Part XV：特定の規制関連の表明（Certain regulatory representations）

　この項目では、銀行は、米国の連邦預金保険公社改善法（FDICIA）に関する表明の適用・不適用を示すことができる。

Part XVI：追加の誓約（Additional covenants）

ここに、追加の誓約を記入することができる。

（原注2） Standard Settlement InstructionsまたはSSIは、通常、通貨の支払指図のために銀行間で相対でアレンジされる。たとえば、在ロンドンのＡ銀行は取引相手に、「Ａ銀行の口座向けのすべてのUSDの支払は、それと異なる指図のない限り、XYZ銀行ニューヨーク支店、口座番号999999、CHIPS ID452737等の口座宛てに支払う」旨の指図を行う。

9 バリア・オプションの追加規定（The Barrier Option Addendum）

当初の1992年版ICOM用語集への追加条項が市場で歓迎されたのは当然のことだった。その理由は、同追加規定が、バリア・オプションの人気が高まるにつれて、これまでに問題や混乱を発生させてきたいくつかの論点に触れていたからである。この点は、スポットレートがバリアまたはトリガー・レベルに近づくにつれて、巨額の本源的価値がリスクにさらされるリバース型のバリア・オプション（原注3）に特に当てはまる。第13章では「バリア・オプション（Barrier option）」という節の「(7)スポットのバリア到達の判定（Determination of spot touching barrier）」という項で、これらの問題のうちのいくつかを概説している。もし読者がバリア・オプションになじみがない場合には、読み進める前に第13章記載のこれらのエキゾチック・オプションに関する節を読むことをお勧めする。

1997年版ICOMは、バリア・オプションの契約当事者が、当該オプションの買い手、売り手のいずれかを、バリア決定代理人（Barrier determination agent）に任命することを求めている。市場慣行では通常、マーケット・メーカー、すなわち取引の成約時に価格を提示する銀行（時として「非攻撃者（non-aggressor）」と呼ばれる）をバリア決定代理人に任命する。銀行間ではなく、銀行と顧客の取引の場合に、銀行は通常、同決定代理人を務める。なぜなら、顧客はスポット為替市場に参加できないからである。

バリア決定代理人の責務は、バリアが破られたか否かを判定することであ

る。その判定は、「誠意をもって、かつ商業的に合理的な方法（in good faith and in a commercially reasonable manner）」で行われなければならない。この記述は、過去に問題となった論点につながる。ICOMは下記の要約のとおり、いくつかの具体的な推奨を行っている。

(1) **バリアが破られるためには、外国為替市場で取引が実在していなくてはならない。**単なるクォートは、たとえそれが確定した取引レートであっても、バリア・オプションのトリガーを構成しない。

(2) **オフ・マーケットだと認識されている取引は計算に含めない。**

(3) 外国為替市場における**スポット取引は、月曜日のシドニー時間午前6時から金曜日のニューヨーク時間午後5時の間に取引されねばならない。**それらの時間外の取引は、たとえ（たとえば、なんらかの特別な世界的な出来事が原因で）活発な市場であっても、計算に含めない。

(4) **取引は商業的な取引規模、つまり当該通貨について外国為替ディーラーが一般に受け入れることのできる取引規模でなければならない。**より巨額のバリア・オプション取引の場合には、当事者はより巨額の金額の指定に同意することができる。

(5) 結果として、そのバリアを破る**スポット取引には、バリア決定代理人と第三者との間のスポット取引も含まれる**が、バリア決定代理人の関係会社との取引やアームズレングスに関係のない者との取引、誠意のある公平な市場価格を提供できない、その他の会社とのスポット取引は含まれない。バリア・オプションに関する追加規定（The Barrier Option Addendum）の残りの部分には、適切な慣行の推奨が記されており、以下の論点がカバーされている。

(a) **何がバリア・イベントのトリガーとなるのか。**バリア・イベントは、スポットレートがバリア・レートに等しい場合、またはそれを超える場合に発生する。

(b) **当初のスポットレート**（バリア・オプション取引の成約時のスポットレート）。銀行は、すべてのバリア・オプションの取引確認書に当初の

スポットレートを記しておくべきである。その理由は、それが潜在的な紛争の解決やリスク管理に役立つからである。

(c) **バリアが破られた証跡**。バリア決定代理人は、取引相手にバリア・イベントの発生を知らせる義務を負う。もしそれを求められた場合、バリア決定代理人はバリア・イベントを発生させた取引（すなわち、スポット取引）の証跡を提示せねばならない。かかる証跡には、録音された電話の会話、取引画面（たとえば、ロイター・ディーリング・システム）のプリントアウト、当該スポット取引の取引当事者から提出された証跡を含む。もしバリアが実際に破られたか否かについて当事者間に紛争が発生しても、それは、バリア決定代理人がスポット・トリガーを決定する行為の有効性に影響を与えない。ただし、同代理人が利用可能な価格情報を再評価した結果、かかるトリガー決定を維持できなくなった場合を除く（すなわち、バリア決定代理人が紛争発生時に再評価によってその決定を覆すような場合）。

(d) **ノックアウト・オプションの行使**。ノックイン・バリア・オプションはアメリカン・タイプまたはヨーロピアン・タイプであるが、ノックアウト・バリア・オプションはヨーロピアン・タイプのみである。かかるバリア・オプション（ヨーロピアン・タイプ）は、行使時以前にノックアウト・イベントが発生しない限り、消滅日の消滅時刻にのみ行使しうる。換言すれば、当該オプションが消滅する前に、潜在的なバリア・イベント（ノックアウト）を回避する方法としてノックアウト・バリア・オプションを行使することはできない。もしかかる行使通知が発信されたとすれば、その際には、スポットレートが行使と消滅日の消滅時刻との間でバリア・レートを破らない場合に限り通貨の交換が行われることが、同通知の前提となる。この問題を克服するべく、ICOMは「行使時間帯（Exercise time window）」内に行使するという方法を容認している。ただし、この方法が両当事者によって選択されるのを条件とする。「行使時間帯」は消滅時刻の直前の1時間であり、この時間帯における

いかなる行使も最終的なものとみなされる。かかる行使後にバリア・イベントが発生したかは関係がない。「行使時間帯」は、時として、事務的な理由から望ましいものと考えられる。

(e) **クロス・レート**。スポット外国為替レートは、２個の別の外国為替レートによって決定されるクロス・レートを含む。もしバリア・オプションの当事者が、バリアが破られたか否かの判定にクロス・レートの使用を望まなければ（そのかわりに、当該通貨の実取引のみを使用する）、取引確認書でその点を注記する必要があるだろう。一般的にバリアの決定にあたって、１個または複数のクロス・レートをバリアが破られたか否かの判定に使用する当事者は、「誠意をもって」かつ「商業的に合理的な方法で」という基準を遵守しなければならない。

(f) **取引の相殺**。ほかに異なる合意がなければ、同一条件のバリア・オプションの買いと売りは相殺されない。

(g) **事実の開示**。バリア・オプションの当事者は、外国為替市場でバリア・オプションのポジションの適切なヘッジを活発に行う結果、そのヘッジ行動がノックイン・イベントまたはノックアウト・イベントの発生の可能性を高めるという事実を開示する。銀行は一般的にバリア・オプションのポジションを関連する通貨の売買によってヘッジし、当該オプションの存続期間における市況の変化にあわせて、そのヘッジを調整する。かかるヘッジやヘッジ解消の行動はスポット価格に影響を与え、それゆえに、バリアに達する可能性にも影響を与える。

（原注３） リバース型のバリア・オプションとは、その本源的価値が増加するにつれて当該オプションがノックインまたはノックアウトするオプションである。リバース型のバリア・オプションの詳細は第13章に記述されている。

10　1997年版ICOMの影響（Impact of 1997 ICOM）

1997年版ICOMマスター契約の用語集は、ロンドンの英国銀行協会の外国

為替作業部会が、ニューヨークの外国為替委員会、カナダの金融機関向け外国為替委員会、東京外国為替市場委員会と協働して制定し、その利用を推奨するものである。同用語集は1992年8月に制定された旧版のICOM用語集にとってかわり、1997年の年初より、ロンドン市場で成約されるすべての通貨オプションは、取引の前に異なる合意がなされない限り、同用語集に基づくものとみなされる。銀行には、もしそれを望めば、他の用語集に基づいて取引を行う自由がある。しかし、その場合には、銀行は、かかる用語集が1997年版ICOMの用語集とどのように異なるのかを、彼らの取引相手に明確に示さなければならない。

　通貨オプション市場は発展し続けている。ICOMの今回の版に含まれていないエキゾチック・オプション（たとえば、デジタル・オプション）が、将来、さらなる追加条項の土台を形成することが期待される。その時まで、この新しいICOM用語集が、急速に拡大する市場に対して強力な法的な裏付けを与えるのに役立つだろう。

〈翻訳者による第12章の追記〉●●●

1997年から2017年までの動きと最新状況

　原著が発刊されたのが1997年当時だったため、通貨オプション取引の契約書に関する記述は1997年版ICOMの制定までで終わっている。そのため、本書では1997年から2017年までの動きと最新状況を以下に加筆した。

1　外国為替取引・外国為替系デリバティブ取引の契約書における二元体制の問題

　外国為替取引（スポット取引およびフォワード取引）から派生した、通貨オ

プション取引、新興市場通貨を用いたNDF取引（Non-Deliverable Forward）、NDO取引（Non-Deliverable Option）等を総称して、外国為替系デリバティブ取引と呼ぶ。しかし、それらの取引がデリバティブ取引の一種と考えられるようになったのは、つい最近のことだ。従来から、市場取引は、資金取引、外国為替取引、債券取引、デリバティブ取引等に区分され、通貨オプション取引やNDF取引は外国為替取引の応用商品であり、外国為替取引の一種という扱いを受けていた。

この背景には、長い歴史と伝統を有する外国為替取引と、ここ30年ほどで急成長したデリバティブ取引の文化の違いがある。外国為替取引は19世紀から市場が存在しており、単純な両替や外国送金も外国為替取引と考えれば、中世から取引は存在していた。そのため、各国・各市場に設立された外国為替取引の業界団体（例：外為委員会、フォレックス・クラブ等）がすでに半世紀を超える歴史を有し、それらの団体は各国の中央銀行や銀行協会（例：英国銀行協会）と親密に連携しており、業界への大きな影響力をもっている。一方、デリバティブ取引は1980年代前半に誕生した金利スワップ取引を中心とする新種取引であり、その業界団体のISDA[i]も1985年創立であり、その歴史はわずか30年余にすぎない。

新参者が古参の保守派から敬遠されるのは世の常であり、1990年代半ばまでは、市場取引の正統派は外国為替取引や資金取引とされ、デリバティブ取引は亜流、異端の扱いを受けていた。しかも、外国為替取引は商品の仕組みが比較的単純であり、その営業、ディーリング、事務処理、リスク管理に要するインフラや経費が少なくてすむのに対して、デリバティブ取引は商品内容が複雑であり、その営業、ディーリング、事務処理、リスク管理のすべてに高度の専門知識とインフラを必要とし、それに伴う多額の経費を必要とするため、金融機関の経営陣から警戒、敬遠される面もあった。

---

i ISDAの正式名称は、1985年の創立当初はInternational Swap Dealers Association, Inc.だったが、1993年に現在のInternational Swaps and Derivatives Association, Inc.に変更された。通常、頭文字の略号でISDAと記され、イスダと呼ばれている。

以上のような歴史的経緯もあり、外国為替取引派は既得権益を守る立場から通貨オプション取引やNDF取引をあくまでも外国為替取引の一種と考え、デリバティブ取引の一種と考えようとはせず、他方で、デリバティブ取引派も外国為替取引派の縄張りを荒らすことを避けて、外国為替系デリバティブ取引には積極的に手を出さなかった。その結果として、現在においても、外国為替系デリバティブ取引だけが、デリバティブ取引のなかでは、やや雰囲気の異なる取引となっている。具体的には、後述のように、契約書の様式、作成方法、定義集にその違いが如実に表れている。

　1990年代半ばまでは、為替取引の世界では英国銀行協会（British Bankers Association、略してBBA）がリーダーシップを発揮し、各国の外為委員会とともに各種のインフラ整備を行い、他方、デリバティブ取引の世界ではISDAが啓蒙活動やインフラ整備に孤軍奮闘するという、二元的な体制が続いた。その結果、外国為替取引の契約書や専門用語には、BBAや各国の外為委員会が制定したIFEMA、ICOM、FEOMA、Code of Conduct等が使われ、デリバティブ取引の契約書や専門用語にはISDAが制定したマスター契約や定義集が使われるという棲み分けが行われていた。

　しかし、本来、外国為替取引とは通貨の交換であり、スポット取引（直物取引）は取引成約から2営業日以内に現金を交換すれば取引が終わり、フォワード取引（先物取引）も取引期間がせいぜい半年から1年先くらいまでであり、その信用リスクが比較的低いことから、外国為替取引には、取引のたびに契約書を取り交わす慣行が従来からなかった。つまり、契約書を作成する文化が希薄なのだ。それに対して、デリバティブ取引では、金利スワップ取引に代表されるように、最短でも5年、最長は20年を超える取引すらあり、契約開始時に書面による契約書を取り交わすのは当然のこととされている。その背景には、金利スワップ取引がローン取引や債券取引にセットされて取引される場合が多く、重厚長大な契約書を作成するのが市場慣行とされているローン取引や債券取引の影響があると思われる。そうした慣行や文化の違いが、外国為替取引とデリバティブ取引の契約書の様式、作法にも明確

に反映している。

　たとえば、外国為替取引の基本契約書のIFEMAや通貨オプション取引の基本契約書のICOMは、契約書の内容が単純で、活字のフォントサイズも大きく、英語の表現も比較的平易である。また、外国為替取引や通貨オプション取引の書面によるコンファメーション（取引確認書）の作成を義務づけておらず、コンファメーション様式も定めていない。実務では電子通信システムによるデータ・マッチングや短資会社が作成するブローカー・コンファメーションでコンファームを行い、書面によるコンファメーションは一般に作成しない（NDF取引、NDO取引や後述のエキゾチック・オプションの場合を除く）。まさに簡素実際的である。それに対して、デリバティブ取引の基本契約書のISDAマスター契約は、契約書の内容が複雑で、長文の難解な英文で、活字のフォントサイズも小さい。しかし、倒産発生やさまざまなトラブルに備えた詳細な規定が定められており、かつ書面によるコンファメーションの作成を前提としており、コンファメーション様式や専門用語の定義集も制定しており、まさに至れり尽くせりの感がある。

2　ISDAマスター契約への統合と残された課題

　1990年代後半に入り、BIS規制に基づく、オフバランス取引でのリスク資産の一括清算ネッティング[ii]導入による自己資本比率の改善が、喫緊の課題

---

ii　一括清算ネッティングとは、基本契約書に依拠する両当事者間のすべての既存取引の時価評価額を合算して、ネットベースで最終清算額を算出することである。一括清算ネッティングは、契約当事者の債務不履行発生による期限前解約時に行うだけではなく、平時においても、与信残高やリスク資産の圧縮を目的に行う。特にBIS規制上の自己資本比率算定において、リスク資産を一括清算ネッティングによって削減し、自己資本比率を改善することは金融機関にとってきわめて重要である。一括清算ネッティングを導入するには、その契約当事者の本店所在地の法律、その依拠する基本契約書の準拠法、その対象取引の記帳店舗の所在地の法律において、一括清算ネッティングが法的に有効であることが確認される必要がある。なお、日本においては、1998年制定の一括清算法、2003年に改正された破産法を根拠に一括清算ネッティングの法的有効性が確認されている。

とされ始めた。その結果、外国為替取引はIFEMAに、通貨オプション取引はICOMに、デリバティブ取引はISDAマスター契約に、それぞれ依拠して取引を行うという棲み分けが崩壊した。すなわち、ISDAマスター契約のSchedule（特約記入欄）にSchedule Part 6と俗に呼ばれる外国為替取引・通貨オプション取引専用の規定を追加して、IFEMAやICOMを廃止して、既存および今後取引する外国為替取引・通貨オプション取引（NDF取引、NDO取引を含む）をすべてISDAマスター契約に帰属させる動きが1996年頃から始まったのである。つまり、デリバティブ取引と外国為替取引、通貨オプション取引、NDF取引、NDO取引をISDAマスター契約に集約して、より効果の高いCross Products Nettingを導入し始めたのである。それはまさに「ベルリンの壁の崩壊」と同じような歴史の転換点だった。IFEMA、ICOMが次々と廃止され、ISDAマスター契約に統合され、IFEMAとICOMの存在意義が薄れていった（その結果、1997年に制定された1997年版ICOMとFEOMAはほとんど使用されず、お蔵入りとなってしまった）。

　そんななか、1998年に、ISDAと外国為替取引の団体であるEmerging Markets Traders Association（現在のTrade Association for the Emerging Markets、略してEMTA）とThe Foreign Exchange Committee（ニューヨークの外為委員会）が共同執筆で、外国為替取引、通貨オプション取引、NDF取引、NDO取引の定義集である1998 FX and Currency Option Definitionsを制定した。この定義集は、既存の1992 ISDA FX and Currency Option Definitionsの改訂版である。その結果、上記の二元体制は完全に消滅したかにみえた。

　しかし、その後、21世紀に入って、NDF取引、NDO取引の対象通貨が拡大し、その派生取引であるNDS取引（Non-Deliverable Swap、つまり新興市場通貨とUSDの通貨スワップ取引）が登場し、そのコンファメーション様式も変貌していった。また、通貨オプション取引でも、俗にエキゾチック・オプションと総称される、バリア・オプションやバイナリー・オプション（デジタル・オプション）等の複雑な応用取引が広く普及していった（エキゾチッ

ク・オプションに対して、通常の単純な通貨オプション取引をバニラ・オプショ
ンと呼ぶ）。それにもかかわらず、1998 FX and Currency Option Definitions
はいまだに全面改訂されていない。各通貨のrate source pageの定義等の追
加・変更やエキゾチック・オプションに関する追補版（2005 Barrier Option
Supplement to the 1998 FX and Currency Option Definitions）の制定は行われ
たが、定義集自体の全面改訂は一度も行われていない。ちなみに、金利、エ
クイティ、コモディティ、クレジットといった他のデリバティブ取引の定義
集については、ISDAがこの20年間に2～3回の全面改訂を行っている。な
ぜ外国為替取引・外国為替系デリバティブ取引についてのみ定義集を改訂し
ないのかは謎だが、その結果、再び前述の二元体制の弊害が生じつつあるこ
とは事実だ。

　たとえば、通貨オプション取引では、バリア・オプション、バイナリー・
オプション等については、前述の2005 Barrier Option Supplement to the
1998 FX and Currency Option Definitionsの制定によって、そのコンファ
メーション（取引確認書）様式や専門用語の定義が統一されたが、さらなる
応用商品であるエイジアン・オプション、コンパウンド・オプション、ルッ
ク・バック・オプション等については、コンファメーション様式や専門用語
の定義がまだ統一されていない。また、NDF取引、NDO取引では、そのコ
ンファメーション様式のテンプレート（記入要領）がEMTAによって制定さ
れ、定期的な改訂が行われているが、同テンプレートやテンプレート中の新
しい専門用語の定義は1998 FX and Currency Option Definitionsには追記さ
れていない。同様に、NDS取引では、ISDAがNon-Deliverable Swap Trans-
action Standard Terms Supplementと呼ばれるコンファメーション様式のテ
ンプレートを制定したが、同テンプレートは1998 FX and Currency Option
Definitionsには追記されていない。つまり、現行の1998 FX and Currency
Option Definitionsだけでは、最新のエキゾチック・オプション、NDF取引、
NDO取引、NDS取引には対応できないわけである。

　他方で、外国為替取引・通貨オプション取引をISDAマスター契約に包含

させるためにそのSchedule（特約記入欄）に追加する専用規定、"Schedule Part 6"と呼ばれる規定の統一様式を、2002年版ISDAマスター契約様式の制定の際に、ISDAが制定する動きがあったが、結局、見送りとなり、現在もSchedule Part 6 には各当事者の独自の様式が使用されており、統一されていない。統一様式の制定が見送りとなった理由は不明だが、1990年代後半には活発だった、既存IFEMA・ICOMのISDAマスター契約への統合や外国為替取引・通貨オプション取引だけの取引先とのISDAマスター契約の新規締結が、2000年代に入って、やや停滞していたことも影響しているものと推察される。

　もっとも、上記の停滞にはやむをえない事情もあった。というのは、銀行間市場（インターバンク）で外国為替取引や外国為替系デリバティブ取引を行う会社は約1,000社もあり、そのすべてと相対でISDAマスター契約を締結することは物理的に無理だからである。そこで、苦肉の策として、外国為替系デリバティブ取引の取引先および外国為替取引の取引残高の多い主要な取引先200〜300社（その大半は金利系デリバティブ取引のためにISDAマスター契約を1990年代にすでに締結ずみの先）を選んでISDAマスター契約を新規締結し、または既存ISDAマスター契約にSchedule Part 6 を追加した。その結果、外国為替取引・外国為替系デリバティブ取引の取引残高の80〜90％がISDAマスター契約でカバーされたので、残りの10〜20％に属する外国為替取引のみを行う取引先700〜800社とはISDAマスター契約を締結せずに現状維持とするのが事実上の市場慣行となった。すなわち、「外国為替系デリバティブ取引ではISDAマスター契約の締結が必須だが、外国為替取引では必須ではなく、取引残高が少なければ未締結でもかまわない」という新しい二重基準（double standard）が登場したわけである。

　しかし、2007年のサブプライムローン問題、2008年のリーマン・ショックに端を発する全世界的な金融危機により各国の金融機関が経営破綻した際に、経営破綻した金融機関の中に、IFEMAやISDAマスター契約を締結せずに外国為替取引を取引していた会社が数社あり、その債権回収に苦慮した

ことから、業界関係者の間で、「外国為替取引においてもISDAマスター契約等の基本契約書を締結しておくべきだ」という意見も出始めている。その意見が上記の二元体制の弊害や二重基準の解決の糸口となれば幸いである。とはいえ、前述の「残りの10〜20％に属する外国為替取引のみを行う取引先700〜800社」の全社とISDAマスター契約を相対で締結するのは物理的に困難であるため、プロトコル方式[iii]等の合理的な方法が検討されるべきだが、その実現のためにも二元体制を解消する必要があるものと思われる。

2016年9月より「清算集中されない店頭デリバティブ取引の証拠金規制」が世界各国で段階的に適用されている。その結果、外国為替系デリバティブ取引である通貨オプション取引、NDF取引、NDO取引（先物取引を含める国もあり）等には、その取引残高に応じて変動証拠金や当初証拠金の差入れが義務づけられることとなった。証拠金差入れのためには、ISDAマスター契約に加えて、ISDA制定の専用の担保契約（Credit Support Annex）を締結する必要があり、通貨オプション取引の契約書も複雑化・高度化している。

3　1998 FX and Currency Option Definitionsの概要

1998 FX and Currency Option Definitions（以下、1998 年版FX定義集）の概要は以下のとおりである。

(1)　制定経緯

1992年にISDAが単独で1992 ISDA FX and Currency Option Definitions（以下、1992年版FX定義集）を制定した。だが、その当時、外国為替取引（スポット取引、フォワード取引）、通貨オプション取引については、原則として、

---

iii　プロトコル（protocol）とは、特定の約款を二者間で相対で締結するのではなく、同約款を応諾する旨の採択書を提出した者同士の間では、相互に同約款を相対で締結したものと同じ効果を認める方法である。二国家間で締結する条約をtreatyと呼ぶのに対して、多数当事者間で採択書方式で締結する条約を議定書（protocol）と呼ぶが、上記のプロトコルはこの外交用語を転用したものである。

BBAや各国の外為委員会が制定したIFEMA、ICOMが基本契約書や定義集として使用されていたため、ISDA制定の1992年版FX定義集は、補助的な役割しかもたず、その内容も簡素なものだった。

しかし、その後、新興市場通貨を対象とするNDF取引、NDO取引が登場し、さらに1996年頃から為替取引・通貨オプション取引をデリバティブ取引とあわせてISDAマスター契約に依拠させるのが市場慣行とされ始め、状況が一変した。そこに追い打ちをかけたのが、1997年のアジア通貨危機とロシア財政危機だった。外国為替市場の混乱の結果、新興市場通貨のUSDとの交換レートが取得できない事態が発生し、NDF取引、NDO取引の決済に支障をきたしたのである。かかる情勢を受け、外国為替市場全体でその法務インフラの見直しが急務となった。

その結果、1998年にISDAがEmerging Markets Traders Association（現在のTrade Association for the Emerging Markets、略してEMTA）、The Foreign Exchange Committeeとの共同執筆で、1998年版FX定義集を制定した。

1998年版FX定義集は、形式的には上記の1992年版FX定義集の改訂版だったが、三つの団体の合作のため、その名称にISDAの名前が含まれていない。また、その適用対象の契約書はISDAマスター契約に限らず、IFEMA、ICOM、FEOMAも含み、その追補版の発行等のメンテナンスも三つの団体による共同管理となっており、やや複雑な状況となっている。

(2) 構成上の特色

前述のとおり、1998年版FX定義集は、ISDA、EMTA、The Foreign Exchange Committeeの合作のため、ISDAマスター契約だけではなく、IFEMA、ICOM、FEOMAにも適用される兼用の仕様となっている。また、1998年版FX定義集は、外国為替取引、NDF取引、通貨オプション取引、NDO取引等の専門用語の定義を記載した本体冊子と、新興市場通貨の対USD交換レートのrate source pageの定義を掲載した別冊（Annex A）の2冊から構成されている。そのため、同定義集を適用する際には、1998 FX and Currency Option Definitions and Annex Aといった併記が原則として求められ（最近の市場慣行では、単に1998 FX and Currency Option Definitionsと表記すれば、自動的にAnnex Aも含まれると解釈されるのが通例）、かつAnnex Aには不定期的に変更が発生するため、Annex A dated as of July 18, 2016といったかたちで、そのversionの時期を明記する必要がある（もしそのversionの時期の明記がない場合には、最新のversionが適用されたものとみなされる）。

(3) 改訂におけるおもな変更点

1992年版FX定義集から1998年版FX定義集への改訂におけるおもな変更点は、①Non-Deliverable決済の定義を追加し、NDF取引、NDO取引に対応可能となった点、②新興市場通貨の対USD交換レートのrate source pageの定義をAnnex Aに列挙した点、③上記②のレートが市場の混乱によって取得不可となる事態に備えるべく、Disruption EventとDisruption Fallbackの規定を追加した点である。

①では、1998年版FX定義集のARTICLE 1, Section 1.13〜1.16、同ARTICLE 2, Section 2.2(b)にNon-Deliverable関連の規定が新設され、かつNDF取引、NDO取引のコンファメーション中にSettlement（決済方法）をNon-Deliverableと記入する欄が追加された。Non-Deliverableによる決済では、新興市場通貨による現金決済を行うかわりに、その対USD交換レートを用いたUSDによる差額決済を行う（NDF取引では、フォワードレートとスポットレートの差にUSD額面金額を乗じた額を受渡しする。NDO取引では、行使価格と行使後に反対売買を行うときのレートの差にUSD額面金額を乗じた額を受渡しする）。

②では、新興市場通貨の対USD交換レートが表示されるrate source pageの定義が、通貨ごとに複数個ずつ、Annex Aに記載されている。もし市場の混乱によって、メジャーなpageが使用不可となった場合に、代用レートとして、マイナーなpageが使用できるように列挙しているわけである。なお、Annex Aは、その後のNDF取引、NDO取引の中南米や東欧への拡大に

伴い、大幅に改訂されている。そのため、その最新版を確認するには、ISDA、EMTA、The Foreign Exchange Committeeのホームページで追補版の有無を確認する必要がある。

③では、新興市場通貨の市場の混乱によって、当該通貨を対象とするNDF取引、NDO取引のUSDによる差額決済が不可となった場合において、決済不可の事態をその原因ごとに定義したDisruption Eventと、その解決方法を定義したDisruption Fallbackが新設された。

Disruption Eventは1998年版FX定義集のARTICLE 5, Section 5.1に下記の計13項目が定められている（ただし、(xi)のPrice Source Disruption以外は、実務上、ほとんど使用されておらず、なかば空文化している。その個々の定義の解説は、紙面の制約により、割愛する）。

(i)　Benchmark Obligation Default

(ii)　Dual Exchange Rate

(iii)　General Inconvertibility

(iv)　General Non-Transferability

(v)　Governmental Authority Default

(vi)　Illiquidity

(vii)　Inconvertibility/Non-Transferability

(viii)　Material Change in Circumstance

(ix)　Nationalization

(x)　Price Materiality

(xi)　Price Source Disruption

(xii)　Specific Inconvertibility

(xiii)　Specific Non-Transferability

Disruption Fallbackは1998年版FX定義集のARTICLE 5, Section 5.2に下記の計11項目が定められている（ただし、実際に使用されているのは、(ii)と(v)のみであり、それ以外は、実務上、ほとんど使用されておらず、なかば空文化している。その個々の定義の解説は、紙面の制約により、割愛する）。

(i) Assignment of Claim

(ii) Calculation Agent Determination of Settlement Rate

(iii) Deliverable Substitute

(iv) Escrow Arrangement

(v) Fallback Reference Price

(vi) Local Asset Substitute-Gross

(vii) Local Asset Substitute-Net

(viii) Local Currency Substitute

(ix) No Fault Termination

(x) Non-Deliverable Substitute

(xi) Settlement Postponement

　上記の計13項目のDisruption Event、計11項目のDisruption Fallbackのなかから、個々のNDF取引、NDO取引について、適切なDisruption EventとDisruption Fallbackを選択（複数項目の選択が可能）し、その組合せとDisruption Fallbackの適用順位を当該コンファメーションに記載する仕組みとなっている。その組合せや適用順位については、EMTA制定のNDF取引、NDO取引のコンファメーションのテンプレートに記載されており、それが市場慣行となっている。1998年頃に制定された同テンプレートは2003年頃に改訂され、改訂版テンプレートには、Valuation PostponementとFallback Survey Valuation Postponementが新しいDisruption Fallbackとして追加され、また、その追加に関連して、Cumulative Events、Maximum Days of Postponement といった新しい専門用語も追加されている。ただし、それらの新語はあくまでも同テンプレート上のみに追加されており、1998年版FX定義集に追加されていないため、それらの新語の定義を個々のコンファメーションに追記する必要がある。

(4)　その後の改訂と残された課題

　前述のとおり、1998年版FX定義集はISDA、EMTA、The Foreign Exchange Committeeの合作のため、制定後の追補版の発行等のメンテナンスも共同で行われている。しかしながら、必ずしも協力関係がうまくいっておらず、追補版は多く発行されているが、全面改訂は一度もされていない。しかも、追補版は三つの団体のホームページにもれなく掲示される建前となっているが、前述のEMTA制定のNDF取引、NDO取引のコンファメーション・テンプレートのみに新語が記載されており、しかも同テンプレートはEMTAのホームページにのみ掲示されている等、やや不徹底の面があり、ユーザーにとっては不便である。

また、NDF取引、NDO取引のコンファメーションを簡素化、電子化（ペーパレス化）するために、コンファメーションに毎回記載する共通事項を当事者間で事前に包括的に合意するために取り交わすマスター・コンファメーション（Master Confirmation）様式を、EMTAが新興市場通貨ごとに制定した。しかし、同様式もEMTAのホームページのみに掲示されている。

他方で、通貨オプション取引では、エキゾチック・オプションについては、前述の2005 Barrier Option Supplement to the 1998 FX and Currency Option Definitionsの制定によって、そのコンファメーション様式や専門用語の定義が統一されたが、さらなる応用商品であるエイジアン・オプション、コンパウンド・オプション、ルック・バック・オプション等については、コンファメーション様式や専門用語の定義がまだ統一されていない。

4　Schedule Part 6 の概説

ISDAマスター契約は、その1987年版様式では、金利スワップ取引、通貨スワップ取引、キャップ・フロア・カラー取引、スワップション取引等の金利系デリバティブ取引だけを対象取引にしていたが、同1992年版様式では、一括清算ネッティングによる信用リスク削減やリスク資産削減の観点から、金利系デリバティブ取引にとどまらず、エクイティ・デリバティブ取引、コモディティ・デリバティブ取引、クレジット・デリバティブ取引、天候デリ

バティブ取引等の新種デリバティブ取引、さらには、外国為替取引、通貨オプション取引、NDF取引、NDO取引等も、その対象取引とした。その結果、通貨オプション取引、NDF取引、NDO取引等は、外国為替系デリバティブ取引と総称されるようになった。同2002年版様式も1992年版様式の対象取引の範囲をそのまま受け継いでいる。

　しかし、1992年版様式や2002年版様式の本文部分および特約条項の選択記入欄であるSchedule Part 1 ～ 4 の規定のみでは、外国為替取引や外国為替系デリバティブ取引に対応することができないため、通常、［文例 1 ］（本章末に掲載）のような専用規定を"Schedule Part 6"として追加する。もちろん、同規定を特約条項の自由記入欄であるSchedule Part 5 に追加することも可能だが、Schedule Part 5 の後にSchedule Part 6 として追加するのが市場慣行となっているため、以下、［文例 1 ］のSchedule Part 6 の記入例に沿って、その内容を解説する。なお、このSchedule Part 6 の規定は1992年版様式に追加されるかたちで市場慣行が形成されたものであり、2002年版様式制定の際にSchedule Part 6 の統一様式の制定がISDAで検討されたが、結局、見送られ、統一様式はいまだ制定されていない。したがって、［文例 1 ］のSchedule Part 6 の規定はあくまでも記入例であり、同規定が最善のものとは限らない。

　以下、［文例 1 ］におけるSchedule Part 6 の記載内容を概説する。

(1) Incorporation of the 1998 FX and Currency Option Definitions and Annex A thereto（1998年版FX定義集およびそのAnnex Aの適用）

　(1)の(i)では、外国為替取引と外国為替系デリバティブ取引専用の定義集である1998年版FX定義集のISDAマスター契約への適用と、既存および今後取引するすべての外国為替取引と外国為替系デリバティブ取引の同ISDAマスター契約への帰属、依拠を規定している。

　まず1998年版FX定義集は、前述のとおり、ISDAとEMTAとThe Foreign

Exchange Committeeが共同執筆によって制定した定義集であり、ISDA単独で制定したものではないため、その名称にはISDAの名前が記入されていない点に注意が必要である（ISDA制定の定義集には、たとえば、2006 ISDA Definitionsのように、通常は制定年度の後にISDAの名前が記入されている）。通常、同定義集の名称の後にpublished byとして、制定に携わった三つの団体の名前を列記する。さらに、同定義集には、外国為替取引と外国為替系デリバティブ取引の専門用語の定義を掲載した定義集本体と、各新興市場通貨の対USD交換レートのrate source pageの定義を掲載したAnnex Aと呼ばれる別冊がある。そのため、同定義集をISDAマスター契約に適用する際には、通常、定義集本体とAnnex Aをあわせて適用する。なお、このAnnex Aは、不定期的に追補改訂が行われているが、「OXOX年OO月XX日付のAnnex A（Annex A dated as of OO, XX, OXOX）」として特定の年月日を指定しない限り、単に「Annex Aを適用」と規定すれば、最新版のAnnex Aが適用される仕組みとなっている。

　さらに、(1)の(i)では、それと異なる旨を書面で同意しない限り、個々の取引のbooking officeにかかわらず、個々の取引ごとのコンファメーション（またはconfirming evidence、後述）に「本ISDAマスター契約に基づく」旨が明記されていなくても、また逆に「本ISDAマスター契約以外の契約書（たとえば、IFEMA等）に基づく」旨が明記されていたとしても、既存および今後取引するすべての外国為替取引と外国為替系デリバティブ取引が本ISDAマスター契約に帰属、依拠することが規定されている。なお、「個々の取引のbooking officeにかかわらず（regardless of branch or office at which it is booked）」という文言は、「たとえ当該取引のbooking officeが本ISDAマスター契約のSchedule Part 4 (d)でマルチブランチに指定されていない店舗であっても」という意味であり、ISDAマスター契約本文のSection 10所定のマルチブランチ規定を修正するものである。

　(1)の(ii)では、通貨オプション取引のCurrency Optionという表記をCurrency Option Transactionに読み替える旨が規定されている。これは、1998

年版FX定義集の旧版である1992年版FX定義集において、通貨オプション取引のことをCurrency Optionと表記していたことから、表記の統一を図るための規定である。

⑵ Confirmation（コンファメーション／取引確認書）

⑵では、外国為替取引と外国為替系デリバティブ取引のコンファメーション（またはconfirming evidence、後述）の作成方法と、それらの書類の本ISDAマスター契約への帰属、依拠について規定している。

外国為替系デリバティブ取引のうち、NDF取引、NDO取引等については、取引内容が複雑であり、取引量も比較的少ないことから、原則として、ISDA様式準拠の両当事者が署名する正式なコンファメーションを、ハード・コピー（hard-copy: 直筆の欧文署名や記名捺印の入った現物）またはファクシミリにて作成する（最近、署名を省略する事例もあり）。しかし、取引内容が単純で、取引量が比較的多い外国為替取引、通貨オプション取引（エキゾチック・オプションを除く）については、事務処理効率化の観点から、一般にISDA様式準拠の両当事者が署名する正式なコンファメーションは作成せず、そのかわりに、電子端末等によるディール・コンファーム・オペレーション（コンファーム後、画面表示内容を刷り出す）や、取引を仲介した短資会社が作成するブローカー・コンファメーション（ファクシミリによる通知）、あるいはバック・オフィスがSWIFT等の電子通信システムによって行うコンファーム通知等によって取引内容の確認を行う。それらのオペレーションや通知等を総称して、一般にコンファーミング・エビデンス（以下、confirming evidence）と呼ぶ。

⑵の規定の前半は、外国為替取引等のconfirming evidenceがテレックス、ファクシミリ、Eメール、SWIFT等のハード・コピー以外の手段によって作成されていても、また、「本ISDAマスター契約に基づく」旨の記載がconfirming evidence中になくとも（たとえ本ISDAマスター契約以外の基本契約書に依拠する旨が記されていても）、それらのconfirming evidenceは本ISDAマス

ター契約に基づくコンファメーションとみなされ、本ISDAマスター契約に帰属、依拠し、かつ1998年版FX定義集の適用を受ける旨を規定している。この規定は、一般にハード・コピー以外の手段で機械的に作成され、ISDAマスター契約への帰属や1998年版FX定義集の適用がそのなかに記載されない、confirming evidenceの弱点を補うための規定である。

(2)の規定の後半は、コンファメーションを受領してから3現地営業日以内にその内容について異議を唱えなければ、明白な誤りがない限り、当該コンファメーションは正しい内容のものとみなされる旨を定めている。これは、取引量の多い外国為替取引等の取引確認を機械的かつ迅速に処理するための合理的な規定である。ただし、この規定は、取引内容が単純で、取引量が多く、機械的かつ大量生産的に取引確認を行う必要性のある外国為替取引、通貨オプション取引（エキゾチック・オプションを除く）においては妥当な規定と考えられるが、NDF取引、NDO取引等においては必ずしも妥当な規定ではない。

また、「外国為替取引等のコンファメーションの規定とISDAマスター契約（本文部分およびスケジュール部分）の規定が矛盾・抵触する場合には、ISDAマスター契約の規定が優先され、コンファメーションの規定がISDAマスター契約の規定を修正することはない」旨が規定されている。この規定はISDAマスター契約のSection 1(b)所定の「解釈の優先順位」の原則を修正する規定である。この規定が明記されているのは、外国為替取引等のコンファメーションには正式のコンファメーションではないconfirming evidenceが含まれるため、両当事者の署名もなく、電子通信システム等によって機械的に作成されるconfirming evidenceに、ISDAマスター契約所定の法的な契約条件（いわゆるlegal terms）を修正できる効力をもたせるには無理があると一般に考えられているためである。なお、最近では、電子認証によってconfirming evidenceを署名のあるコンファメーションと同じ扱いにすることが法的に可能となったため、「外国為替取引等のコンファメーションの規定がISDAマスター契約の規定よりも優先される」旨を明記する事例も出てきて

いる。

⑶ Amendment to 1998 FX and Currency Option Definitions（1998年版FX定義集の修正）

　⑶は、上記⑴の規定で適用した1998年版FX定義集に対する追加・修正規定である。以下、順次、解説する。

（i）Partial Exercise（通貨オプション取引の部分的な権利行使）

　通貨オプション取引の部分的な権利行使を認める規定である。たとえば、元金が100万USDのドル・コール・オプションを70万USD分のみ権利行使するような場合である。この規定によれば、部分的な権利行使の結果、権利行使されずに残ったオプションは直ちには消滅せず、あらかじめ約定されたオプション消滅日が到来するか、または残存オプションをすべて権利行使するまでは存続するとされている。ただし、通貨オプション取引の部分的な権利行使には、それに対応可能な管理システムの整備が必要なので、システムが未整備の場合には、「（現状はシステム対応不可であるため）両当事者が文書で合意した日以降、本規定を適用開始する」旨のただし書を付記する場合がある。

［参考］

　通貨オプション取引の権利行使に関してSchedule Part 6 に記載される規定には、本規定以外に以下のようなものがある。

　・システム対応が困難等の理由により、Automatic Exercise規定[iv]の適用を排除する規定。

　・行使時刻を具体的に定める規定。

---

iv　Automatic Exercise規定とは「当該通貨オプション取引が行使日の行使時刻に行使価格の1％以上のイン・ザ・マネー（含み益の発生している状況）であれば、同オプションの買い手からの行使通知なしで、自動的に行使される」旨を定めた規定である。1998年版FX定義集が適用される通貨オプション取引には、Automatic Exercise規定の適用排除を明記しない限り、同定義集のARTICLE 3, Section 3.6⒞の規定に基づき、自動的にAutomatic Exercise規定が適用される。

・行使通知の到着を迅速かつ確実にするべく、通知の手段を限定する規定。

(ii) Non-Payment of Premium（通貨オプション取引のプレミアム支払遅延への対応）

通貨オプション取引の買い手がプレミアムの支払を遅延した場合の対応方法を規定している。本規定では、売り手は以下の三つの対応を選択できるとされている。

① 遅延利息を付したプレミアムを買い手から受領する。

② 買い手に対する督促通知の後、２現地営業日以内に支払がなければ、当該オプションを無効とし、それに起因する全損害を買い手に請求する。

③ 買い手に対する督促通知の後、２現地営業日以内に支払がなければ、ISDAマスター契約のSection 5(a)(i)所定のFailure to Pay or Deliverに該当したものとし、当該ISDAマスター契約に基づく全取引を一括解約・清算する（1992年版様式ISDAマスター契約のSection 5(a)(i)では、督促通知の後、３現地営業日の猶予期間（grace period）が、2002年版様式ISDAマスター契約のSection 5(a)(i)では、督促通知の後、１現地営業日の猶予期間が、それぞれ定められており、③の規定はそれらの猶予期間を修正するもの）。

なお、本規定では、上記趣旨の規定を1998年版FX定義集のARTICLE 3, Section 3.4の(c)として追加している。

［参考］

最近、市場慣行に変化がみられ、通貨オプション取引のプレミアムの支払日が、従来の取引成約日の２現地営業日後の日から、行使日の２現地営業日後の日（権利行使により発生した外国為替取引の決済日）に徐々に移行しつつある。そのため、上記の「督促通知の後、２現地営業日以内にプレミアムが支払われない場合には、当該オプションは無効となる」旨の規定は、当該オプションの行使日の後にプレミアムを支払う、新しい市場慣行には合致しない規定と化している。しかし、いまのところ、

同規定を修正する動きは特にない。

(iii) Discharge and Termination（通貨オプション取引における権利の相殺）

オプション・スタイル（例：アメリカン・タイプ、ヨーロピアン・タイプ、バミューダ・タイプ）、売買する通貨の組合せ、行使日、行使時刻、行使価格等の条件がすべて同じであるオプションの売りと買いが、両当事者の同一店舗間で取引されている場合に、各取引のプレミアムを支払った時点で、自動的に当該オプションの売りと買いを相殺（通貨売買の権利の相殺つまりオプションの対象である通貨を買う権利と売る権利の相殺）し、同通貨オプション取引のポジションを抹消することを認める規定である。

なお、この相殺規定は、オプションの額面金額が同額であることを相殺の条件としていないため、100万USDのドル・コール・オプションの買いと70万USDのドル・コール・オプションの売りを相殺するケースも含まれる。このケースでは、相殺の結果、30万USDのドル・コール・オプションの買いが残存し、上記(i)の、通貨オプション取引の部分的な権利行使を行うケースと類似の結果となる。ただし、本規定を適用するには、それに対応可能な管理システムの整備が必要なので、システムが未整備の場合には、「（現状はシステム対応不可であるため）両当事者が文書で合意した日以降、本規定を適用開始する」旨のただし書を付記する場合がある。

なお、本規定では、上記趣旨の規定を1998年版FX定義集のARTICLE 3, Section 3.4の(d)として追加している。

(4) Payment Instructions（支払指図）

(4)は、個々の取引ごとのコンファメーションで異なる定めがない限り、外国為替取引、通貨オプション取引等の決済は、両当事者間であらかじめ取り交わしているstandard settlement instructions（またはstanding payment instructions）に従って行う旨の確認規定である。このstandard settlement instructions（SSI）とは、通貨ごとの決済口座を記載したリストのことである。NDF取引やNDO取引の場合には、原則としてISDA様式準拠の正式な

コンファメーションを作成し、決済口座を個々のコンファメーション中に記載するが、外国為替取引、通貨オプション取引等の場合には、通常、簡便なconfirming evidenceにてコンファームを行い、confirming evidenceには決済口座を記載しない。そのため、本規定をSchedule Part 6 に追記している。

5 通貨オプション取引の分類

通貨オプション取引は、権利発生のタイミング、行使価格の決定方法、権利行使のタイミング等によって、多くの種類に分かれている。以下、その分類を解説する。

(1) 権利発生のタイミング、行使価格の決定方法等による分類

① バニラ・オプション（Vanilla Option）

仕組みの単純な通常の通貨オプション取引である。あらかじめ決めた行使価格と行使日の行使時刻の実勢の相場を比べて、もしイン・ザ・マネー（含み益の発生している状況）であればオプションを行使し、もしアウト・オブ・ザ・マネー（含み損の発生している状況）であればオプションを放棄する。なお、バニラ・オプションの語源は、単純な金利スワップ取引のことを俗に「プレーン・バニラ（Plain Vanilla）」と呼ぶことから、単純な通貨オプション取引をバニラ・オプションと呼び始めたようである。ちなみに、プレーン・バニラとは、もともとはアイスクリームのメニューの一つであり、フルーツによる着色や味付けがなく、ジャム等もかけていない、白いバニラ・アイスクリームを意味する言葉である。それから転じて、単純な金利スワップ取引をプレーン・バニラと呼び始め、さらに、その派生語としてバニラ・オプションという言葉が生まれた。商品の呼称もまさにデリバティブ（派生的）である。

② バリア・オプション（Barrier Option）

バリア・オプションとは、為替相場が一定のレベル（バリア）に到達する

と、オプションが発生または消滅する（無効となる）タイプの通貨オプション取引である。オプションが発生するタイプをノックイン・オプション、オプションが消滅するタイプをノックアウト・オプションと呼ぶ。たとえば、USDを購入するノックイン・オプションで、行使価格を 1 USD＝110円、ノックイン価格を115円とした場合、行使日までに外国為替相場が一度でも 1 USD＝115円以上の円安になれば、当該オプションが発生する。したがって、一度も115円に到達しなければ、たとえ行使日の実勢相場が113円でイン・ザ・マネーであっても、オプション自体が発生していないので、オプションを行使できない。逆に、上記事例がノックアウト・オプションであれば、行使日までに外国為替相場が一度でもノックアウト価格の 1 USD＝115円以上の円安になれば、その時点でオプションが消滅する。その場合には当該通貨オプション取引自体がその時点で終了するので、行使日を迎えてもオプション行使はできなくなる。

③　バイナリー・オプション（Binary Option）

バイナリー・オプションとは、行使日の行使時刻にイン・ザ・マネーの状態であれば、あらかじめ決めた固定金額を受領できるが、アウト・オブ・ザ・マネーやアット・ザ・マネー（含み損益ゼロの状況）であれば、何も受領できなくなるタイプの通貨オプション取引である。バニラ・オプションであれば、イン・ザ・マネーで行使すれば、実勢相場と行使価格の差額の多寡によって実現益が異なるが、バイナリー・オプションではあらかじめ決めた固定金額しか受領できない。別名、デジタル・オプション（Digital Option）とも呼ばれる。binaryもdigitalも「all or nothing（すべてかゼロか）」という意味で、まさにこのタイプの特性を表す言葉である。

④　アジアン・オプション（Asian Option）

アジアン・オプションとは、特定の期間における外国為替相場の平均値を行使価格と比べて、イン・ザ・マネーか否かを判定するタイプの通貨オプション取引である。特定の期間における平均値を行使価格とするタイプもある。別名、アベレージ・オプション、アベレージ・レート・オプション、平

均価格オプションとも呼ばれる。

⑤　コンパウンド・オプション（Compound Option）

コンパウンド・オプションとは、通貨オプション（通貨を売買する権利）を売買する権利を売買するタイプの通貨オプション取引である。別名、複合オプションとも、オプションのオプションとも呼ばれる。

⑥　ルック・バック・オプション（Look Back Option）

ルック・バック・オプションとは、特定の期間における外国為替相場の最高値または最低値を行使価格と比べて、イン・ザ・マネーか否かを判定するタイプの通貨オプション取引である。特定期間における最高値または最低値を行使価格とするタイプもある。

なお、上記②〜⑥の仕組みの複雑な通貨オプション取引をエキゾチック・オプションと総称する。

(2)　権利行使のタイミングによる分類

①　アメリカン・タイプ（American Option）

取引開始日から最終期日までのいつでもオプションが行使可能なタイプの通貨オプション取引である。

②　ヨーロピアン・タイプ（European Option）

取引の最終期日のみがオプションの行使日とされているタイプの通貨オプション取引である。

③　バミューダ・タイプ（Bermuda Option）

取引開始日から最終期日までの間に複数回の行使日があり、そのいずれの行使日でも行使が可能なタイプの通貨オプション取引である。①と②の中間形態のオプションであり、米国と欧州の中間に位置するバミューダ諸島にちなんで命名された。

なお、上記(1)と(2)は組合せが可能である。バニラ・オプションに限らず、それ以外の種類のオプションについても、アメリカン・タイプ、ヨーロピアン・タイプ、バミューダ・タイプが組合せ可能である。

6 通貨オプション取引のコンファメーション

　通貨オプション取引のコンファメーション様式は、1998年版FX定義集の巻末資料Ⅱ-Cにバニラ・オプションの同様式が掲載されている。［文例2］（本章末に掲載）に記入例を掲載したので、以下、同記入例に沿って解説を行う。

・Trade Dateには通貨オプション取引の取引成約日を記入する。

・Commencement Dateは通常、Trade Dateと同じ日のため記入しないが、Trade Dateと異なる場合には記入する。Commencement Dateは、行使日が複数回あるアメリカン・オプション、バミューダ・オプションでは、Exercise Period（行使期間）の始期を意味し、行使価格が特定の期間の外国為替相場の平均値となるエイジアン・オプションでは、その平均値の対象となる期間の始期を意味する。

・Buyerにはオプションの買い手の社名を記入する。

・Sellerにはオプションの売り手の社名を記入する。

・Currency Option StyleにはAmerican, European, Bermudaのいずれかを記入する。

・Currency Option Typeには、USD買い／円売りの場合には、USD Call／JPY Putと記入する。

・Call Currency Amountには購入する通貨の金額を記入する。

・Put Currency Amountには売却する通貨の金額を記入する。

・Strike Priceには行使価格を記入する。

・Expiration Dateには行使日を記入する。ヨーロピアン・オプションの場合には行使日は最終期日となる。アメリカン・オプションの場合には取引開始日（Commencement Date）から最終期日までの期間の毎日が行使日となるため、Exercise Period（行使期間）として同期間を記入する。バミューダ・オプションの場合には取引期間内に複数回の行使日があるため、それらの行使日をSpecified Exercise Dateとして具体的に記入する。

・Expiration Timeには行使時刻を記入する。通常、日本時間の15:00を記入する。

行使日の行使時刻までに行使しないと、ヨーロピアン・オプションの場合は当該オプションが消滅し、アメリカン・オプション、バミューダ・オプションの場合はその行使日での行使は不可となる。

・Latest Exercise Timeには行使日における最終行使時刻を記入する。ただし、ヨーロピアン・オプションの場合はExpiration Timeと一致するのでsame as the Expiration Timeと記入する。アメリカン・オプション、バミューダ・オプションにおいて、もしExpiration Timeと異なる時刻を各行使日における最終行使時刻とする場合にはその時刻を記入する。

・Automatic Exerciseには原則としてApplicable（適用）を記入する。しかし、1998年版FX定義集のARTICLE 3, Section 3.6(c)に「コンファメーションで特段の断りがない限り、Automatic Exerciseを適用したとみなす」旨が規定されているため、Inapplicable（不適用）と記入する場合を除いて、この項目自体をコンファメーションに記載しない場合も多い。なお、Automatic Exerciseとは「行使日の行使時刻に実勢相場と行使価格の差額が行使価格の1％以上のイン・ザ・マネー（含み益の発生している状況）で、かつ行使時刻までに当該オプションの買い手からAutomatic Exerciseの適用排除の通知がない場合に、買い手からの行使通知がなくとも、当該行使日の行使時刻にそのオプションが行使されたとみなす」規定である。つまり、買い手が行使通知を失念した場合の救済規定という意味合いが強い。だが、日本では、行使通知の失念がほとんど発生しないことや、Automatic Exerciseに対応可能なシステム整備が困難であることから、Automatic ExerciseをInapplicableとする場合も多い。なお、Inapplicableとする旨は個々のコンファメーションへの記載に加えて、ISDAマスター契約のSchedule Part 6 に記載する場合が多い。

・Settlement Dateには、権利行使によって発生した外国為替取引の決済日を記入する。通常、行使日の2営業日後の日がSettlement Dateとなる。

・Premiumには通常、当該オプションのプレミアムの金額を具体的に記入するが、Call Currency Amount（Put Currency Amount）のＸ％という表示もまれにある（percentageによる表示の場合には、表題をPriceにする）。

・Premium Payment Dateには当該プレミアムの支払日を記入する。従来は取引成約日の２現地営業日後の日をPremium Payment Dateとしていたが、最近、Settlement Date（通常、行使日の２現地営業日後の日）にプレミアムを支払うのが徐々に市場慣行となりつつある。これは、プレミアムを取引成約直後に買い手が売り手に先払いすると、もし行使日までに売り手が倒産した場合にプレミアムが返還されないリスクが買い手に生じるため、そのリスクを回避するべく、プレミアムを行使日の後に支払う形態（これを一般にフォワード・プレミアムと呼ぶ）に移行するものである。リーマン・ショックを契機とするリスク管理強化の一環と考えられている。

　取引の仕組みが単純なバニラ・オプションのコンファメーションは、外国為替取引のコンファメーションと同様に、必要最小限の項目を記載したフォーマットを用いて、ファクシミリ、SWIFT、電子通信システムによるコンファーム（取引確認）を行い、その受信紙をコンファメーションとするのが一般的であり、コンファメーションというよりも、むしろ電子機器によるコンファーム・オペレーションに近い。同様の外国為替取引のコンファメーションとあわせてコンファーミング・エビデンス（confirming evidence）と一般に呼ばれる。ISDAマスター契約のSchedule Part 6 所定の包摂規定によって、confirming evidenceおよびそれによって取引内容をコンファームされた外国為替取引・通貨オプション取引がISDAマスター契約に帰属、依拠し、一括解約・清算の対象となる。

　他方で、エキゾチック・オプションについては、金利スワップ取引と同様に書面によるコンファメーションを作成し、ファクシミリ等で交換するのが通例である。そのコンファメーション様式は、2005年にISDA、EMTA、The Foreign Exchange Committeeが共同執筆で制定した追補版2005 Barrier Option Supplement to the 1998 FX and Currency Option Definitionsに掲

載されている。この追補版の題名にはBarrier Optionと書かれているが、その内容は、バリア・オプション、バイナリー・オプション（デジタル・オプション）のコンファメーション様式や専門用語の定義となっている。バリア・オプションとバイナリー・オプションの融合商品であるダブル・ノータッチ・オプション（Double No-Touch Option）のコンファメーション様式も掲載されている。ダブル・ノータッチ・オプションとは、特定の期間内に外国為替相場が一定の範囲の上限にも下限にも到達しなかった場合には、あらかじめ決めた固定金額を行使日に受領できるタイプの通貨オプション取引である。

　上記追補版には、Barrier, BinaryといったOption Type、Barrier Event, Barrier Level, Knock-Out, Knock-In, No-Touch Binary, Double No-Touch BinaryといったEvent Type等の専門用語の定義と、各種取引のコンファメーション様式が詳細に記載されている。その解説は、紙面の制約もあり、割愛するが、同追補版をコンファメーションで適用すれば、エキゾチック・オプションへの対応が可能となる。

　しかし、エイジアン・オプション、コンパウンド・オプション、ルック・バック・オプション等については、コンファメーション様式や専門用語の定義がまだ統一されていない。現状は各当事者が独自の様式のコンファメーション、専門用語の呼称・定義を使用して取引を行っている。それらが統一されるまでは、業界で最もよく使用されている最大公約数的な様式や定義に基づいて取引を行うか、または、コンファメーション中に可能な限り専門用語の定義を明記することによって、不統一によるトラブルや事故を回避するしかないだろう。

［文例 1 ］　Schedule Part 6 の記入例

Part 6 Additional Terms for FX Transactions and Currency Option Transactions

(1) Incorporation of the 1998 FX and Currency Option Definitions and Annex A thereto

(i) The 1998 FX and Currency Option Definitions and Annex A thereto (collectively, the "FX Definitions"), published by the International Swaps and Derivatives Association, Inc., the Emerging Markets Traders Association and The Foreign Exchange Committee, are hereby incorporated by reference with respect to any "FX Transactions" and "Currency Option Transactions" as defined by the FX Definitions, except as otherwise provided herein or in the Confirmation. Unless agreed specifically to the contrary in writing, each FX Transaction and Currency Option Transaction between the parties to this Agreement, whether now existing or hereafter entered into, and regardless of branch or office at which it is booked, shall be governed by this Agreement, notwithstanding Section 1(b) of this Agreement, the absence of any reference to this Agreement in the Confirmation in respect of any such FX Transaction or Currency Option Transaction, or the reference to any other governing terms or master agreement in such Confirmation.

(ii) The parties agree that any reference to a "Currency Option" in this Agreement or in any Confirmation shall be deemed to be references to a "Currency Option Transaction" as defined in the FX Definitions.

(2) Confirmation

Notwithstanding anything contained in this Agreement to the contrary, where an FX Transaction or a Currency Option Transaction is confirmed by means of telex, facsimile, e-mail, SWIFT or other electronic messaging system, (i) such confirmation or confirming evidence will constitute a "Confirmation" as referred to in this Agreement, even where not so specified in the confirmation or confirming evidence, (ii) such Confirmation will supplement, form part of, and be subject to this Agreement and all provisions in this Agreement will govern the Confirmation, except as expressly modified herein and (iii) the definitions and provisions contained in the FX Definitions will be incorporated into the Confirmation.

For the avoidance of doubt, the parties agree that Confirmations need not follow the form recommended in the FX Definitions but may be in such other forms including without limitation by mail or by means of SWIFT. Confirmations previously issued in respect of FX Transactions and Currency Option Transactions shall be Confirmations for the purpose of this Agreement. In the event that any Confirmations refer to, or purport to incorporate, any other master agreement, such reference or purported incorporation shall be disregarded, unless the parties have expressly agreed to the contrary in writing.

In relation to such Confirmations, unless either party objects to the terms contained in any Confirmation within three (3) Local Business Days of receipt thereof, or such shorter time as may be appropriate given the Settlement Date of an FX Transaction, the terms of such Confirmation shall be deemed correct and accepted absent manifest error, unless a corrected Confirmation is sent by a party within such three (3) Local Business Days, or shorter period, as appropriate, in which case the party receiving such corrected Confirmation shall have three (3) Local Business Days, or shorter period, as appropriate, after receipt thereof to object to the terms contained in such corrected Confirmation. In the event of any conflict between the terms of such a Confirmation of a FX Transaction or a Currency Option Transaction and this Agreement, the terms of this Agreement shall prevail, and the Confirmation shall not modify the terms of this Agreement.

(3) Amendment to 1998 FX and Currency Option Definitions

(i) Partial Exercise

Section 3.6(a) of the FX Definitions is hereby amended by deleting the final sentence thereof in its entirety and adding the following two sentences at the end thereof:

"A Currency Option Transaction may be exercised in whole or in part. If a Currency Option Transaction is exercised in part, the unexercised portion shall not be extinguished thereby but shall remain a Currency Option Transaction to the extent of such unexercised portion until the earlier of (i) the expiration of the Currency Option Transaction or (ii) an exercise of the Currency Option Transaction that leaves no remaining unexercised portion thereof and this provision shall only be operative on such date or dates as the parties may subsequently agree in writing with respect to Currency Option Transactions entered into between specified pair(s) of Offices of the parties."

(ii) Non-Payment of Premium

Section 3.4 of the FX Definitions is hereby amended by adding the following new subsection as Section 3.4(c):

"(c) Non-Payment of Premium

(A) Unless otherwise agreed in writing by the parties, the Premium related to a Currency Option Transaction shall be paid on its Premium Payment Date.

(B) If any Premium is not received on the Premium Payment Date, the Seller may elect either: (i) to accept a late payment of such Premium; (ii) to give written notice of such non-payment and, if such payment shall not be received within two (2) Local Business Days (as defined in this Agreement) of such notice, treat the related Currency Option Transaction as void; or (iii) to give written notice of such non-payment and, if such payment shall not be received within two (2) Local Business Days of such notice, treat such non-payment as an Event of Default under Section 5(a)(i) of this Agreement. If the Seller elects to act under either clause (i) or (ii) of the preceding sentence, the Buyer shall pay all out-of-pocket costs and actual damages incurred in connection with such unpaid or late Premium or void Currency Option Transaction, including, without limitation, interest on such Premium in the same currency as such Premium at the then prevailing market rate and any other costs or expenses incurred by the Seller in covering its obligations (including, without limitation, a delta hedge) with respect to such Currency Option Transaction."

(iii) Discharge and Termination

Section 3.4 of the FX Definitions is hereby amended by adding the following new subsection as Section 3.4(d):

"(d) Discharge and Termination

Unless otherwise agreed, any Call or any Put written by a party will automatically be terminated and discharged, in whole or in part, as applicable, against a Call or a Put, respectively, written by the other party, such termination and discharge to occur automatically upon the payment in full of the last Premium payable in respect of such Currency Option Transactions, provided that, such termination and discharge may only occur in respect of Currency Option Transactions:

(i) each being with respect to the same Put Currency and the same Call Currency;

(ii) each having the same Expiration Date and Expiration Time;

(iii) each being of the same style, i.e. either both being American style Currency Option Transactions, both being European style Currency Option Transactions or both being Bermuda style Currency Option Transactions;

(iv) each having the same Strike Price;

(v) neither of which shall have been exercised by delivery of a Notice of Exercise;

(vi) which are transacted by the same pair of Offices of the Buyer and the Seller; and

(vii) which are otherwise identical in terms that are material for the purpose of offset and discharge;

and, upon the occurrence of such termination and discharge, neither party shall have any further obligation to the other party in respect of the relevant Currency Option Transactions or, as the case may be, parts thereof so terminated and discharged. In the case of a partial termination and discharge (i.e. where the relevant Currency Option Transactions are for different amounts of the Currency Pair), the remaining portion of the Currency Option Transaction which is partially discharged and terminated shall continue to be a Currency Option Transaction for all purposes of this Agreement, including this Section 3.4(d).

This Section 3.4(d) shall be operative on such date or dates as the parties may agree in writing with respect to Currency Option Transactions transacted between a pair of Offices of the parties."

(4) Payment Instructions

All payments to be made hereunder in respect of FX Transactions and Currency Option Transactions shall be made in accordance with standard settlement instructions provided by the parties (or as otherwise specified in a Confirmation).

［文例 2 ］ 通貨オプション取引のコンファメーションの記入例

Trade Date: October 2, 2017
Commencement Date: October 4, 2017
Buyer: A Bank Limited
Seller: B Bank, Ltd.
Currency Option Style: European
Currency Option Type: USD Call/JPY Put
Call Currency Amount: USD 10,000,000
Put Currency Amount: JPY 1,120,000,000
Strike Price: 112.00
Expiration Date: January 4, 2018
Expiration Time: 15:00 Tokyo time
Latest Exercise Time: same as the Expiration Time

Automatic Exercise: Applicable
Settlement Date: January 8, 2018
Premium: JPY XXXX（円金額）
Premium Payment Date: January 8, 2018

［文責　植木　雅広］

※第12章の後半の〈翻訳者による第12章の追記〉部分の記述内容は、翻訳および追記を担当した植木雅広個人の意見に基づくものであり、同人の勤務先や所属組織の意見に基づくものではなく、加えて、BBA、ISDA、EMTA、各国の為替市場委員会等の組織の公式見解とは必ずしも一致しないものである。

第 13 章

エキゾチック・オプションと
その未来

本書では、最近のBISの調査において、外国為替市場において最も急速に成長しているセグメントとして言及され、1日当り1兆USD以上の取引がある外国為替市場で間もなく10%に到達しようかという、通貨オプション市場をテーマとしてきた。通貨オプションは外国為替市場のデリバティブだが、もう一つの市場がある。オプション・デリバティブ、通常は「エキゾチック・オプション」と呼ばれている市場である。これらのオプションは、顧客のリスク特性により的確に適応するため、または、より一般的な理由としてプレミアムを削減するためなど、顧客の具体的なニーズに応えることを目的に、銀行やその他の金融機関によって開発された。純粋なエキゾチック・オプションは、通常の、つまり本書で説明している「プレーン・バニラ」（原注1）オプションのデリバティブであって、第5章で説明したようなしゃれた名前のついたプレーン・オプションを組み合わせたものではない。したがって、バタフライ、シーガル、コンドルなどは忘れて、「バリア」「ルックバック」「コンパウンド」「アベレージ・レート」「デジタル」「レンジ・バイナリー」「コンティンジェント」「ラダー」などの世界に足を踏み入れるとしよう。

　エキゾチック・オプションは、店頭市場のみで取引されている。これらの商品については、銀行間市場が急速に発達しており、通貨オプションのサービスを提供しているブローカーは、いまではエキゾチック専門のチームを設置している。エキゾチック市場は、外国為替相場の安定が異常なほど長期間継続していた1996年に、予想外の成長を遂げた。レートの変動がない場合、投資家が（利益を得るために）為替市場でできることはほとんどないが、オプション（特に「レンジ・バイナリー」など一部のエキゾチック・オプション）は、スポットレートが事前に決められた範囲内に収まっている限り、相当な利益をもたらしてくれる。

　この後、エキゾチックの領域において最もポピュラーなオプションについて説明するが、常に新しい種類が登場してくるため、このリストがすべてというわけではない。通貨オプション市場で取引されているこれらのエキゾ

チック・オプションについては、株式や債券などその他の市場で通常みられるものよりも、より詳細な情報（グラフ表示や例示など）が紹介されてきた。まずは、厳密にはエキゾチック・クラスではないが、そのように分類されている、単純なタイプのものから始め、それからより複雑なオプション・デリバティブに進んでいくこととする。

（原注1）「プレーン・バニラ」は、普通の標準的なオプション（通常はヨーロピアン）、またはそれらを単純に組み合わせたものを表す市場専門用語として広く使用されている。それ以外のものは、すべて「エキゾチック」と呼ばれる。

1 バミューダ（ミッド・アトランティックまたはウィンドウ）・オプション

バミューダ・オプションとは、アメリカン・タイプ（いつでも行使可能）とヨーロピアン・タイプ（権利行使期日にしか行使できない）のオプションの中間に位置するオプションであり、それがこのような名称の由来となっている。

バミューダ・オプションは、オプションの有効期間のなかで、事前に決められた日に購入者がオプションを行使できるようになっている。たとえば、1年物のバミューダ・オプションなら、各月の1日に行使できる、または6カ月目の月にはいつでも行使できるといった条件がついている。

このオプションは、厳密にはエキゾチック・クラスには該当せず、単に行使の仕方が違うだけであるという見方もできる。バミューダ・オプションの取引は、外国為替においては、あまりみられないが、債券（コールまたはプット付きの債券）などその他の市場では人気が高い。

2 チューザー・オプション

チューザー・オプション（購入者がオプションを選択する）は、事前に定め

られた期間経過後に、購入者が通常のコール・オプションとプット・オプションのいずれかを選択できるようになっている。たとえば、行使価格1.60（DEM／USD）で3カ月目を「選択日」とする9カ月物のチューザー・オプションでは、購入者は3カ月経過後に、6カ月物の1.60DEMコール（USDプット）または6カ月物のDEMプット（USDコール）を選択することができる。

チューザーは、購入者が最終権利行使期日前に選択をしなければならないという点を除けば、通常のストラドルと類似している。このため、チューザーはストラドルよりも安価であり、かつ類似した目的に利用できる。たとえば、（急激な）スポット価格の変動が見込まれるが、どちらに動くかが不明確な場合である。

バミューダと同様に、このオプションも厳密には「エキゾチック」クラスではない。ヨーロピアン・オプションによってもほぼ同じことが実現可能だからである。以下で、必要なことのすべてがそろう（選択日を3カ月後とする前述の期間9カ月1.60DEM／USDのチューザーの例を使用）。

(1)　行使価格1.60の期間9カ月DEMコール（USDプット）の購入

(2)　行使価格1.60の期間3カ月DEMプット（USDコール）の購入

3カ月後、購入者は、残る6カ月間、DEMコール（USDプット）とDEMプット（USDコール）のいずれを保有し続けるかを選択しなければならない。

DEMコールを選択した場合、購入者は、(2)を終了させ、残る6カ月間DEMコールを保有し続ける。プットを選択した場合、購入者は(2)を行使し、以下の結果となる。

(3)　DEMの1.60での売却（USD購入）

これにより(1)DEMコール1.60のロング、および、(3)DEM 1.60のショートのポジションになり、プット・コール・パリティを通じた合成DEMプットのロングとなる（ロング・コール、ショートFX＝ロング・プット）。

この過程には、一つの潜在的問題がある。原資産である1.60での外国為替

取引（FX）は、3カ月後の行使によって受け渡されるが、通常のチューザーの場合は、受渡しは9カ月後となる。3カ月物FXは（6カ月物先物為替スワップ（原注2）の実施により）9カ月物にスワップ可能だが、これには、二つの通貨の金利差を反映した価格の増減を伴う（DEMの金利がUSDよりも低い場合、DEMショート、USDロングの価値は増加する）。この状況は、3カ月物DEMプット（USDコール）の受渡しを、スポットではなく、オプション権利行使期日後6カ月先の条件で購入することによって是正される。このようなタイプのオプション（受渡し遅延または延伸）は、標準的ではないが、多くの銀行は価格を提供している。

> （原注2）　外国為替スワップとは、フォワードスワップ、または単に「フォワード」とも呼ばれるが、通貨をスポット（受渡しは2日後）で購入（または売却）し、同じ通貨を同じ金額で、将来の日付において再売却（または再購入）することである。こうした外国為替取引に適用されるスポットレートとフォワードレートの差異は、二つの通貨の金利（固定ユーロカレンシー・レート）の利回りまたはコストの差異を反映している。通貨が売りと同時に買われるため、大きな外国為替リスクは伴わず、外国為替スワップは外国為替で表現された金利の差異にすぎない。

3　パワー・オプション

　パワー・オプションでは、原資産となるレートを累乗して権利行使期日における支払金額を決める。たとえば、累乗数が2であるパワー・オプションの所有者は、原資産レートの2乗から、パワー・オプションの行使価格を引いた金額を得る。この考え方は、原資産市場の変動によるギアリング効果を最大化するというものである。パワー・オプションは外国為替に使用できるが、こうしたオプションは異常な権利行使価格をもたらす場合がある。たとえば、スポットのUSD／DEMが1 USD＝1.50DEMであり、この市場に2乗のパワー・コール・オプションを適用した場合、行使価格2.25がアット・ザ・マネーとなる（1.5×1.5）。このため、スポットレートの1.60への上昇は、1.60×1.60＝2.56－2.25＝0.31の計算により、3,100FXポイント

（0.31DEM）のリターン（プレミアム・コスト差し引き前）をもたらす。この
リターンは、プレーン・バニラ・ヨーロピアン・オプションによる1,000FX
ポイント（0.10DEM）と比較し、非常に有利である（1.60−1.50＝0.10）。

パワー・オプションは、複数のプレーン・バニラ・オプションの所有と比
較されることがよくあるが、ギアリングを高める対価として、通常はより高
コストになる。パワー・オプションの利用は、外国為替ではまれにしかみら
れない。

4 コンパウンド・オプション

通常の通貨オプションの原資産は、二つの通貨の間の交換レートである。
たとえば、JPYのコール、DEMのプット・オプションは、所有者が行使価
格でJPYを買い、DEMを売ることができるようにする。だが、コンパウン
ド・オプションは、原資産自体が通貨オプションであるため、オプションに
基づくオプションということになる。

コンパウンド・コール・オプションの購入者は、原オプションを将来の定
められた日に固定プレミアムで購入する権利をもつ。同様に、コンパウン
ド・プット・オプションの購入者は、原オプションを将来の定められた日に
固定プレミアムで売却する権利をもつ。いずれのケースにおいても、コンパ
ウンド・オプションの購入者は、プレーン・オプションの場合と同様に、こ
の権利に対するプレミアムを支払う必要がある。これは、取引において2種
類のプレミアムが関係することを意味している。一つ目はコンパウンドを購
入するためのプレミアムであり、二つ目は、最初に合意された原オプション
のプレミアムである。二つ目が、コンパウンド・オプションの行使価格とな
る。

■例

原オプション−JPYコール／DEMプット、行使価格73.50（JPY／
DEM）、6カ月物、1,000万DEM、プレミアム2.25JPY／DEM

行使価格が2.25JPYである１カ月物コンパウンド・コール・オプションの購入者は、原資産であるJPYコール（DEMプット）を１カ月、2.25JPY／DEMで購入する権利（義務ではなく）を得ることになる。この権利のため、購入者はコンパウンド・オプション・プレミアム、たとえば、1.25JPY／DEM（1,250万JPY、またはDEM＝73.50JPYとして、約17万DEM）を支払うことになる。

　購入者は、原オプションである行使価格73.50のJPYコールが、１カ月後のコンパウンドの権利行使期日において2.25JPYを超える価値に相当する場合にのみ、コンパウンド・コール・オプションを行使する。行使された場合、購入者は二つ目のプレミアム2.25JPY／DEM（このケースでは2,225万JPY）を支払う。

　コンパウンド・プット・オプションの購入者は、原オプションを売却する権利を獲得することとなり、そのため、行使価格73.50の原オプションの価値が１カ月後のコンパウンドの満期において2.25JPY／DEMを下回る場合にのみ権利行使する。行使された場合、コンパウンドの購入者は、プレミアム2.25JPY／DEM（2,750万JPY）を受領する。

(1)　コンパウンド・オプションの利用

　最も一般的なコンパウンド・オプションの利用場面は、契約入札である。たとえば、日本の輸出企業が、海外企業に対するDEM建て価格での設備供給に入札した場合を考えてみる。日本の輸出企業は、入札期間中、価格を据え置くように拘束されるため、JPY／DEMの外国為替レート変動によるリスクにさらされる。その企業としては、契約が獲得できない可能性もあるため、このリスクをフォワード市場でカバーすることはしたくない。同様の理由により、通常のJPYコール（DEMプット）もやや高コストであると思われる。コンパウンド・オプションを入札期間だけ購入することで、この偶発的なリスクをカバーすることができる。契約を獲得できた場合は、原オプションを行使することができる（その時点でイン・ザ・マネーの場合。そうでない

場合、輸出企業は同じ原オプションを市場にてより安く買うことができるからである）。契約を獲得できなかった場合、支払う（コンパウンドの）プレミアムは、通常のオプションを購入した場合よりかなり少額ですむことになる。もちろん、仮に入札がうまくいかなかった場合でも、満期においてコンパウンドの本源的価値がまだ残っている可能性がある。その場合、輸出企業は、単純にコンパウンドを行使し、原オプションを売却して本源的価値を獲得し、全般的なヘッジ・コストを低減できる。

通常のオプションと同様に、コンパウンドの行使価格も購入者によって決定され、その価格は、イン・ザ・マネー、アット・ザ・マネー、またはアウト・オブ・ザ・マネーになる場合がある。先ほどの例を使用すると、コンパウンドの行使価格は、原資産である行使価格73.50、6カ月のJPYコール（DEMプット）に対して、購入者がいくら支払う意志があるかによって決まる。このオプションの現在の価値が2.25JPY／DEMであるため、行使価格2.25JPYのコンパウンド・コール・オプションは、アット・ザ・マネーとなる。この行使価格のコンパウンド・コール・オプションのプレミアムを1.25JPY／DEMと仮定しよう。

購入者がコンパウンド・コール・オプションの行使価格として、たとえば3.00JPY／DEMを選択したとするとどうなるだろうか。この場合、購入者は原資産であるJPYコール（DEMプット）に対して、現在の価値である2.25JPYを上回る3.00JPYを支払う意志があり、そのため、このコンパウンド・オプションは、アウト・オブ・ザ・マネーとなる。つまり、2.25JPYで購入できるときには、原オプションは3.00JPYで行使するに値しない、ということである。このため、コンパウンド・コール・オプションのプレミアムは、行使価格がアット・ザ・マネーだったときよりも低くなる。たとえば、0.75JPY／DEMと仮定しよう。

同様のロジックで、行使価格1.50JPY／DEMのコンパウンド・コール・オプションは、原オプションの現在の価値が2.25であるため、イン・ザ・マネーとなる。つまり、コンパウンドの本源的価値が0.75JPYであるため、行

使する価値があるということである。このオプションのコンパウンドプレミアムは、1.50JPY／DEMとなる可能性がある。

したがって、購入者がコンパウンド・オプションに対して支払う額が増えるほど、原オプションに対して支払う額は少なくなり、またその逆もしかりである。しかし、ヘッジの絶対的コストは、コンパウンドが行使された場合、常に2種類のプレミアム（一つはコンパウンドの、もう一つは原オプションの）の合計となり、この合計がコンパウンドの行使価格の関数となる。ここであげた例を用いれば、最も低額になるのはイン・ザ・マネーのコンパウンドの購入（1.50JPY＋1.50JPY＝3.00JPY）であり、最も高額になるのはアウト・オブ・ザ・マネーのコンパウンドの3.75JPY（0.75JPY＋3.00JPY）での購入で、アット・ザ・マネーは3.50JPY（1.25JPY＋2.25JPY）でその中間となる。

簡単にいえば、コンパウンドに対して支払う額が増えるほど、その後に支払う額は少なくなり、絶対的コストは低額になる（コンパウンドの行使を前提とした場合）。このため、購入者によるコンパウンドの行使価格の決定は、入札成功の見込みの高さによる。可能性が高い場合は、コンパウンドにより多く（総額は少なく）を支払い、可能性が低い場合は、コンパウンドに支払う額はより少額とし、それが唯一のコストとなる（入札に失敗した場合、原オプションは不要となり、行使も二つ目のプレミアムも発生しない）。

⑵　ヘ　ッ　ジ

本書執筆時点において、コンパウンド・オプションのインターバンク市場はかなり流動性が低いため、唯一利用できるヘッジ手法はデルタ・ニュートラルである。コンパウンド・オプションは、通常のオプションと同様に、原資産のパーセンテージによって示されるデルタを有しており、そのため、コンパウンド・コール（プット）・オプションの売却者は、コンパウンドのデルタに従い原オプションを購入（売却）し、コンパウンドの期間を通じて再ヘッジする必要がある。

銀行が、権利行使価格JPY2.25％の１カ月物コンパウンド・コール・オプションを売却。原オプションは、行使価格が73.50（JPY／DEM）の６カ月物JPYコール（DEMプット）、1,000万DEM、プレミアム2.25JPY。コンパウンドの受領プレミアムは1,000万DEMの1.25％。

このコンパウンド・オプションは、行使価格がJPY2.25％であり、これは原オプションのプレミアムと同額であるため、アット・ザ・マネーである。デルタは50％である。

銀行トレーダーは、コンパウンドを売却した後、デルタヘッジを適用する必要があり、それは、行使価格73.50の６カ月物JPYコール（DEMプット）・オプションを500万DEM購入することで達成される。トレーダーは、原オプションのプレミアムの当初の動きに対して中立化されたことになる。時間の経過とともに、コンパウンドのデルタは変動する可能性がある。たとえば、60％となれば、トレーダーは、最初の購入分と権利行使期日が同じ（つまり開始日から６カ月）である行使価格73.50のJPYコール（DEMプット）・オプションを100万DEM追加購入することが必要となる。デルタに基づく継続的なヘッジ調整および再調整のプロセスは、コンパウンドの有効期間中継続する（つまり、１カ月間）。この期間の終了時に、銀行トレーダーが手にするのは、コンパウンドの行使、または無価値での満期の到来のいずれかに応じ、100％のヘッジかゼロのいずれかとなる。これが、デルタヘッジによる通常の結果である。

コンパウンド・オプションは、外国為替において、広くクォートされているが、実際の取引数はごく少数である。

5 フォワード・スタート（ディレイド、ディファード・スタート）・オプション

フォワード・スタート（またはディレイドもしくはディファード・スター

ト）・オプションは、一定期間の経過後に開始する、標準的なコールまたは
プット・オプションである。購入者は、行使価格を、取引日ではなくオプ
ション発生時のアット・ザ・マネーに設定したオプションを受領する。たと
えば、企業は、１カ月後に開始となる３カ月物USDコール（DEMプット）を
購入することができる。プレミアムは直ちに支払われるが、１カ月後、購入
者は行使価格がその時点のアット・ザ・マネーに設定される３カ月物オプ
ションを受領する。図13.1は、スポットレートが当初の1.60から１カ月後に
1.6490に上昇し、そのレートが３カ月物プレーン・バニラ・オプションの行
使価格として設定される例を示している。

　通常取引されているものは、アット・ザ・マネーのオプションだが、オプ
ションの行使価格を将来のオプション発生時のレートに対してイン・ザ・マ
ネーまたはアウト・オブ・ザ・マネー、たとえば１％のアウト・オブ・ザ・
マネーに設定したオプションを組むことも可能である。

　フォワード・スタート・オプションは、行使価格がゼロだが、コンパウン

図13.1　１カ月先スタートのフォワード・スタート・オプションの例。ATMの
USDコール（DEMプット）、期間３カ月。約定時のスポットレート1.60、最終決
定権利行使価格1.6490

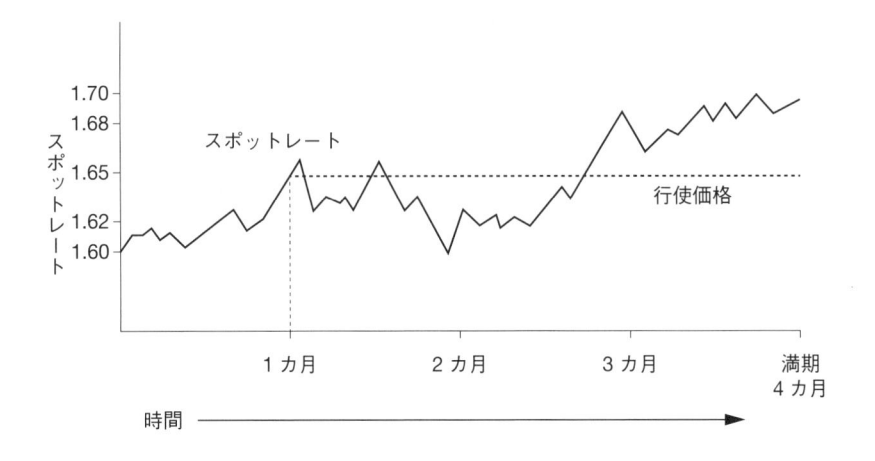

ドの権利行使時に原資産であるオプションの権利行使価格が設定されるコンパウンド・オプションとして考えることができる。オプションのマーケット・メーカーにとっては、この商品は取引日から将来のオプション発生時つまり行使価格設定日までの間、ベガリスクが生じるだけである。もちろん、行使価格設定以後は、このオプションは満期まで通常のプレーン・バニラとなる。

　フォワード・スタート・オプションは、購入者がアット・ザ・マネー・オプションの現状の価値を有利（取引されているボラティリティのレベルが有利である）と考えているが、将来の特定の時期までそのようなオプションを必要としない場合に有用である。そのため、フォワード・スタート・オプションは、時に仕組み取引（原注3）の一部として利用され、市場で時折みられる。

（原注3）「仕組み取引」（structured transaction）とは通常、異なる種類のオプションの組合せ、またはオプションとその他の金融商品の組合せで、特定の呼称（名前）をもたないものを指す。仕組み取引は、通常は特定の顧客の要求を満たすために組成され、二つ以上の原資産市場にまたがることが多い。

6　アベレージ・レート（アジアン、AVRO）・オプション

　時に「アジアン（Asian）」オプションとも呼ばれるアベレージ・レート・オプション（AVRO）は、一連の「真のヘッジ商品」の一つである。このオプションは、購入者が外国為替相場の不利な変動に対して保護される一方で有利な変動の恩恵を受けられる点において、通常の通貨オプションと同等である。大きな違いは、権利行使期日におけるアベレージ・レート・オプションの本源的価値が、行使価格とオプションの有効期間における平均レート（権利行使期日のスポットレートではなく）の差異に基づいているということだ。

　有効期間内の平均レートを算定するため、合意されたソースからの情報に基づき、事前に定められた一定の間隔でレートの調整（フィキシング）を実

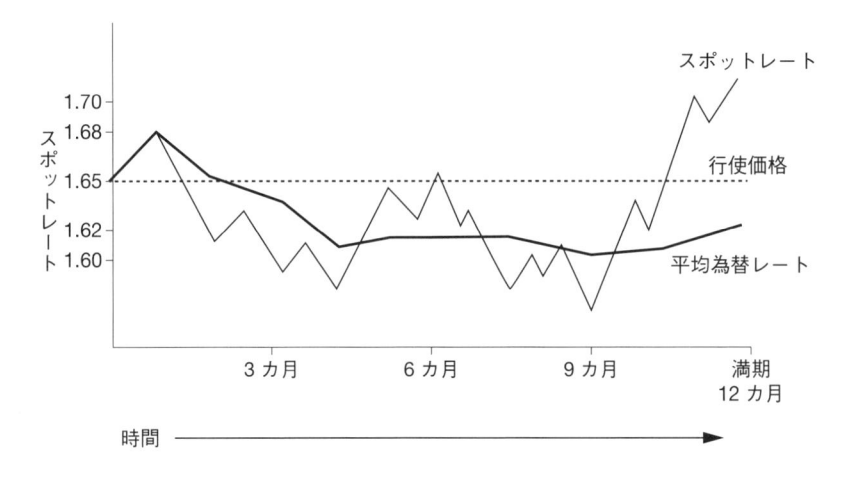

図13.2　アベレージ・レート・オプションの例。観察期間12カ月、権利行使価格1.65（約定時のATMレート）

施する。こうした平均化プロセスのため、このレートのボラティリティは通常のスポットレートよりもかなり小さく、そのためにアベレージ・レート・オプションのプレミアムは通常のオプションより低額となっている。この要素が、アベレージ・レート・オプションの人気の主な理由である。

　図13.2の例は、12カ月のオプション期間においてスポットレートのボラティリティがかなり高いものの、平均化プロセスによって、ボラティリティが平準化され、満期においては大きな差が開いている状況を示している。そのため、行使価格1.65は、アベレージ・レート・コール・オプションにおいてアウト・オブ・ザ・マネーであるが、プットにおいてはイン・ザ・マネーとなり、1.65のプレーン・バニラ・ヨーロピアン・オプションと逆転している。この効果は、最後の3カ月間における急激なスポットレートの上昇に起因しており、スポットはこの期間に1.70を超えるレベルに達しているものの、平均為替レートへの影響は軽微で1.6225にとどまっている。

(1) 現金決済 (cash settlement)

アベレージ・レート・オプションのもう一つの違いは、現金によって決済されるということである。つまり、権利行使期日の本源的価値（もしあれば）が、オプションの売り手からオプション購入者に支払われるのである。

これは、行使価格での行使によって本源的価値を得ることが不可能であるためである。通常のオプションは、権利行使期日に行使されると、権利行使価格によるスポット外国為替取引を行うことになる。これは、市場の実勢レートによって逆のスポット取引を行うことにより、容易に現金化できる。アベレージ・レート・オプションで同じことを行うためには、過去の平均レートによってスポット市場で取引することが必要となるが、これは明らかに不可能なことである。

(2) レート・フィキシング

レートのフィキシングは、日ごと、週ごと、月ごとのいずれでも可能だが、フィキシングの間隔は一定とする必要がある。レート・フィキシングの情報源は、当事者同士で合意する必要があり、一般的には、関係する通貨ペアに応じた第三者による情報を参照する。例をあげると、フランクフルトのDEM日次フィキシングレート、ミラノのリラフィキシングレート、または公式なフィキシングレートがない場合は、ロイターやテレレートによって発表される特定の時間（たとえばロンドン時間の午前11時）におけるレートなどがある。

(3) アベレージ・レート・オプションの利用

アベレージ・レート・オプションは、金額が判明している定常的なキャッシュフローのかたちで外国為替エクスポージャーをもつ企業にとって理想的なヘッジツールである。年間決算や予算プロセスにおいて平均レートを使用している企業にとっては特にそうである。

■例

スイスの輸出業者は、1年の間、毎月15日に100万USDの定常的な現金
収入がある。年間利益は、実勢のCHF（スイスフラン）／USDのカレン
ト・レートによって評価されており、同社はCHFに対するUSD安によ
るリスクにさらされている。

このポジションをヘッジするため、この企業は、

⑴　USDプット（CHFコール）オプションを、年間12カ月、毎月100万USD、
CHF／USDのカレント・レートを行使価格として定期的に購入する。プ
レミアム合計は36万USDである。

または、

⑵　1年物のアベレージ・レートCHFコール（USDプット）オプションを、
CHF／USDのカレント・レートを行使価格として1,200万USD購入する。
1回のプレミアムは、24万USDである。

⑴と⑵の間には、12万USDのコスト節減があるが、それぞれのケースで
何が起こるかみておくことにも意味があるだろう。CHF／USDのカレン
ト・レートが1.40（1USD当りCHF）で、これをそれぞれのケースの行使価
格と仮定する。

⑴′　この企業は毎月15日に順次、スポットレートが1.40未満の場合にはオ
プションを行使して100万USDを売却し、スポットレートが1.40を上回る
場合には実勢スポットレートで100万USDを売却する。ネットの効果は、
1.40で売る不利なケースのシナリオである。

⑵′　アベレージ・レート・オプションでは、この企業は各月の15日に100万
USDをその時点の実勢スポットレートで売却する。12カ月後において、
同社は累計1,200万USDをスポット市場で売却している。12カ月経過後に
アベレージを計算（アベレージ・レート・オプションのために）したときに、
それが同社がスポット市場で手にしたものときわめて近いものとなるよう
に、この売却はその日のアベレージ・レート・オプションのレート・フィ
キシングの時間と同じ時間に行われる。

計算によると12カ月間のアベレージが1.35CHF／USDとなったと仮定する。このレートは、アベレージ・レート・オプションの行使価格の1.40よりも低いため、この企業はアベレージ・レート・オプションの決済として現金支払を受ける。その金額は、アベレージ・レート・オプションの行使価格1.40から計算されたアベレージ1.35を引いた差に1,200万USDを乗じた、60万CHFとなる。

　最初のケースでは、この企業は1.40未満でUSDを売却することはなく、USD受取額の一部を1.40超で売却することがあるかもしれない。二つ目のケースでは、同社はUSDを実勢スポットレートで売却し、これは1.40より高い場合も低い場合もあり、結果として平均は1.35となった（多くの売却が1.40未満で行われたことを示唆する）。このケースにおいて、同社は、現金決済による60万CHFの支払によって、1.40との差異を補てんされる。

　実質的には、二つの戦略はおおむね同じ結果となる。最悪のケースは、USDを1.40で売却する場合で、平均が1.40超だった場合、同社はオプションの有効期間中USDをより高いレートで売却できることになる（ただし、もちろんアベレージ・レートによる現金決済はない）。

　おもな違いは、プレミアムの支払である。この例では、12回の個別のオプションに比べ、アベレージ・レートは12万USD安く33％の差がある。アベレージ・レート・オプションは、個別の（通常の）オプションをつなげるより低コストで、30％の節約はごく一般的である。

　明らかな低コストにもかかわらず、AVROの購入者は、必ずしも常に明らかではない（そして適用されないかもしれない）潜在的なメリットをあきらめていることについてはコメントする価値がある。先の例の(1)において、この企業は、スポットレートが1.40未満であれば、常に100万USDを1.40の最低レートで売却しており、実際にアベレージ（AVROの）は1.40を下回る1.35であったことに、あらためて注目したい。しかし、平均期間中のいずれかの時点で、レートが1.40超であったとしても、1.35のアベレージ・レートとなることは可能である。その場合、(1)のケースの企業は、12カ月の期間におい

て、1.40（AVROの行使レート）を上回るたびに、100万USDからその差異による利益を得ることができる。当然だが、そのメリットは、アベレージが1.40未満だったわけだから、限定的である。

AVROは、プレミアムが安いというだけではなく、多くの企業で採用されている予算や会計実務上の必要性に適していることからも人気が高い。

⑷　アベレージ・レート・オプションのヘッジ

AVROのデルタは、権利行使期日において常にゼロに近づくという点で、通常のオプションとは違うかたちの動きをする。これは、原レートに対するアベレージ効果およびオプションが常に現金で決済されるという事実のためである。例として、2年間にわたりレートを毎週フィキシングする（平均のフィキシングポイントが104回ある）アベレージ・レート・オプションで、権利行使期日まで残り1週間である場合を考えてみよう。過去の103回のレートはすでにわかっているため、最後のレート・フィキシングによる、全体のアベレージへの影響はきわめて小さい。このため、レート・フィキシングを積み重ねていくほど、オプション価格のスポットレートに対する感応度は低くなり、このプロセスにより、デルタ自体の感応度（ガンマ）も低下することがわかる。この結果、AVROでヘッジすべきリスクの大半は早期段階に存在する。これは、アット・ザ・マネーの状況からかけ離れていないことを前提とすれば、権利行使期日が近づくにつれてガンマが増大する通常のオプションとは正反対である。

AVROは、通常のオプションを一続きにつなげる（各期間に一つ）ことによりリスクを十分に打ち消し、ヘッジすることが可能である。これについての問題は、アベレージ・レートを売るという第一の目的を無効化してしまうということだ。言い換えれば、なぜアベレージによって（購入者の）プレミアムを減らしておきながら、よりコストの高い一連の通常のオプションでヘッジするのか、ということである。よりよい方法は、AVROの開始直後、たとえば有効期間の開始から30～40％の期間のレート・フィキシングのリス

クに対処するため、AVROと同時に、デルタ・プロセスの利用と通常のオプションの購入のいずれか、またはその両方を行うことである。これは、決して完璧なヘッジではないが、必要な期間（早期段階）におけるある程度の有効な防御策となり、必要でない期間（AVRO有効期間の終盤）にはさほど有効な防御策ではなく、多少の利益の可能性が残ることになる。

(5)　アベレージ・レート・オプション──バリエーション

AVROには、特定の顧客の要求に応えるために設計された、いくつかのバリエーションがある。

①　フォワード・スタート・アベレージ・レート・オプション

フォワード・スタートAVROは、アベレージの最初の参照レート・フィキシングが、将来（の特定の日）において行われるという点だけ、通常のAVROと若干異なる商品である。その後、このAVROは、通常のAVROと同様に、アベレージを継続し、権利行使期日においても同様に決済される（現金決済）。このバリエーションは、企業が、たとえば、現在のスポットレベルが有利と考えられる場合などに、あらかじめヘッジを行うことを可能にする。

通常、フォワード・スタートAVROのコストは、通常のAVROよりもやや高くなる。それは、アベレージ期間の開始前には、このオプションが、通常のプレーン・バニラ・ヨーロピアン・スタイルのオプションのように働くためである。一般的原則として、フォワード・スタートの期間が長くなり、アベレージ期間が短くなるほど、「プレーン・バニラ」のような働きが強くなり、これに伴いプレミアムも高額になる。このため、たとえば、フォワード・スタート期間が1カ月で、アベレージ期間が11カ月であるフォワード・スタートAVROは、行使価格と金額が同じで、フォワード・スタート期間3カ月、アベレージ期間9カ月のものよりも低コストとなる。

②　ウェイテッド・アベレージ・レート・オプション

通常のAVROおよびフォワード・スタートAVROは、購入者が同額の通貨

を各レート・フィキシング日にヘッジすることを想定している。実際には、多くの企業は、たとえば季節的要因などにより、規模が不規則なキャッシュフローにさらされており、その振れが不規則または激しくなるほど、通常のAVROによって提供されるヘッジの効率は低下する。ウェイテッドAVROは、この問題への対処法となる。

それぞれのキャッシュフローが予測可能でさえあれば、ウェイテッドAVROの使用は可能である。その計算方法は必要となる重みづけに対応するために若干異なり、また権利行使期日には、現金決済額（もしあれば）を計算するため、行使価格はフィキシングレートの加重平均と比較される。ウェイテッドAVROのコストは、加重に依存する部分と、フィキシング日とフィキシング日の間での加重の変動幅によるところが大きいため、予測することが容易ではない。一般的に、開始時のキャッシュフローが大きく、その後規模が減少する場合、その逆の場合と比較して低コストとなる。

(6) アベレージ・レート・オプションの総括

上記のAVROの解説から、AVROが多くの企業が直面する外国為替リスクに対する効率的なソリューションを提供してくれるということがわかる。AVROの構造の柔軟性により、各オプションを個々の要求にあわせて調節することができる。たとえば、企業の予算レートをAVROの使用により保証し、そのうえで、すべての購入オプションの基本原則にのっとり、原外国為替レートの有利な動きによる利益を享受することができる。

購入者にとって、AVROは同等な通常のヨーロピアン・タイプ・オプションと比べ、よりコスト効率的（プレミアムが低い）であり、一つのオプションで多くのキャッシュフローに対応できるため、管理費用も抑制できる。オプションの売り手にとっては、満期時の現金決済という特徴（通貨交換がない）により、信用リスクはゼロ近くまで減少し、プレミアムの受領が唯一の考慮すべき要素となる（これも、購入者の資金を口座内に置くことによって回避できる）。

最後に、すべてのタイプのAVROオプションは集合的に、「経路依存型」と呼ばれるシリーズのうちのまさに一つを形成しているということに留意すべきであろう。これらは、権利行使時の原資産の動きによってペイオフが決まる通常のオプションとは異なり、ペイオフがオプションの有効期間中の原資産（スポット外国為替レート）の変動に依存する。このため、AVROは経路依存型だが、コンパウンド・オプションはそうではない。

　アベレージ・レート・オプションは、非常に人気が高く、おもにヘッジ目的で利用される。

(7)　アベレージ・ストライク・オプション

　もう一つの経路依存型オプションである、アベレージ・ストライク・オプションは、アベレージ・レート・オプションと同様のフィキシング日はあるが、開始時に行使価格が設定されない。そのかわり、スポットレートのフィキシングが、オプションの権利行使期日に平均化され、この平均値がオプションの権利行使価格となる。それから、実勢スポットレートとの比較を行

図13.3　アベレージ・ストライク・オプションの例。観察期間12カ月、最終権利行使価格1.6225（権利行使期日におけるスポットレートの平均値）

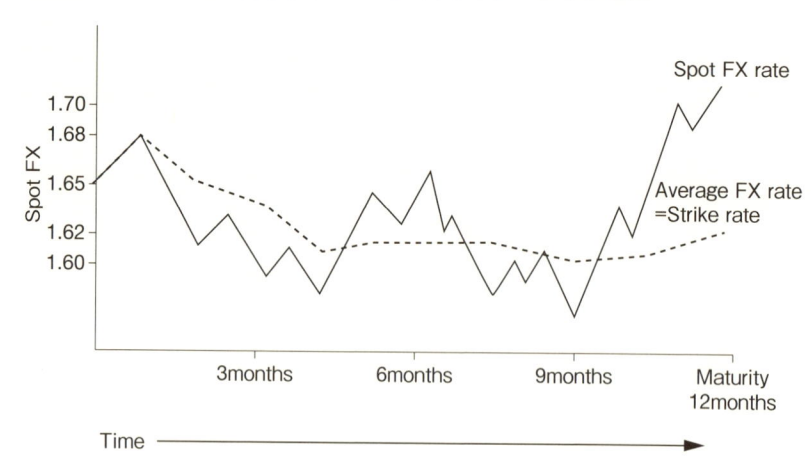

い、権利行使を行うかどうかを決定する。決済はプレーン・バニラ・オプションと同様だが、現金決済を利用することも可能である。

　図13.3は、権利行使期日に行使価格が12カ月間のスポットレートの平均1.6225と設定された、1年物のアベレージ・ストライク・オプションを示している。

　図13.3の例では、アベレージ・ストライク・コールが満期時にイン・ザ・マネーとなっており、それがアベレージ期間の最後の3カ月間のスポットレートの急激な上昇により、かなり大きな額となっていることを示している。この9という「ビッグ・フィギュア」（原注4）（権利行使期日のスポット1.7125－行使価格1.6225）という大きな本源的価値は、行使価格1.65のコールが、12カ月間で同じく1.6225のアベレージ・レートとなり、アウト・オブ・ザ・マネーで終了したアベレージ・レート・オプション（図13.2）と明らかに対照的だ。

　アベレージ・ストライク・オプションは、ヘッジ目的よりも、投機目的で利用されることが多い。

（原注4）「ビッグ・フィギュア」は通常、外国為替レートの小数点以下第2位を指す。たとえば、USD／DEMのスポットレートが1.6500でプライシングされた場合、「ビッグ・フィギュア」は「5」であり、このレートが1.6700に上昇した場合、ビッグ・フィギュアが2上昇した、または200FXポイント上昇したということになる（1ビッグ・フィギュアは100FXポイントに相当する）。小数点以下3桁以内でプライシングされるFXレートの場合、たとえばUSD／JPY　126.00の場合は、ビッグ・フィギュアも変わり、このケースでは1JPY（1.00）がビッグ・フィギュアとなる。

7　バリア（トリガー）・オプション

　バリア（時に「トリガー」とも呼ばれる）・オプションも、エキゾチック・オプションの経路依存グループ（原注5）に属し、これ以後「ノックアウト」および「ノックイン」と呼ぶ2種類で構成される。ただし、「キックアウト（イン）」または「ドロップアウト（イン）」など、別の名称で呼ばれる

ことも多い。これは、ヨーロピアン・タイプのオプションに工夫を加えたものだ。原スポットレートが事前に設定されたバリア・ポイント、つまりトリガー・ポイントに達した場合、このオプションは、ノックアウト・バリア・オプションでは消滅し、またノックイン・バリアでは発生する。このバリアは、現状のスポットレートより上または下のいずれに設定することも可能で、その結果、「アップ・アンド・アウト」と「ダウン・アンド・アウト」という2種類のノックアウト、および「アップ・アンド・イン」と「ダウン・アンド・イン」という2種類のノックイン、計4種類のバリア・オプションが存在し、この章では、それぞれの種類の例を検討する。バリア・オプションは、その消滅または有効化される特徴のため、通常のヨーロピアン・オプションよりも低コストであり、そのためにプレミアムを敬遠するオプション購入者からの人気が高い。

　通常のヨーロピアン・オプションでは、フォワードレートが現在のスポットレートとなる権利行使期日を除けば、行使価格は常にフォワードレートと関連している。バリア特性（現在のスポットレートのみに関係する）の追加により、オプションのプライシングに影響する外国為替レートとしては、行使価格、フォワードレート、およびバリアレートの三つが存在することになる。開始時における、この三つの相対的なポジションは重要であり、明確に理解する必要がある。

　たとえば、ヨーロピアン・オプションにおいては、行使価格は外国為替（FX）レートの上か下かのどちらかという単純な関係であり、二つの変数しか存在せず、その関係から、そのオプションがイン・ザ・マネーかアウト・オブ・ザ・マネーかが決まる。

ヨーロピアン・オプション

FXレート	行使価格
行使価格	FXレート

　バリアの導入により、変数が二つから六つに増加する。スポットレートの重要性によって、原フォワードレートの意味は「薄れる」ため、以下ではス

ポットという用語を使用して六つの変数の詳細を示す。

バリア・オプション

スポット	行使価格	バリア
スポット	バリア	行使価格
行使価格	スポット	バリア
行使価格	バリア	スポット
バリア	スポット	行使価格
バリア	行使価格	スポット

　これらの六つの変数は、コールとプットの両方に適用可能で、12通りの組合せが発生し、それぞれがノックアウトかノックインのいずれにもなることができるので、総計24通りもの異なる種類のバリア・オプションができる。そのうち2種類は通常のヨーロピアン・タイプと同じ働きであり、またどの時点でも価値をもたないものがほかに2種類あるため、実質的には20種類となる。

　スポットレートを無視し、行使価格／バリアの関係だけに注目するなら、8種類だけとなる（ストライク／バリア [2]、コール／プット [2]、ノックアウト／ノックイン [2]、つまり2×2×2＝8)。これらの8種類は、「アップ・アンド・アウト」から始まる以下の四つの分類に包含される。

　バリアとその他のエキゾチック・オプションについて議論する際、行使価格、日付などが類似した通常のヨーロピアン・タイプのオプションとよく比較される。前述のとおり、ヨーロピアン・オプションは、「プレーン・バニラ」または単に「バニラ」オプションと呼ばれることが多い。これらの業界用語は、いまや市場においてトレーダーと理論家の両方の間で定着しているので、この章の残りの部分においてもこの用語を頻用する。

　（原注5）「経路依存」（path dependent）とは、権利行使期日におけるオプションのペイアウトが、通常のヨーロピアン・オプションのような権利行使期日のスポットレートだけではなく、オプションの有効期間中のスポットレートの動きに依存するということを意味する。このため、経路依存型オプションの権利行使期日の価値またはその特性は、スポットレートが、オプ

ション権利行使期日までにどのような動きを経てそのレベルに到達したかに
依存する。

① ノックアウト・バリア、「アップ・アンド・アウト」
バリアは、行使価格より高く設定される。

**ヨーロピアン・タイプの通貨オプションで、満期前にいずれかの時点で
事前に決められた外国為替レート（バリアレベル）に達した場合に終了
する（図13.4）**

■例1
英国の輸入業者が、USDに対してGBP安の外国為替リスクにさらされ
ている。このリスクを打ち消すため、輸入業者は1年物のGBPプット
（USDコール）を行使価格1.50（アット・ザ・マネー、スポット）、ノック
アウト・バリア1.60、プレミアム2.88％で購入する。

この例において、輸入業者は、GBPプットを行使価格1.50（現在のスポット
トレート）で購入することにより、GBPのUSDに対する下落から完全に保護
されている。

しかし、GBPが上昇した場合、1.60のバリア・ポイントにおいて、オプ
ションはキャンセルされる結果となる。しかし、輸入業者は、GBPがより安
いレベルだった場合よりもUSDを安く買うことによって、原外国為替ポジ

図13.4　ノックアウト・バリアの例（アップ・アンド・アウト型）

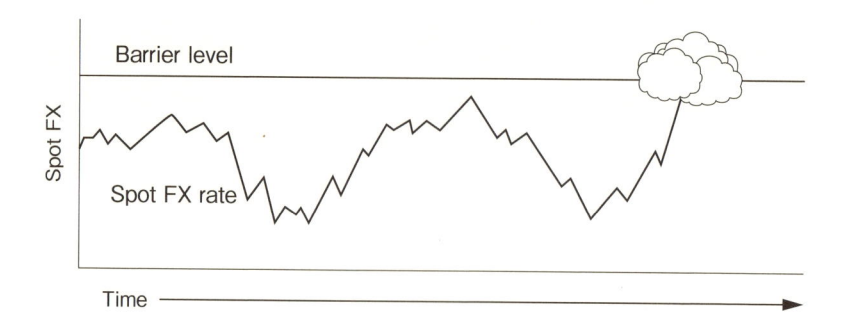

ション（USDに対するGBPロング）からの恩恵を受ける。このノックアウト・オプションは、スポットGBPレートが、（バリア到達後に）輸入業者が1.50プットによる保護を失った状態で反落し1.50を下回ることがない限り、通常のGBPプット・オプションと同様の恩恵を提供する。

　上記の例では、1年物のバニラGBP1.50プット（USDコール）のコストは、バリアの2.88%に対して、3.05%となる。このプレミアム・コストは、トリガー・レベルをスポットに近づけることにより、さらに低減することができる。たとえば、バリアを1.55に設定した場合、プレミアムは2.17%となり、1.52であれば1.10%となる。

このコスト低減は、オプションがトリガー・ポイントに達して無効になった後に、外国為替レートが反落して元のレベルまで戻るリスクと天秤にかける必要がある。このため、アップ・アンド・アウト・バリア・オプションは、スポットレートがオプションの有効期間中にバリアに達しない限りは、通常のヨーロピアン・オプションと同様の働きをする。つまり、スポットは、（どこまででも）下落してもよいし、上昇してもよい（ただし、バリアよりもやや低い程度まで）。しかし、バリアに到達（そしてオプションが消滅）した場合、ヘッジをする者は、単純にその時点でスポット取引を行うことにより、USDを購入（GBPを売却）する機会がある（元の例の場合は1.60で）。このレートは、もともとのスポットレート水準である1.50よりもかなり有利であり、支払ったプレミアムを補って余りある（1,000ポイントは、スポット水準に対し2.88%＝432FXポイント（原注6）よりも有利である）。トリガーが1.52の場合（スポット1.50に非常に近い）でも、200ポイントのゲインは、支払プレミアム155ポイントよりも大きい。

　要約すると、ノックアウト・バリア・オプションの価格は、スポットがトリガー・ポイントに達する確率の高さを反映している。そのため、バリアが現在のスポットレートに近いほど、オプションは低コストになる（バリアに到達する確率が高くなる）。バリアの設定がスポットから離れるほど、オプションは高コストになる（バリアに到達する確率が低くなる）。トリガーに達

する理論上の確率がゼロであるポイントでは、バリア・オプションのプレミアムは、プレーン・バニラと同じになる。

　アップ・アンド・アウト・バリアは、通常トリガー・ポイントを行使価格と比較してアウト・オブ・ザ・マネーに設定して組成される（前述の例でのGBPプットの場合のように）。そのようなオプションは、時に「レギュラー」またはアウト・オブ・ザ・マネー・ノックアウトと呼ばれる。行使価格と比較してバリアをイン・ザ・マネーに設定したアップ・アンド・アウト（前述の例でのGBPコール）は、増加する本源的価値（原注7）がバリア・ポイントにおいて突如として消えてしまうという、一見して奇妙なオプションのシナリオとなる。図13.5で、そのようなオプションのペイアウトのグラフを、通常のヨーロピアン・オプションと比較して示している。

　このようなオプションは、時に「リバース」（原注8）ノックアウトまたはイン・ザ・マネー・ノックアウトと呼ばれ、ヨーロピアン・オプションや

図13.5　アップ・アンド・アウトのGBPコール（USDプット）の買いの例。権利行使価格1.50、権利消滅条件1.60（ITM型またはリバース・ノックアウト型）、支払プレミアム0.28%（USD当り）。通常のヨーロピアンGBPコール（USDプット）の買い、権利行使価格1.50、プレミアム2.98%との比較も示している

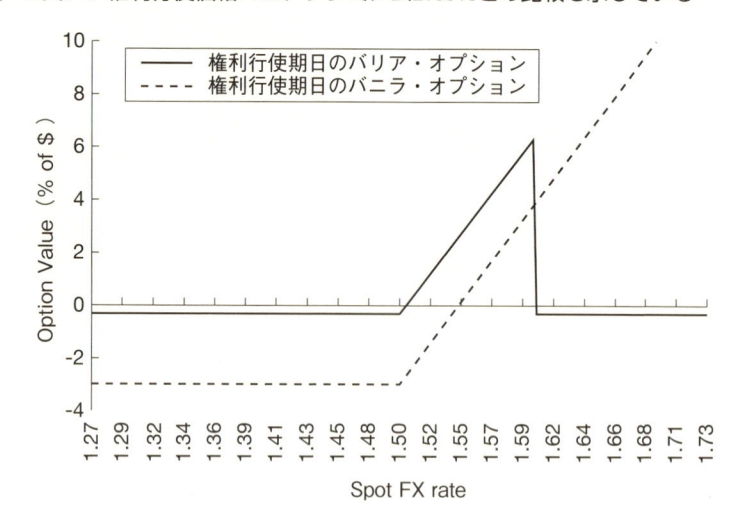

プレーンな外国為替取引の特性である連続的なペイアウトと異なり、「不連続的ペイアウト」（原注9）があるといわれている。図13.5では、バニラ・オプションの連続的な支払の特性を、イン・ザ・マネー・オプション、つまりリバース・バリア・オプションの急激な不連続性と比較している。

このタイプのオプションは、価格が通常のヨーロピアン・オプションよりも非常に安くなることがあり、投機目的またはハイリスク・ヘッジ戦略に幅広く利用される。

（原注6）　FX「ポイント」とは、通常、FXレートの小数点以下第4位を示す。たとえば、GBP／USDの場合、1ポイントは0.0001であり、GBPが1.50から1.60に上昇した場合、これはレートの0.10または1,000ポイントの上昇を示す。ポイントは、外国為替市場で取引される（通常の）最低の値動きの単位を示しているので、通貨によっては小数点以下第2位がポイントとなる（たとえば、JPY／USDのスポットが121.15から121.20に変動した場合、その変動は5ポイントとなる）。

（原注7）　「本源的価値」とは、オプションの行使によって受け取る金額のことをいう。つまり、行使価格と原資産である外国為替レートの差異である。

（原注8）　「リバース・バリア」という用語は、FENICS（通貨オプションプライシングのための店頭市場の標準ソフトウェア）によって「オプションの本源的価値が増加するほど、トリガーに達する可能性が高くなるバリア・オプション」として導入された。

（原注9）　すべてのイン・ザ・マネー・バリアが不連続的なペイアウトの特性をもつわけではなく、それはスポット／バリア／行使価格の関係に依存するが、すべての「リバース」バリアは不連続的な特性をもつ。

②　ノックアウト・バリア、「ダウン・アンド・アウト」

バリアは、行使価格より低く設定される。

ヨーロピアン・タイプの通貨オプションで、権利行使期日前にいずれかの時点で事前に決められた外国為替レート（バリアレベル）に達した場合、終了する（図13.6）

ノックアウト・ダウン・アンド・アウト・オプションは、原資産であるスポットレートが事前に決められたレベルより低下した場合は失効し、アップ・アンド・アウトと同様に、通常はバリアをアウト・オブ・ザ・マネーに

図13.6　ノックアウト・バリアの例（ダウン・アンド・アウト型）

設定して組成される。

■例2

米国の銀行の英国支店において、GBP建てで現地の費用を支払っているが、収入と会計はUSD建てとなっている。GBP建ての費用は、GBP高によりGBPがより多くのUSDに換算されるリスクにさらされている。予算上は、1.50（USD／GBP）が交換レートとして設定されている。GBP高に対する防御策として、同行はGBPコール（USDプット）を行使価格1.50、バリア1.40で購入する。現在のスポットレートは1.50であるため、このオプションはアット・ザ・マネー、スポットである。

この例では、銀行は1.50を超えるGBPの上昇からコールによって完全に保護されているが、1.40のバリアが設定されており、オプションの有効期間中にスポットレートがこのレベルを下回ると、オプションは終了する。ただし、1.40の場合、同行はGBPを買うことによって、支払費用を低いレートでカバーすることが可能になるため、当初の1.50のバニラ・オプションの失効を心配する必要はない。

アップ・アンド・アウト・バリアと同様に、ダウン・アンド・アウトも通常のヨーロピアン・タイプ、つまり「プレーン・バニラ」オプションよりも低コストである。上記の例を使用すると、1年物の1.50GBPコール（USD

プット）でバリアが1.40の場合、コストは1GBP当り2.85米セントであるのに対し、通常のヨーロピアン・タイプのGBPコール（USDプット）では2.98米セントである。ペイオフは、スポットGBPレートが1.40まで下落してオプションが終了（「ダウン・アンド」といわれるゆえんである）しない限り同じである。通常のヨーロピアン・タイプの1.50GBPコールと比較したリスクは、1.40でオプションがキャンセルされた後、銀行が何の防御ももたない状況で（そして、すでにプレミアムも支払ったうえで）、スポットレートが1.50の領域またはそれ以上まで反騰する可能性があることである。しかし、この銀行は、1.40のバリアレベルに達したなら、そのレベルにおいてGBPを購入し、より有利なレートを固定する機会をもてたはずである。このレベルのスポットにおいて、同行は、「消滅」してしまったオプションに対してプレミアム450ポイント（3％×行使価格1.50）を支払うことにはなるが、1,000FXポイント（1.40–1.50）の利益を得られることになる。

バリアの1.40は、行使価格1.50に対してアウト・オブ・ザ・マネーに設定されており、これはこのタイプのバリア・オプションについては普通だが、アップ・アンド・アウトと同様に、ダウン・アンド・アウトでも、バリアのトリガー・レートをイン・ザ・マネーとして設定することも可能である。たとえば、前述のオプションがGBPプットで、行使価格が1.50、バリアが1.40であった場合である。図13.7は、この場合のペイアウトのグラフを、プレーン・バニラGBPプットと比較して示している。

このオプションの不連続的なペイアウトの性質、そして、このようなオプションの価格が通常のヨーロピアン・タイプと比較して非常に低くなりうることがおわかりいただけるだろう。イン・ザ・マネー・ノックアウトは、投機目的またはハイリスク・ヘッジ戦略に広く利用されている。

③　バリア・ノックイン、「アップ・アンド・イン」

バリアは、行使価格より高く設定される。

ヨーロピアン・タイプの通貨オプションで、権利行使期日より前のいずれかの時点で、事前に設定された外国為替レート（バリアレベル）に達

図13.7　ダウン・アンド・アウトのGBPプット（USDコール）の買いの例。権利行使価格1.50、権利消滅条件1.40（ITM型またはリバース・ノックアウト型）、支払プレミアム0.35%（USD当り）。通常のヨーロピアンGBPプット（USDコール）の買い、権利行使価格1.50、プレミアム3.05%との比較も示している

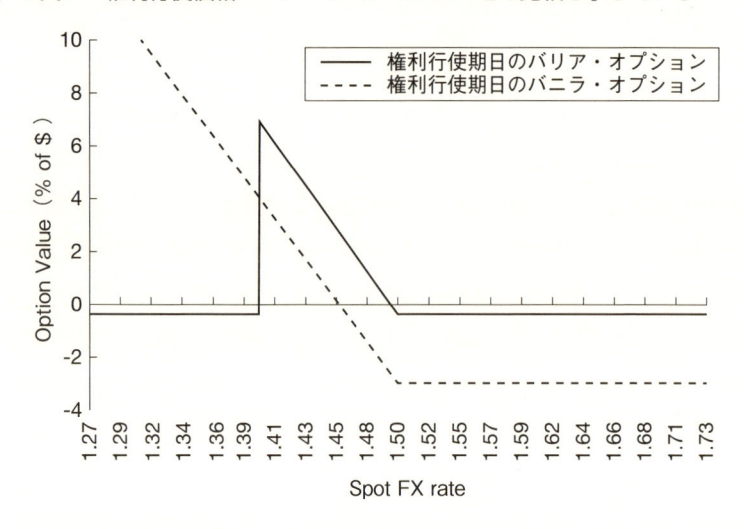

した場合のみ行使できる。バリアに達すると同時に、ノックインは実質的にバニラ・オプションとなる（図13.8）

前出の2種類のノックアウト・バリア・オプションは、いずれもスポット

図13.8　バリア・ノックインの例（アップ・アンド・イン型）

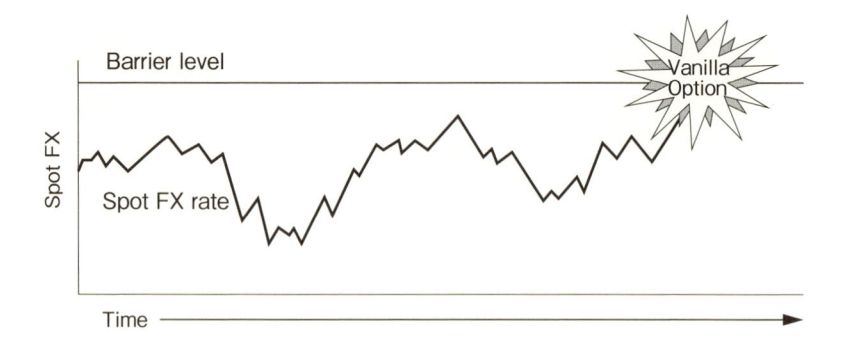

がトリガー・ポイント（バリア）に到達した時にオプションがキャンセルされるという特徴をもっていた。こちらの2種類のノックインは、いずれもスポットがバリア・ポイントに達した時にオプションが発生するという特徴をもつ。そのうち一つ目は、アップ・アンド・イン・バリア・オプションであり、スポットがトリガー・ポイントまで上昇するまで、オプションが発生しないものである。

■例3

　ある投機家が、間もなく行われる英国の総選挙において、現政権が勝利すると考えている。このケースで、そのとおりの結果となった場合、GBP／USDのレート（現在1.50USD／GBP）は上昇することが見込まれる。しかし、投機家は、そのようなGBP高は短期的で、最終的には、過小評価と考えられるUSDに対して、GBPの価値は低下するとも考えている。

　この投機家は、1年物アップ・アンド・イン・バリア・オプションを、GBPプット（USDコール）、行使価格1.50（アット・ザ・マネー、スポット）、トリガー・ポイント1.60で購入する。プレミアムは非常に低く、0.17%、つまり25 1／2FXポイント（0.17×1.50）である。

　この例では、GBP／USDのスポットレートが1.60のトリガー、つまりバリアまで上昇しなければオプションは発生しない。この時点において、もともとの満期に権利行使期限を迎える1.50のGBPプット（USDコール）が発生する。この事由が発生した場合、オプションの購入者は、GBP／USDのレートが反落し、オプションの本源的価値が発生する1.50未満まで低下することを期待する。このため、アップ・アンド・インは、この例の投機家のように、外国為替レートの動きが反転することを期待する購入者にのみ適している。図13.9は、連続的な支払のある（通常の）プットの特性を示しており、ノックイン・バリア・オプションはバニラと比較して非常に低コストに思えるが、もちろん、この特性が発生する前にはバリアに達する必要があり、そうでなければあらゆるスポットのレベルでプレミアムの損失が発生す

図13.9　アップ・アンド・インのGBPプット（USDコール）の買いの例。権利行使価格1.50、ノックイン価格1.60、プレミアム0.17%（USD当り）の場合。図はノックイン後の状態を表し、ノックインしなければプレミアムの支払額がそのまま損失となる。権利行使価格1.50の通常のヨーロピアンGBPプットの買い（USDコール）、プレミアム3.05%との比較も示している

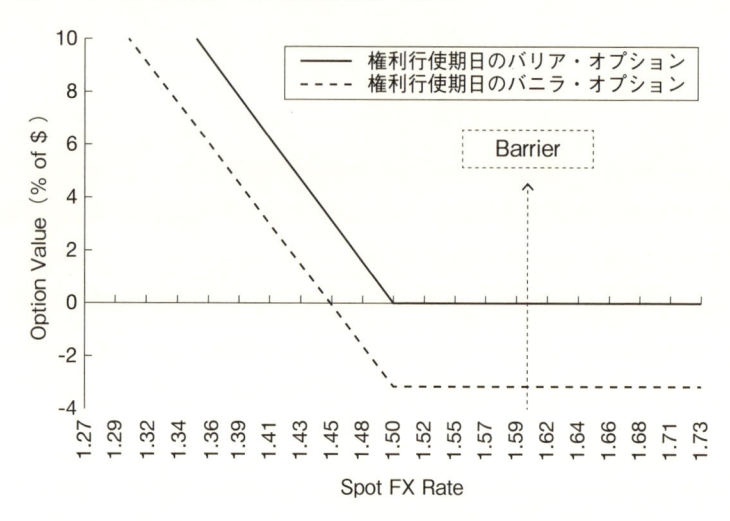

ることになる。

　ノックインの価格はわずかに0.17%と、通常の1.50GBPプット（USDコール）の3.05%と比較して非常に有利であり、連続的なペイオフの特性も保持している。しかし、購入者が通常の1.50GBPプット（USDコール）を購入する前に、スポットが1.60に達するまで待たなければならない場合、何が起こるかを想像してみてほしい。そのコストは、スポットが1.60に達したのと同日に購入した場合には、最も安くて約1.00%となる（スポットが10米セントも上がる必要があることを考えれば、この可能性は低いが）。1カ月後、11カ月物GBPプット（USDコール）のコストは、スポット1.60の場合で、まだ0.85%米セントである。4カ月後においても、そのコスト（8カ月物オプション）は、まだ0.56%だ。このため、アップ・アンド・イン・バリアは、オプションの購入方法として非常に低コストである。しかし、購入者は取引

から利益を得るために、2回以上の事由を必要とする。つまり、まずGBP／USDのスポットレートが、選択した期間中に上昇する必要があり、それから逆方向に向かい、すべての「失地」を取り戻し、オプション権利行使期日前にスポットレートが、権利行使価格まで戻る必要がある。求められる条件が多いのである。

ノックイン・バリア・オプションのプライシングは、スポットがトリガー・ポイントに到達する確率を反映している。このため、バリアが現在のスポットレートに近ければ近いほど、オプションの価格は高くなり（バリアに到達する可能性が高い）、バリアから離れるほど、オプションも安くなる（バリアに到達する可能性が低い）。

アップ・アンド・イン・バリアは通常、上記の例のように、行使価格に対してアウト・オブ・ザ・マネーのトリガー・ポイントを使用して組成される。スポットに対してバリアをイン・ザ・マネーに設定したアップ・アンド・イン（上記の例でのGBPコール）は、本源的価値が増加するが、それはスポットレートがバリア・ポイントに達しない限り発生しないという、一見して奇妙なオプションのシナリオとなる。図13.10は、イン・ザ・マネー（または「リバース」）・バリア・オプションを通常のヨーロピアン・オプションと比較したペイアウトのグラフを示している。

このケースでは、たとえスポットレートが有利な方向（つまり上昇）に動いたとしても、購入者はバリアがトリガーに達するまでオプションをもたない。プレミアムはプレーン・バニラと比較してほとんど違いがなく、これは1年間のオプション有効期間の間にノックインされる数学的な確率が高いことを示している。このオプションの価格は、ボラティリティ8％（年率）を使用して計算されている。予想取引レンジは、1標準偏差の範囲（確率約66％）として、1.3889〜1.6200（それぞれ1.50÷1.08、1.50×1.08）と計算できる。この計算は単純だが、これには1.60のトリガー・レベルが含まれていることがわかる。このため、（市場で取引されている）インプライド・ボラティリティ率がより低くなれば、スポットが1.60のバリアに達する可能性が

図13.10 アップ・アンド・インのGBPコール（USDプット）の買いの例。権利行使価格1.50、ノックイン価格1.60（ITM型またはリバース・ノックイン型）、プレミアム2.70%（USD当り）の場合。権利行使価格1.50の通常のヨーロピアンGBPコール（USDプット）の買い、プレミアム2.98%との比較も示している

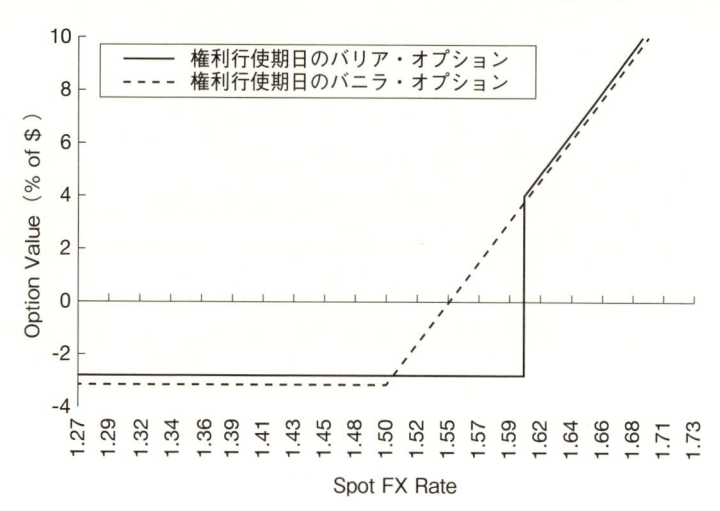

低くなるため、このオプションのプレミアムは低下する。

④　バリア・ノックイン、「ダウン・アンド・イン」

バリアは、行使価格より低く設定される。

図13.11　バリア・ノックインの例（ダウン・アンド・イン型）

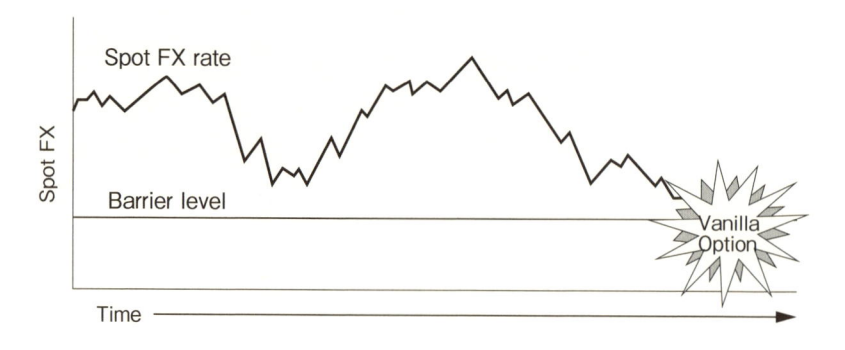

ヨーロピアン・タイプの通貨オプションで、権利行使期日より前のいずれかの時点で、事前に設定された外国為替レート（バリアレベル）に達した場合のみ行使できる。バリアに達すると同時に、ノックイン・オプションは実質的にバニラ・オプションとなる（図13.11）

ダウン・アンド・イン・オプションは、スポットレートが事前に設定されたバリア、つまりトリガー・ポイントまで低下した場合にのみ発生する。アップ・アンド・インと同様に、その利用は投機的で、スポットレートが一定のレベル、つまりバリア・ポイントまで低下し、その後、反騰して権利行使価格、そして、さらにそれ以上に上昇することが見込まれる場合に適用される。

■例4

ある投機家が、予想外の利下げが発表された際、GBP／USDのレートは急落するが、海外からの投資によって株式市場と国債市場が持ち直すとともに、着実に回復すると考えている。

その投機家は、GBPコール（USDプット）を行使価格1.50（USD／GBP）、ダウン・アンド・イン・バリア1.40で購入する。現在のスポットレートは1.50で、1年物オプションのプレミアムは、わずかに0.13％、つまり19FXポイントである。

わずか0.13％のプレミアムは、通常の1年物ヨーロピアン・タイプの1.50GBPコール（USDプット）のプレミアム2.98％と対照的だが、もちろん、オプションの発生までにGBP／USDレートは現在のスポットレート1.50から10米セントも低下する必要がある。この事由が発生した場合、購入者は、権利行使期日までにGBP／USDレートが1.50を超えて上昇することを証明しなくてはならない。この状況は、数学的には「ほとんどありえない」ことであり、きわめて少ないプレミアムは、その事由が起こりうる確率を示している。しかしながら、失うものはきわめて小さく、こうした外国為替レートの「反発」は市場で頻繁に起こっていることである。このタイミング、およびトリガー・ポイントの設定は、多少の運も必要になる部分だ。図

図13.12　ダウン・アンド・インのGBPコール（USDプット）の買いの例。権利行使価格1.50、ノックイン価格1.40、プレミアム0.13%（USD当り）の場合。図はノックイン後の状態を表し、ノックインしなければプレミアムの支払額がそのまま損失となる。通常のヨーロピアンGBPコール（USDプット）の買い、権利行使価格1.50、プレミアム2.98%との比較も示している

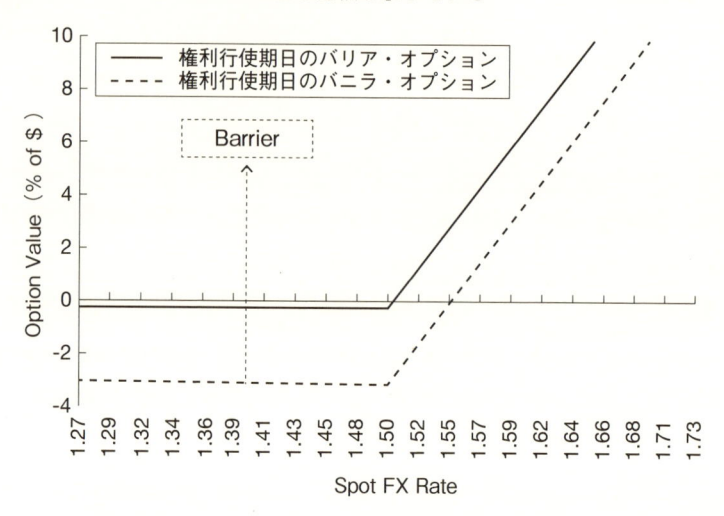

13.12は、GBP・コール・オプションの典型的な連続的ペイオフ特性を示している。バリアはバニラに比較して非常に安いようにみえるが、もちろん、そのような特性が発生する前にバリアに到達することが必要であり、そうでなければ、あらゆるスポットのレベルにおいてプレミアムの損失が発生する。

　ダウン・アンド・イン・バリアは、上記の例のように、通常はトリガー・ポイントを行使価格に対してアウト・オブ・ザ・マネーに設定して組成される。行使価格に対してバリアがイン・ザ・マネーに設定されたダウン・アンド・イン（上記の例でのGBPプット）は、スポットレートが低下するにつれて本源的価値が増加するが、それはバリア・ポイントである1.40に達するまで存在しないという、一見して奇妙なシナリオを生じさせる。図13.13は、イン・ザ・マネー（または「リバース」）・バリア・オプションのペイアウト

図13.13　ダウン・アンド・インのGBPプット（USDコール）の買いの例。権利行使価格1.50、ノックイン価格1.40、プレミアム2.70％（USD当り）の場合。通常のヨーロピアンGBPプット（USDコール）の買い、権利行使価格1.50、プレミアム3.05％との比較も示している

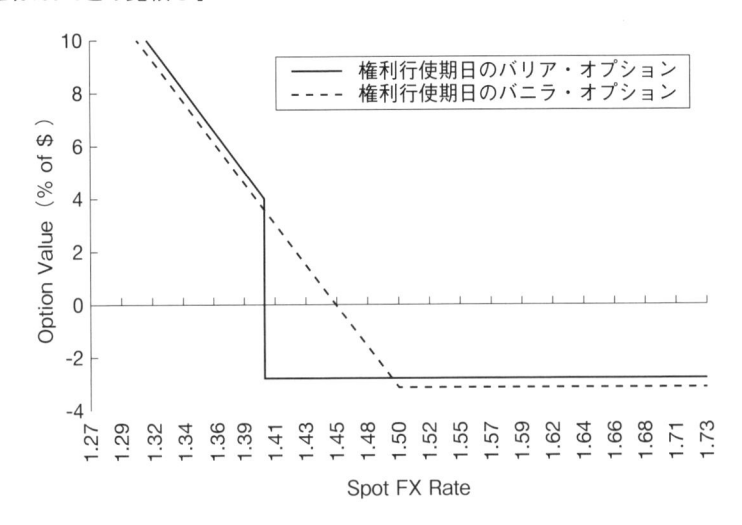

のグラフを、通常のヨーロピアン・オプションと比較して示している。

　このケースでは、たとえスポットレートが有利な方向（つまり下落）に動いたとしても、バリアに到達するまで購入者にオプションが発生しない。プレミアムは、プレーン・バニラと比較して、ほとんど違いはなく、これはオプションが1年間の有効期間内にノックインされる数学的な確率が高いことを示している。このオプションの価格は、ボラティリティ率8％（年率）を使用して計算されている。簡単にいえば、潜在的なスポットの分散は1.3889〜1.6200（それぞれ1.50÷1.08、1.50×1.08）であり、明らかにトリガー・レベル1.40を包含している。このため、取引される（インプライド）ボラティリティ率が低ければ、スポットが1.40のバリアに達する可能性が低くなるため、このオプションのプレミアムは低下する。

図13.14　権利行使価格1.50のGBPコール（USDプット）について、ノックアウト価格1.60のリバース・ノックアウトの買いとノックイン価格1.60のリバース・ノックインの買いの合成は、権利行使価格1.50のバニラ・ヨーロピアンGBPコールの買いと等しい

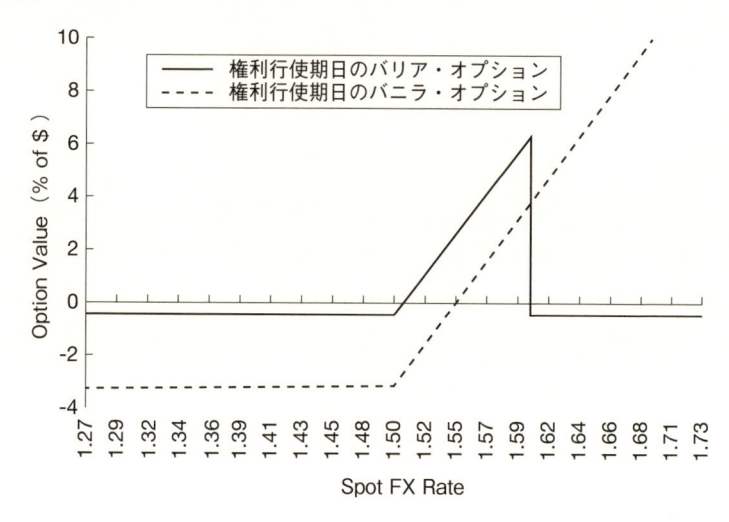

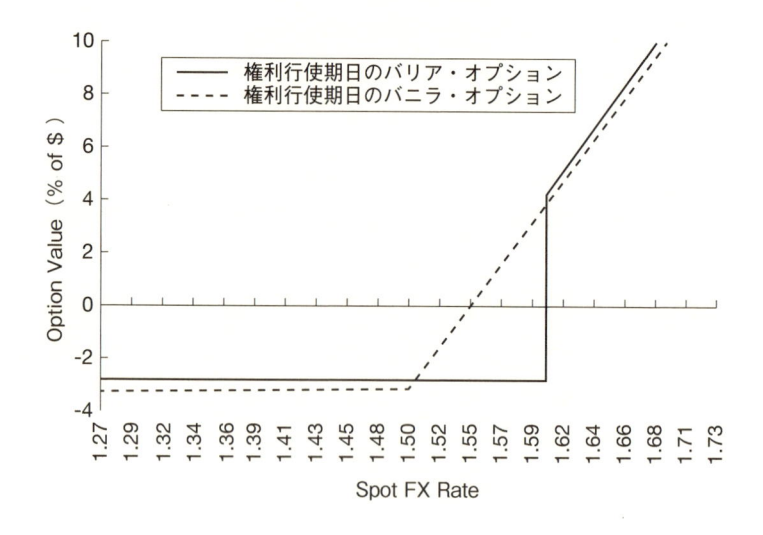

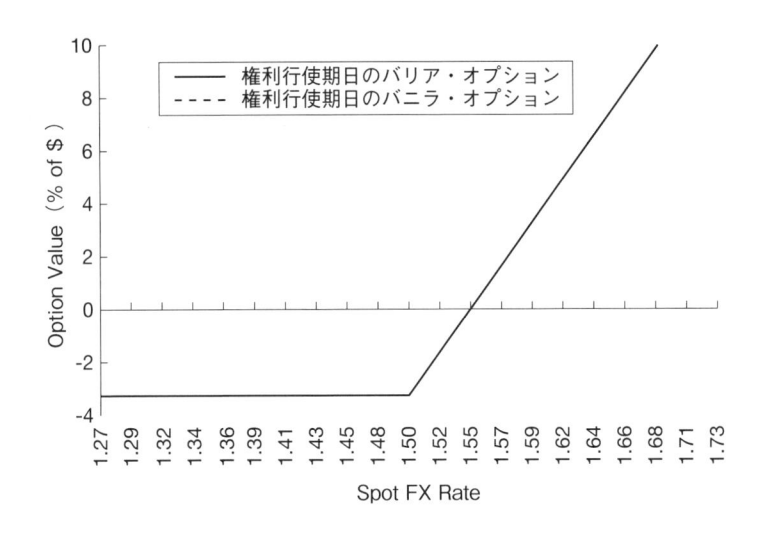

(1) バリア・パリティ

オプションに関するさまざまな側面がそうであるように、バリアも第一印象ほど複雑なものではない。通常のヨーロピアン・オプションでは、まさにただ一つのデリバティブ、つまりオプションしか存在せず、また、それは、原資産である外国為替取引（プット・コール・パリティ）を通して一方からもう一方に転換できるため、コールであるかプットであるかは関係ない。バリアについてもこれは同じである。そこにはただ一つのデリバティブ、バリアが存在するのみである。しかし、こちらの場合は、トリガーの方向によって二つに分かれる。それ以外の点では同じように、基礎となるヨーロピアン・オプションを通じて一方からもう一方に転換することができる。

たとえば、行使価格、バリア、金額および権利行使期日が同じであるアップ・アンド・アウトとアップ・アンド・インを購入するケースを考えてみよう。スポットが共通のトリガー・ポイントまで上昇した時、購入者は、キャンセルされるオプション一つと、発生するオプション一つを有することになる。すべてのケースにおいて、購入者は、何が起こったとしても常にオプ

ションをもっており、これは最初に通常のヨーロピアン・オプションを購入する場合と同じである。この非常に単純なバリア・パリティの法則に留意していただきたい。

ノックアウト・オプション＋ノックイン・オプション＝通常のヨーロピアン・オプション（行使価格、トリガー、金額、および権利行使期日が同じと仮定）

　このきわめて単純な公式は、他の2種類の価格がわかっていることを前提として、1種類のオプションの価格を算定する際に使用することができる。上記の例から、通常のGBPプット（USDコール）・ヨーロピアン・オプションのプレミアム3.05％から、288ページであげた例1のアップ・アンド・アウトのプレミアム2.88％を引くことにより、295ページであげた例3のアップ・アンド・インのプレミアムが0.17％になることがわかる。同様に、GBPコール（USDプット）・ヨーロピアン・オプションのプレミアムは、292ページと299ページのダウン・アンド・アウトおよびダウン・アンド・イン・バリア・オプション（例2と例4）のプレミアムの合計と一致する。

　図13.14のグラフは、この単純な等価性を説明するため、「リバース」タイプのバリアを用いた上記の例から再掲しており、ノックアウトとノックイン・オプションのそれぞれによってどのようにバニラが構成されるのかを示している。

(2)　バリアのプライシング

　通常のアウト・オブ・ザ・マネー・バリアは、時に通常のバニラと同様にボラティリティでクォートされることがあるが、他のバリア（リバース・ノックイン／ノックアウトのような）は、一部のケースにおけるベガの特殊な動きのため、プレミアムでクォートされる。たとえば、リバース・バリア・オプションをロングしながら、ベガ（原注10）をショートすることも可能だ（バニラ・オプションでは、ロング・オプション・ポジションは常にベガ・ロング、つまりポジティブ・ベガである）。

なぜこのようなことが起こるのだろうか。ボラティリティの上昇によってスポットがバリア・ポイントに到達する確率が上昇し、ノックアウトの価格が低下する（しかし、ノックインの価格は上昇する）という事実について考えてみればいい。オプション価格がボラティリティ上昇により低下するとすれば、ロング・バリア・オプション・ポジションのベガはネガティブということになる。そのようなケースでは、セータがポジティブな状況で、ガンマもネガティブになるだろう。これはノーマル（バニラ・オプションの）とはまったく正反対である。デルタが「ノーマル」、すなわち、購入したコール・オプションではポジティブで開始され、その後、「反転」してネガティブになる可能性もある。

　現在のスポットのバリアレベルに対する関係性は、この点で非常に重要である。たとえば、アップ・アンド・アウト・リバース・ノックアウトの例と図13.5（1.50GBPコールでノックアウトが1.60）をみると、このオプションは、わずかに0.28％という評価になっていることがわかる。このプレミアムを算定するために使用されたボラティリティは8.0％である。これはスポットがオプション有効期間である１年の間にバリアレベルである1.60に到達する確率の高さを十分に示しており、そのためにプレミアムも少額となっている。ボラティリティを9.0％に上げれば、さらに確率は高くなり、実際に、プレミアムは0.28％からさらに0.22％に低下することになる。

　同じ例について、もう一つの要因が浮上する。0.28％のプレミアムがそのような理論的なレベルで市場において取引される可能性は低い。実際、この特定のオプションは、0.40％前後のプライシングがされる可能性が高く、同等のノックインの価格は、ノックアウトとの合計をプレーン・バニラのプレミアム2.98％と一致させるため、2.70％から2.58％まで低下する。リバース・バリア・オプションの多くは、その理論上の価値よりも、ある程度高い価格または低い価格で取引されている。

　その理由は、インプライド・ボラティリティで取引されるアウト・オブ・ザ・マネー・オプションは、理論上の価格、つまりブラック・ショールズ・

モデルによる価格よりも高い価格で取引されるという、プレイン・バニラの効果と類似している。ブラック・ショールズ・モデルにおいては、第6章で考察したとおり、取引されているインプライド・ボラティリティの「スマイル」または「スキュー」効果の余地はないが、リバース・バリアの場合は、ボラティリティ・レベルを調節することは現実的ではなく、市場はプレミアムの価値の上昇に基づいて取引する。その基本的な理由は、このような低価格のオプションは、あまりにも安すぎると考えられ、需要は常に買いのほうにあるため、昔ながらの供給／需要の法則により、価格が上昇するのである。

　理論家らは、このようなオプションにとって「正確な」価格は何であるのかを説明するために懸命な努力を重ねてきており、「正しい」価格にたどりつくための方法を扱うたくさんの論文を発表してきたが、もちろん、これは常に結果論であった。結局、利益をあげなければいけないディーラー、ヘッジをしたい企業、および有利な価格を見つけ出したい投機家たちによって、正しい価格が決定されるのである。時が経過し、リバース・バリアの経験が積まれることによって、市場は最終的に特定のモデルに落ち着くか、または低デルタ・ストラングル（原注11）やリスクリバーサル（原注12）がプレーン・バニラ・オプションのボラティリティの観点から取引されているように、差異を変数として取引するようになる。

　（原注10）　「ベガ」とは、取引されている（インプライド）ボラティリティが変動した場合のオプションプレミアムの金額変動を意味する。バニラ・オプションでは、取引されているボラティリティの上昇は、権利行使期日の行使の不確実性を上昇させるため、プレミアムが上昇する。
　（原注11）　低デルタ・ストラングル（おもに25％デルタ）は、オプションの行使価格の変化に応じたボラティリティの「スマイル」効果を取引するために利用され、アット・ザ・マネーの50％デルタ・オプションに対するプレミアムがボラティリティでクォートされる。第8章の「スマイルを利用したトレーディング」参照。
　（原注12）　リスクリバーサル（おもに25％デルタ）は、類似するデルタ（たとえば25％）の行使価格をもつコールとプットの差異を取引するために使用さ

れ、どちらか一方が他方に対してプレミアムとなるようにボラティリティでクォートされる。第8章「スポットの方向性の偏りを利用したボラティリティの取引」参照。

(3) バリア・ヘッジ——アウト・オブ・ザ・マネー・オプション

あらゆる種類のバリア・オプションは、通常のプレーン・バニラ・オプションと同様に開始時にデルタをヘッジすることができる。通常のアウト・オブ・ザ・マネーのバリア・オプションは、普通は過度に多くの問題を生じさせることはなく、通常はプレーン・バニラ・オプションと同じポートフォリオのなかに含まれている。アウト・オブ・ザ・マネーのバリアはグリークスの観点からは異なる動きをする（たとえば、アウト・オブ・ザ・マネー・ノックアウトのデルタは、同等のバニラよりも高いが、ガンマは低く、スポットがトリガー・レートに近い場合は、ほとんどゼロとなることもある）が、トレーダーがトリガー・レートに達した際にデルタヘッジを解消することができるとすれば、ヘッジは比較的容易である。

デルタヘッジを利用する以外に、通常のアウト・オブ・ザ・マネー・バリアに適用できる有用なヘッジ戦略がある。これは、市場においてヘッジが（理論上）ゼロ・コストで反転するトリガー・ポイントにスポットが到達しない限り（デルタヘッジと異なり）、ヘッジを調節する必要がないため、よく「スタティック」ヘッジと呼ばれる。たとえば、トレーダーが、1.50でノックアウトするダウン・アンド・アウトのアット・ザ・マネー・コールを行使価格1.55で売却することを想定すると、スタティック・ヘッジは以下のように構成されうる。

(1) 権利行使日が同じである行使価格1.55のバニラ・コールを購入する。

(2) 権利行使日が同じだが、スポットが1.50のトリガーに達した時点でプットと上記コールが同じ価値になるレートで行使価格を設定したバニラ・プットを売却する（つまり、リスクリバーサル）。話を単純化するため、プットの行使価格を1.45と想定し、図13.15で示すように、プット−バリ

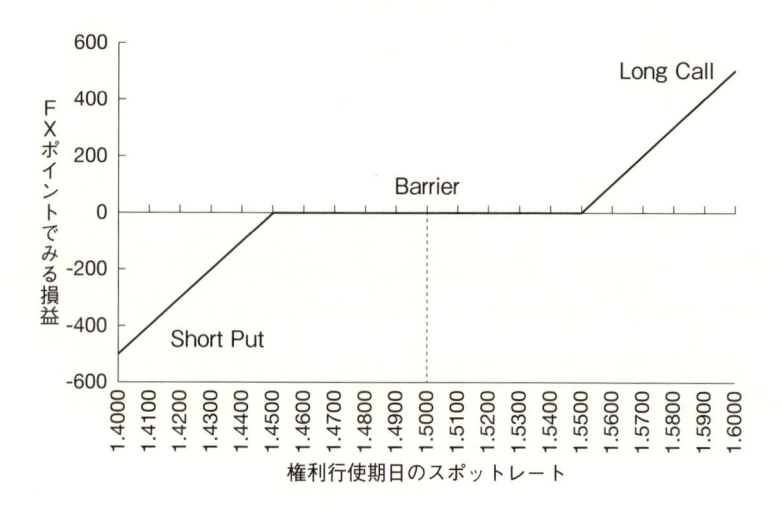

アーコールの関係を1.45−1.50−1.55としてみる。これは、1.50（バリア、またはトリガー・ポイント）では、コール・オプションとプット・オプションは、ともに同じ程度（0.05、または5ビッグ・フィギュア）でアウト・オブ・ザ・マネーとなることを意味している。

このアイデアは、購入した1.55のコールが、ノックアウトのバニラの部分を正確にカバーしており、売却した1.45のプットから受領したプレミアムが、低いノックアウトのプレミアムを補っているということである。仮に、スポットがバリアの1.50に到達することがなければ、購入したコール⑴と売却したノックアウト・コールが相互に打ち消しあい、売却した1.45プット⑵は価値を失い失効する。スポットがバリアの1.50に到達してコールがノックアウトした場合、購入したコール⑴を売却することができ、売却したプットを、同じ額面金額で再購入することができる。つまり、ゼロ・コストでのリスクリバーサルである。

ノックイン・オプションのスタティック・ヘッジは、上記の例におけるノックアウトのスタティック・ヘッジから直接導き出される。バリア・パリ

ティにより、同様の仕様をもつノックアウトとノックインを足すとバニラと同じであることがわかっているので、この単純な公式を適用して、アウト・オブ・ザ・マネー・ノックインに必要なスタティック・ヘッジを取得することができる。

(1) （ロング）ノックアウト・コール＋（ロング）ノックイン・コール＝（ロング）バニラ・コール

または、

＋ノックアウト・コール＋ノックイン・コール＝＋バニラ・コール

である場合、

(2) ＋ノックイン・コール＝＋バニラ・コール－ノックアウト・コール

また、スタティック・ヘッジの例から、

(3) ＋ノックアウト・コール＝＋バニラ・コール－バニラ・プット（推定行使価格による）

であることがわかっているため、(3)で下線を引いた部分を(2)の「ノックアウト・コール」に代入すると、以下が得られる。

＋ノックイン・コール＝＋バニラ・コール－（＋バニラ・コール－バニラ・プット［推定行使価格による］）

または、

＋ノックイン・コール＝－バニラ・プット（推定行使価格による）

または、

(4) －ノックイン・コール＝＋バニラ・プット（推定行使価格による）

このため、ノックアウト・コールについて推定された行使価格で売却された単純なプットは、ノックイン・コールのスタティック・ヘッジである。これは、トレーダーが1.55のノックイン・コールを顧客に販売する例を検討することによって証明することができる。これは、そのスタティック・ヘッジが、スポットがバリアの1.50に到達した際にプットとノックイン・コールのプレミアムを同額にする推定行使価格である1.45を行使価格とする、バニラ・プットの単純な購入（上記(4)参照）となることを意味している。この時点において、トレーダーは、1.55のバニラ・コールをショートとし、1.45のバニラ・プットをロングとし（リスクリバーサル）、これらは市場でプレミアムがゼロで取引される可能性がある（推定行使価格の1.45が正しいと証明されることを前提とする）。

ここではスタティック・ヘッジの原則を、明快さのため、単純な用語を使って説明している。例のなかの、推定行使価格によるバニラ・オプションの額面金額は、ノックアウトまたはノックインされたバニラと同様である。比率は、両方のケースとも1：1としている。実際には、この比率は異なる場合がある。数学的には、推定行使価格によるオプションは、コールについては行使価格／バリア、プットについてはバリア／行使価格の比率で実施する必要がある。この比率は、通常は1：1に非常に近く、FENICSは、アウト・オブ・ザ・マネー・バリアのプライシングをする際、これを「ヘッジ・レシオ」として表示する。

スタティック・ヘッジは、原資産であるバニラ・オプションとバリアの決定要因がフォワード・バリア（原注13）となるアウトライト・フォワード・レート（原注14）に対して特に有効に働く。これは、原資産バニラのプライシングには先物が使用されるが、ノックインまたはノックアウト事由がスポットによって決定される通常の（スポットの）バリアと比較し、はるかに単純である。

スタティック・ヘッジの厄介な部分は、売却するオプションの行使価格の決定だ。スポットがノックアウト・オプションの決定要因となっているた

め、その事由（つまりノックアウト）がいつ発生するかは知りようがなく、スポットがバリアに達した時点でリスクリバーサルがネット・ゼロ戦略ではなくなる可能性がある。さらに、ボラティリティ・スマイルおよびスキュー効果が、変動する可能性があることが問題として加わる。しかし、スタティック・ヘッジには確かにメリットがあり、特にトレーダーが、オプションの有効期間中にバリアが破られることがないと考えている場合には、合理的なヘッジとなる。

<blockquote>
（原注13）　バリア・ポイントは、スポットレートでなく、フォワードレートに対して設定することも可能である。こうしたオプションは、フォワード・ノックアウトもしくはノックイン、またはフォワード・バリアとして知られている。これらが、市場でみられることはまれである。

（原注14）　「アウトライト・フォワード」または単に「アウトライト」は、一定期間において、スポットレートに為替スワップをプラス、またはマイナスするものである。スポットが1.5565で取引されており、1カ月物のスワップが－25でクォートされている場合、アウトライト・フォワードは1.5540となり、ヨーロピアン・タイプのオプション、つまり権利行使期日にしか行使できないオプション（この例では現在から1カ月後）のプライシングの原資産レートとなる。
</blockquote>

(4)　バリア・ヘッジ──イン・ザ・マネー・オプション

　上記で説明したアウト・オブ・ザ・マネー・バリアのスタティック・ヘッジの原則は、トリガー・ポイントにおいて本源的価値をもつオプション、たとえばリバース・バリアやその他のイン・ザ・マネー・オプションなどには効果がない。

　この問題は、ヘッジを行う銀行がバリア・ポイントにおいて本源的価値の瞬間的な損失（または利益）に直面するという、リバースおよびその他のバリアがもつ不連続的なペイオフ特性によって発生する。スポットがバリアに接近または遠ざかることによってオプションの本源的価値が増加または減少するため、これによってオプションのデルタが100％を超える可能性がある。このようなケースでは、オプションのプレミアムは、原資産であるスポット

レートの変動を超えて増加または減少し、オプションのデルタヘッジに関する通常の考え方を覆すものとなっている。この効果は、オプションの権利行使期日に近い時期にスポットがバリアに接近することによって極端になることがあり、非常に高いガンマを生じる。

　この非常に特殊な特性をさらに説明すると、リバース・バリア・オプションのデルタが100を超えている場合、たとえばアップ・アンド・イン・コールで154％だとすると、バニラの100％（バニラでありうる最大値）と同等になるためには、この章で前述したバリア・パリティを通じて、ノックアウト・コールには少なくとも−54％のデルタが必要になる。これはその通貨を（プットであるかのように）ショートする潜在的リスク・ポジションをもつコール・オプション（ノックアウトではあるが）を所有するケースであり、別の言い方をすれば、その通貨を買う権利をもたらすオプションをヘッジするために、原通貨を買わなければならないということだ。その理由は、ノックアウトされるオプションに対するヘッジが必要になるためであり、上記の例では、スポットレートがバリアまで上昇した場合に起こりうる。このため、このヘッジは、バリアにおける（ノックアウトされた）オプションの合計損失と本源的価値を埋め合わせる利益（スポットレートの上昇に対するロング）を提供する。

　デルタのレベルおよびデルタがロングからショートに反転するという事実、ならびにリバース・バリアの不連続性を考慮すると、一般的に、このようなオプションを通常の方法でヘッジすることは実質的に不可能であると考えられる。ヘッジによる不連続効果の一部を、デジタル（この章で後述する）など類似のペイアウト特性をもつオプションの利用、または不連続な特性を再現するバニラ・スプレッド（コール／プット・スプレッドを広くまたは狭くしたもの）を構築することによって無効化することは可能だ。問題は、これらのヘッジのコストが、不連続的なバリアから得るプレミアムよりも高くなる可能性があるということだ。

(5) 専門用語

　アップ・アンド・アウト、アップ・アンド・イン、ダウン・アンド・アウト、ダウン・アンド・インは、トリガーに対するスポットの方向性、およびオプションのタイプを示す便宜的な用語にすぎない。結局、アップ・アンド・アウトGBPプット（USDコール）は、GBPからみれば適切（「アップ」はスポットの上昇を意味する）だが、USDからみれば不正確だ。アップはUSDの価値減少を意味し（数値が高くなるほどUSDは低くなる！）、そのため、これはダウン・アンド・アウトUSDコール（GBPプット）となる。それとも、数字が増加するのだからやはりアップ・アンド・アウトと考えるべきか。スポットのクォートにどのような方法が使われようが、重要なことはトリガーの方向だけなのである。

　多くのプロフェッショナル・トレーダーは、「アップ」と「ダウン」の表現が混乱を招く可能性を承知しているため、これらの用語は使用せず、単に行使価格とトリガー・レベルに加えて、オプションが「レギュラー」か「リバース」（イン・ザ・マネー）の、ノックアウトかノックインかを伝える。たとえば、「アップ・アンド・アウトのGBPプット、行使価格1.50、バリア1.60」というかわりに、トレーダーは「レギュラーGBP・ノックアウト、行使価格1.50、バリア1.60」というかもしれない。このバリア・オプションは、GBPプットにしかなりえない。なぜなら、GBPコールは、トリガーにおいてイン・ザ・マネーとなり、オプションが「リバースGBP・ノックアウト」になってしまうためである。

　FENICSは、通貨オプションのプライシングにおいて市場で長く愛用されてきたソフトウェアであり[i]、そのため、たえず最新のトレーダー業界用語をできるだけ取り入れるように努めている。一部のケースでは、FENICSは、市場において一般的に採用されてきたオプションのプライシングまたは

---

i　現在ではFENICS以外に多数のリスク管理システムがあり、また、大手金融機関では独自で開発したリスク管理システムを使用している例がある。

特性の特定の側面について独自の用語を導入している。リバース・バリアの「リバース」は、そのような用語の一つである。FENICSによって導入されたその他の業界用語は、それほど広まっていないものの、それでも、オプションのある特性を表現するうえで、非常に有用である。「ウェルス（wealth）」「ヘルス（health）」「ステルス（stealth）」の三つは、そのような用語に含まれており、以下で詳細を示す。うち「ヘルス」と「ステルス」の二つについては、「接触（touch）」の特性をもつバリアやその他のオプションのみに適用され、バニラ・オプションへのバリアの導入によって生じる付加的な関係を適切に説明している。

ウェルスは、行使価格とスポット（フォワード）の関係を表している。以前は「マネーネス」と呼ばれていたウェルスは、オプションがスポットまたはフォワードに対してどの程度イン・ザ・マネーまたはアウト・オブ・ザ・マネーかを示しており、「スポット・ウェルス」「フォワード・ウェルス」と呼ばれる。イン・ザ・マネー・オプションにおいては、フォワード・ウェルスはヨーロピアン・タイプ・オプションの本源的価値となる。

　　ウェルス＝（行使価格／原スポットまたはフォワード）、百分率で表示

■例
行使価格1.55のUSDコール（DEMプット）；スポット＝1.5000；フォワード＝1.4973
スポット・ウェルス＝1.55／1.50＝1.03333＝3.33％OTM
フォワード・ウェルス＝1.5500／1.4973＝1.03520＝3.52％OTM

同等のプットは、同じパーセンテージの数値により、イン・ザ・マネーとなる。

ヘルスは、現在のスポット（フォワード・バリアではフォワード）のバリア価格に対する関係を示す。基本的には、トリガーの偏りを考慮に入れた、オプションのトリガーの部分の「ウェルス」である。

このため、FENICSでは、バリア・オプションがトリガーに達しない場

合、アウト・オブ・ザ・マネー・ヘルスをもち、イン・ザ・マネー・ヘルスの場合はトリガーに達したと考える。オプションのタイプによって、トリガーの到達がオプションの原資産であるスポットとフォワードのいずれに基づくかが決まるため、FENICSはオプションのタイプに応じたヘルス、スポット・ヘルスか、フォワード・ヘルスかのみを示す。

ヘルス＝（バリア／原スポットまたはフォワード）、百分率で表示

■例
行使価格1.55のUSDコール（DEMプット）；スポット＝1.5000；フォワード＝1.4973；（スポット）バリア1.45
スポット・ヘルス＝1.45／1.50＝0.9667＝3.33％OTM

同等のプットは、同じパーセンテージの数値により、アウト・オブ・ザ・マネーとなるが、このオプションは、リバース・バリアである必要があり、そうでなければ、すでにノックアウト（イン）されていることに留意する必要がある。

ステルスは、行使価格に対するバリア価格の関係を示す。これは、トリガーに達した際に、オプションのバニラ部分が、どの程度イン・ザ・マネーまたはアウト・オブ・ザ・マネーになるかを示すという見方もできる。ほとんどの標準的なノックアウトおよびノックインは、アウト・オブ・ザ・マネー・ステルスをもっており、それは原資産であるバニラ・オプションが、トリガーに達した際にアウト・オブ・ザ・マネーになるということを意味する。すべてのリバース・ノックアウトおよびリバース・ノックインは、イン・ザ・マネー・ステルスをもつが、通常のノックアウトとノックインにもイン・ザ・マネー・ステルスをもつものがある。イン・ザ・マネー・ステルスをもつすべてのバリアは、トリガーに達したときに本源的価値をもっており、そのためヘッジが非常に困難である。オプションが権利行使期日に近づき、かつ原資産がトリガーに接近しているときには特に困難になる。

ステルス＝（バリア／行使価格）

■例

行使価格1.55のUSDコール（DEMプット）；スポット＝1.5000；フォ
ワード＝1.4973；（スポット）バリア1.45

ステルス＝1.45／1.55＝0.9355＝6.45％OTM

　同等のプットは、同じパーセンテージの数値によりイン・ザ・マネーとな
るが、このオプションはリバース・バリアである必要があり、そうでなけれ
ば、すでにノックアウト（イン）されていることに留意する必要がある。

(6)　リベート

　時に、バリア・オプションは、リベートとともに組成される場合がある。
これらの固定的な支払は、以下の状況において行われる。

・ノックアウト……リベートは、トリガー・ポイントに到達し、オプション
　がキャンセルされた場合に支払われる。

・ノックイン……リベートは、オプションの有効期間中にトリガーに達しな
　かった場合、権利行使期日に支払われる。

　リベートを特性としてもつバリア・オプションは、潜在的なリベート支払
可能性のため、リベートのないオプションと比べてプレミアムが高い。

(7)　スポットのバリア到達の判定

　スポット外国為替市場は、本当の意味での24時間市場であり、それゆえ
に、スポットがある特定の時間にバリアからどの程度離れて取引されたかど
うかを知ることが必要になる場合もある。スポットが特定のレベルで取引さ
れたかどうかを判定することは、第一印象で思うほど容易なことではなく、
いくつかの興味深い疑問が生じる。

① どちらの当事者（購入者と売却者）が、スポットがバリアレベルに到達したか否かを判定するのか

　当然なことだが、一方の当事者はスポットのバリア到達事象によって利益を獲得し、もう一方は損失を被ることになる。プレーン・バニラ・オプションの場合は、売却者に対して権利を行使するか否かを購入者が判断する。売却者はプレミアムを受け取ることができるのみで、すべての利益は購入者にもたらされるため、この手続は非常に明確である。しかし、バリアの場合は、ノックアウト・オプションは、売却者に利益をもたらすが、ノックイン・オプションは購入者に利益をもたらすため、スポットがバリアレベルに到達したか否かをだれが判断するのかはまちまちであり、必ずしも売却者というわけではない。このポイントを別の角度からみると、売却者は、ノックアウトの場合はスポットがバリアに到達してほしいが、ノックインの場合は到達してほしくないため、現在のスポットレートがバリアに接近した場合に、スポットに関する判断に異なる見方が生じることになる。

② 店頭市場であるFXについて、銀行はスポットが一定のレベルで取引されたか否か、どのように知ることができるのか

　個々のスポット外国為替取引は、特定の通貨を合意したレートで合意した日に交換することを合意した二当事者間での相対契約である。このような取引は中央取引所では記録されず、関与した二当事者のみが知りうることである。たとえば、スポットがブローカーを通して1.49 93-98（つまり買い値が93、売り値が98）で取引されているとする。銀行Aは、銀行Bにロイター・ディーリング・システムを通じてスポット価格を問い合わせる。銀行Bは、購入を希望し、ビッド・オファー価格を、ブローカーのクォートから1.49 95-01に引き上げる。銀行Aは、1.5001でオファーを受け入れることを決定する（銀行Aがブローカーの価格を知らないか、またはクレジットの理由から銀行Aと取引することを選好することを前提とする）。取引は、1.5001で成立する。仮に、1.5000が第三者の銀行において、オプションのバリアレベルだったとすれば、どうなるだろうか。

第三者の銀行は、このディール自体、または、たまたまバリア・ポイントを超えてしまったその合意レートを知らない。もちろん、外国為替ブローカーを通じて行われたディール（電子取引も含む）は、ブローカーによって記録されるので、この問題を解消してくれるが、多くの取引は銀行間で直接行われている。

③　スポットがバリアに到達したかどうかを判定する責任をもつ銀行が、同時に関連するスポット市場で積極的に活動している可能性がある。こうした銀行がスポット市場で取引することにより、スポットレートをバリアレベルに近づけたり遠ざけたりすることを阻止する手段は何か

　これは、流動性の低い市場においては、現実的な問題だ。主要通貨でも、取引日の遅い時間に、たとえば北米時間の午後3時以降に、実質的にごくわずかな取引量によって、スポット外国為替レートが劇的に変動する現象がみられる。銀行にとって、スポットをトリガーに「徐々に近づけたい」（ノックアウトのショートまたはノックインのロングの場合）という誘惑は、いかなる状況でも大きいものに違いないが、大きな本源的価値がかかっているリバース・バリア・オプションの場合を考えてもらいたい。銀行は、スポットがほんの少しバリアに向けて動くだけで、何百万ドルもの利益または損失に直面するかもしれないのだ。

④　スポットがバリアを超えてクォートされた（しかし、取引はされない）場合、どうなるか

　アクティブな市場では、実際の取引がなくてもスポットが指定されたバリア・ポイントを超えて「変動」し、その後、それ以前のレベルに戻る場合がある。情報スクリーン（ロイターやテレレートなど）をみていると、スポットがバリアに到達しているようにみえる。銀行がバリアを超えるスポットレベルで買い／売りをする意志をもっているという事実が、ノックイン／ノックアウトが発生したということを意味するのだろうか。たとえば、取引所では、多くの終値が前日の終値から変動しているにもかかわらず、実際にはまったく取引されていないのだ。

⑤　バリアに達したことを認定するために、スポットでどれだけの金額が
　　取引されなければならないか

通常のバニラ・オプションと同様に、バリアでも頻繁に巨額の取引がされ
ており、5,000万〜1億USDという金額も珍しくはない。1億USDのリバー
ス・ノックアウトをロングし、その本源的価値が、たとえば5％（損失／利
益の観点で500万USD）の状態で、200万USDのスポット取引によってバリア
に到達し、その後、（バリアまたはそれを超えて）スポット取引がいっさい発
生しないことを想像してみよう。

これらの疑問すべてに対する以下の回答は完璧にはほど遠いが、最新の
1997 ICOMタームズ（第12章）の「バリア追補」のおかげで、健全な市場慣
行の確立に役立つガイドラインが公表されている。以下に、現在の考え方と
市場慣行に関する簡単な指針を示す[ii]。
①　「バリアのコントローラー」または「バリア決定エージェント」（ICOM
　　の定義）が考案されている。スポットがバリアに達したかどうかを決定
　　し、そうである場合は直ちに相手方に伝える責任を引き受ける者として、
　　二当事者（購入者と売却者）のうち一者が取引の時点で指定される。通常、
　　バリアのコントローラーは、マーケットメーキングを行う銀行（2ウェ
　　イ・プライス［買い値／売り値］を提示する銀行）であるため、銀行の企業
　　顧客などの市場のユーザーは、プロとして業務を行う相手方銀行に頼るこ
　　とになる。
　　　だれがバリアのコントローラーになるかは、バリアに到達したか否かの
　　判断を当該銀行が善意に基づいて行うという宣言とあわせ、取引確認書面
　　に表示されるべきものである。
②　この疑問については、真の回答は存在しない。このため、銀行はスポッ

ii　ICOMに関しては原書執筆当時と現在では状況が異なっている。第12章「通貨オプ
　　ションに適用される契約条件」の翻訳者による追記「1997年から2017年までの動きと最
　　新状況」を参照願いたい。

ト取引が発生したかどうかを、第三者（たとえばブローカー）に証明してもらう必要がある。それ以外に、相手方に対して、スポット（バリア）レベルを正当化する方法があるだろうか。

③　スポットで取引を行っている銀行が、自らの利益のためにスポットをバリアに近づけるのは、道義に反し、非プロ的で、ことによれば不法にもなりうる行為だ。しかし、バリア・オプションに利益相反が存在することは明確であり、ユーザーはこのことを認識し、相手方銀行が「善意に基づき」（上記①参照）行動するように徹底しなければならない。1997 ICOM タームズは、スポット外国為替市場でバリア・オプション・ポジションに対するヘッジおよびヘッジ解消を行う銀行の例を示している。そのような銀行は、このような行為によってのみ、スポットのバリアに向けた変動に影響を及ぼすことができる。明らかに、こうしたヘッジは、特定のバリアに向けて「スポットを動かす」意図をもたず、銀行を潜在的な損失から保護するために行われる。しかし、ICOMは、銀行が（その銀行が外国為替市場において積極的に活動していること、および／または、上記のような方法でバリア・オプションのヘッジを行っていることについて）開示することの妥当性を検討したいと考える可能性も示唆しており、こうした趣旨から、銀行の取引確認書に記載する注意喚起の推奨文言を提供している。

④　スポットがバリア・レートで、またはそれを超えた価格で取引されなければならないという一般的な合意があり、そのため、スクリーン上の価格はさほど重要ではなくなっている。ICOMはこの点について市場慣行を確認している。

⑤　現在、この件については、意見の相違がある。「ノッキング」（knocking）を正当化するために必要とされるスポット取引の金額または件数を標準化しようという試みが行われたが、失敗に終わっている。銀行がスポット取引の規模をバリア・オプションの額面金額に応じて決めたケースがいくつかあった。たとえば、200万のスポット取引は、200万のバリアしかノックイン／ノックアウトできないということだ。他のバリエーション

としては、たとえば1,000万のスポット取引があれば、どんなバリアでも全額をノックできるが、200万のスポット取引は、バリアの額面金額の20％しかノックできないというものもある。他の銀行は、いかなる規模のスポット取引であっても、スポットがバリアを破った証明として十分であると主張している。

この点について、1997 ICOMは、取引が「商業的規模」、つまり、対象通貨について外国為替ディーラーが一般的に受け入れる金額である必要があると述べており、また、大規模なバリア・オプションの場合には、バリアに達したとするためのスポット取引について、当事者らがより大きな最低規模の指定を希望するかもしれない、と示唆している。

結局のところ、上記のポイントについては、取引を開始する前の当事者間の合意に負う部分が大きい。銀行は、1997 ICOMの勧告を遵守すべきであるが、顧客やバリア・オプション市場のその他のユーザーは、一定の条件を指定して、その条件に従ってさまざまな銀行にクォートしてもらいたいと考えるかもしれない。たとえば、一部の企業顧客は、上記の⑤のポイントに対応するため、過去に「スポットは、合計でバリア・オプションの額面金額の最低50％に達するまで、少なくとも３回取引されなければならない」というような指定をしていた。ICOMの勧告には反するが、このような条件に基づく価格を提供するマーケット・メーカーは、対企業ビジネスにおける競争のため、恐らく少数は存在するだろう。その他の銀行は断固として拒否するかもしれない。

一部の金融機関は、この問題を克服する別の方法として、たとえば、フランクフルトのブンデスバンクによるDEMのフィキシング・レートのように、特定の日々のレート・フィキシングに連動したバリアを提示している。こうしたレート・フィキシングは、日刊の金融新聞に掲載されている。

⑻　ダブル・バリア

ダブル・バリアは、一つではなく、二つのトリガー・ポイントをもつバリ

図13.16　ノックアウト・ダブル・バリアの例

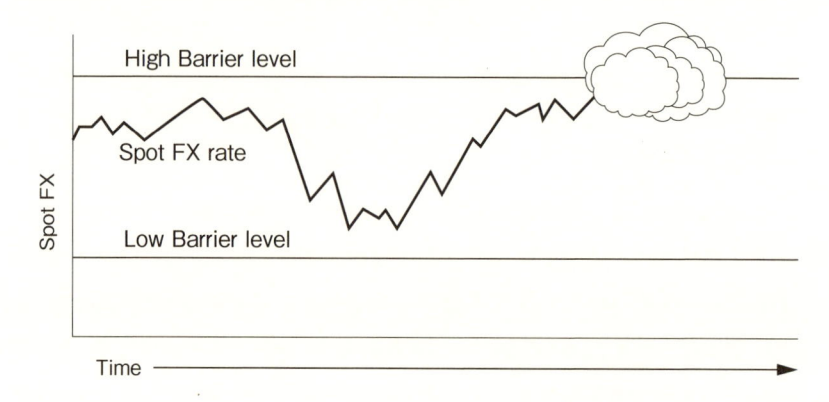

図13.17　ノックイン・アンド・ノックアウト・ダブル・バリアの例

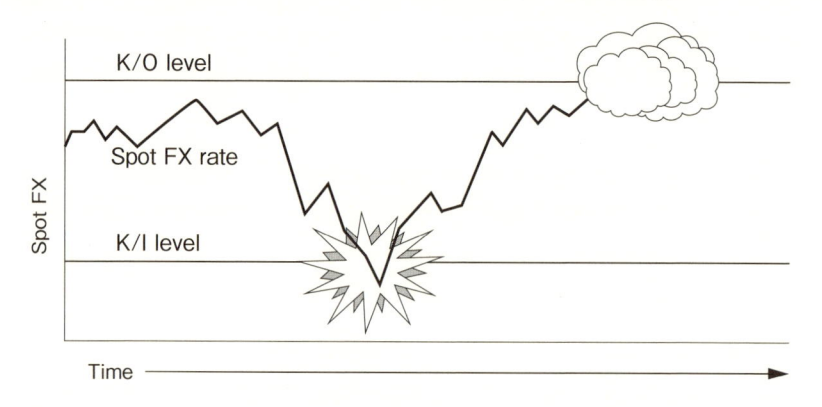

ア・オプションである。二つのバリアをもつということは、そのうち一つは
行使価格に対してイン・ザ・マネーで、もう一つはアウト・オブ・ザ・マ
ネーになるということを意味する。よって、このオプションについては、こ
れらの用語（イン・ザ・マネーおよびアウト・オブ・ザ・マネー）を省略する
ことができる。ダブル・バリアは、ノックアウトとノックインのいずれにも
なり、通常はトリガー・イベントがいずれのバリアについても同じになるよ
うに組成される。つまり、原バニラ・オプションが、二つのバリアのいずれ
においても、ノックアウトかノックインのいずれかになるということである

る。図13.16は、ノックアウト・ダブル・バリアを示している。

　これらの「標準」ダブル・バリアは、シングル・バリアのノックアウトに比べ、もう一方のトリガー・ポイントによりノックアウトの発生可能性が高くなるため、低コストとなる。ダブル・バリア・ノックインは、シングル・バリア・ノックインに比べ、バリアの追加によりトリガーに達する可能性が高くなるため、高コストとなる。

　バリア・パリティは、ダブル・ノックアウトとダブル・ノックインをあわせるとプレーン・バニラ・オプションと同等であるという点において、ダブル・バリアについても当てはまる。もちろんこれは、行使価格と二つのトリガーがいずれのケースでも同じであるということを前提とする。

　標準ダブル・バリアに加え、一方のトリガーにおけるイベントがもう一方と異なる、非標準ダブル・バリアも可能である。たとえば、ノックイン・アンド・ノックアウト・ダブル・バリア（図13.17）は、以下のようなオプションである。

(1)　一方のバリアレベルにおいてノックインする。

(2)　もう一方のバリアレベルにおいて、ノックアウトすることができる（すでにノックインしているか否かにかかわらず）。

　オプションがノックインした場合、所有者はバニラ・オプションではなく、標準ノックアウトを受け取ることになる（バニラ・オプションはノックインによって発生するが、ノックアウト・バリアがまだ存在するため、標準ノックアウトと同じになる）。

　上記の例において、ノックイン・アンド・ノックアウト・ダブル・バリアは、標準ノックイン・ダブル・バリアの購入と（より高いレベルの）シングル・ノックインの売却によってつくりだすことができる。

(9)　バリア・オプション──バリエーション

　上記で説明した基本的なバリア・オプションには、多くのバリエーションが存在する。たとえば、特定の日、週、月のみにおいてオプションをノック

アウトまたはノックインできるという仕様にすることもできる。このような
ケースでは、制約のためノックアウトは高コストになり、ノックインは低コ
ストになる。

　バリア・オプションの例はすべて、スポット外国為替レートを対象とし
て、そのポイントに達するか（または達しないか）という観点からトリ
ガー・ポイントを設定しており、これが通常のケースである。バリア・ポイ
ントは、スポットではなくフォワード外国為替レートに対して設定すること
もできる。こうしたオプションはフォワード・ノックアウトもしくはノック
イン、またはフォワード・バリアとして知られている。そのようなオプショ
ンが取引されることはまれだが、それはフォワードレートがバリア・ポイン
トに達したか否かを立証するのがむずかしいという問題にも起因している。
前述した（単純な）スポットのバリア到達に関する問題（原注15）を考慮す
ると、スポットレートとスワップレートで構成されるフォワードレートを追
跡することは、現実的ではない。

　さらに、本章で紹介した例は購入者の視点のみから示されているが（つま
り、例では「ロング」のケースが示されている）、多くの金融機関が通常のヨー
ロピアン・オプションの低リスク形態としてバリアを売っている。

　（原注15）　本章で前述した「スポットのバリア到達の判定」参照。

(10)　バリア・オプションの総括

　バリア・オプションが登場してからそれなりの時間がたっているが、最初
の頃の取引のほとんどはバリアが行使価格に対してアウト・オブ・ザ・マ
ネーに設定される「レギュラー」タイプで、例1のノックアウト・バリア、
アップ・アンド・アウト（288ページ）と類似したものであった。さらに、ス
ポット外国為替レートは通常、アット・ザ・マネーまたはアウト・オブ・
ザ・マネーのいずれかであり、そのため、それらのオプションは比較的理解
しやすくなっている。

　行使価格に対してイン・ザ・マネーのバリア（「リバース」・バリア・オプ

ション）は、図13.5のように、不連続的なペイアウト特性を生じる。これら
のオプションは、非常に低プレミアムでありながら、きわめて高いギアリン
グをもつ可能性があるため、ここ数年にわたって人気が高まっている。初期
の時代においては、ほとんどの銀行が、権利行使期日近くでのバリア・ポイ
ントでのヘッジの問題から、これらのオプションの取引を拒否してきた。こ
れらを取引する銀行は損失を被る傾向にあり、実際に少なからぬ（大手の）
銀行がこの領域で損失を計上してきた。問題は、理論上の価格が高すぎるか
安すぎる（オプションがノックアウトかノックインかによる）ためのようであり、
これらのオプションは、現在では、理論上の価格を大幅に上回るか、または
下回るレベルで取引されている。「クオンツ」（原注16）チームを擁する大手
銀行のほとんどは、リバース・バリア・オプションのプライシングとヘッジ
のための独自のモデルを開発している。リバース・タイプのバリア・オプ
ションを取引している銀行やその他の機関は、関連するリスクを警戒し、市
場において定評のある専門家に確認して価格の正当性を検証すべきである。

　バリア、特にダブル・バリアは、スポット外国為替市場のボラティリティ
が大幅に低下して多くの通貨が（スポットの変動が一定のレートの幅に限定さ
れる）「ボックス相場」となった1996年に人気が上昇した。このスポットの
低ボラティリティによって、エキゾチック・オプション全般のミニ・ブーム
がお膳立てされたのだが、それは原資産となる外国為替市場を犠牲にしたも
のであった。この結果、バリアやその他のエキゾチック・オプションに対す
る認識が大きく高まったのである。

　あらゆるタイプのバリア・オプションは、銀行間の店頭市場で活発に取引
されており、ほとんどのオプション・ブローカーが、通常の「バニラ」とあ
わせてサービスを提供している。

　（原注16）「クオンツ」は、現在ほとんどのディーリング・ルームでみられる新
　　しいタイプの理論家を意味する業界用語である。この職種の人物は、通常、
　　大学で数学またはそれに近い学問を学んでおり、複雑なオプション構造のプ
　　ライシングやヘッジのためのバリュエーション・モデルを提供する責務を担
　　っている。また、彼らは、そういった製品の取引と販売のいずれか、または

その両方に関する責務も担うことがある。

8 デジタル（バイナリー、ベット）・オプション

通常のヨーロピアン・オプションの購入者が被る損失は支払ったプレミアムに限定されるが、原資産であるスポットレートには、上下ともに一切の制限がないため、潜在的な利益は、無制限である。言い換えれば、最大損失はわかっているが、最大利益はわからないということだ。デジタル、バイナリーまたはベット・オプションでは、利益要素が事前に決められた金額に固定されるため、この点が異なっている。そのため、オプションが権利行使期日においてイン・ザ・マネーの場合、見かけ上の本源的価値に関係なく、固定された金額が支払われる。

■定義

アット・エクスパイアリ・デジタル（時にヨーロピアン・タイプ・デジタルと呼ばれる）は、権利行使期日においてオプションがイン・ザ・マネーであった場合にのみ、事前に決められた現金総額が支払われる。つまり、期間の最終日という定められた時点でのみ、オプション行使可能である。

図13.18　アット・エクスパイアリ・デジタル・オプションの例

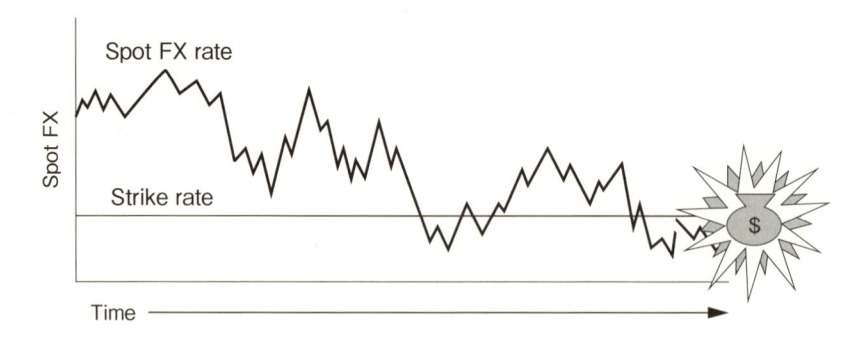

このタイプのデジタル・オプションは、「オール・オア・ナッシング」オプションとも呼ばれる。つまり、権利行使期日にオプションがイン・ザ・マネーか否かによって、購入者が固定金額を受け取れるか、何も受け取れないかが決まるのである。図13.18は、権利行使期日にスポットが行使価格より低いレベルで終了した場合に、事前に決められた金額をペイアウトするデジタル・プット・オプションを示している。

　限定されたペイアウト特性のため、ヨーロピアンまたはアット・エクスパイアリ・デジタル・オプションは、通常のヨーロピアン・オプションと比べて低コストである。

　もう一つの経路依存型のデジタルとして、「**ワンタッチ**」がある。これは、スポット外国為替レートがオプション期間中のいずれかの時点で行使価格に達した場合、事前に決められた金額が権利行使期日にペイアウトされるというものである。

　■定義
　ワンタッチ・デジタルは、オプション期間中のいずれかの時点でイン・ザ・マネーになった場合、事前に決められた金額が権利行使期日に支払われる。

　ワンタッチ・デジタルの行使価格は、時にバリアと呼ばれることがあり、

図13.19　ワンタッチ・デジタル・オプションの例

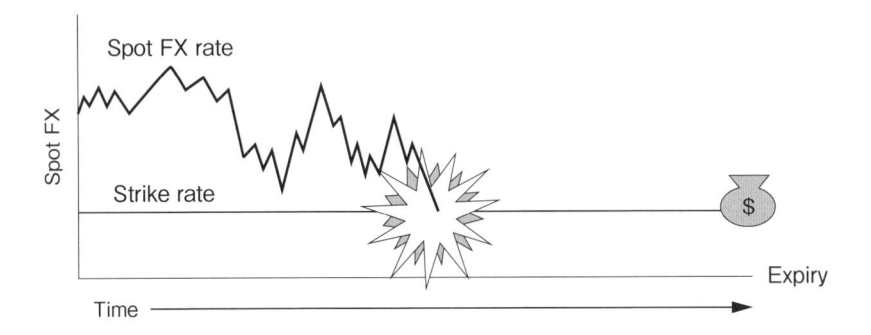

図13.20 ノータッチ・デジタル・オプション（ダウン・アンド・アウト・デジタル・バリア）の例

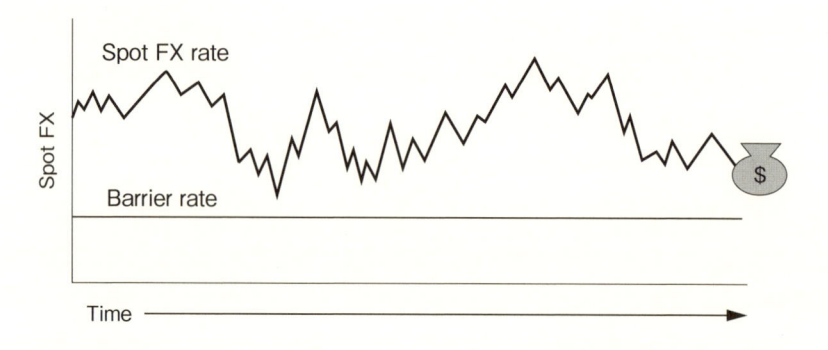

行使価格に達した場合にバニラ・オプションが開始されるのではなく、事前に決められた金額がペイアウトされるものの、たしかにこのオプションはノックイン・バリアのような働きをする。オプションが生じることがない場合、行使価格は必要なく、そのため、ワンタッチ・デジタルは、実質的にデジタル・ノックイン・バリアである。コールはデジタル・アップ・アンド・インとなり、プットは、デジタル・ダウン・アンド・イン・オプションとなる。実際には、きわめて単純に「アップ」および「ダウン」という言い方を用いることにより、コールとプットの定義は時に省略されることがある。図13.19は、ワンタッチ・デジタルを描いている。

　スポット外国為替レートがバリアに到達しなかった場合に支払が発生するオプションを加えることにより、経路依存的なワンタッチまたはデジタル・バリアの概念を拡大することができる。このオプションは、デジタル「ノータッチ」と呼ばれ、デジタル・ノックアウトをもたらす。コールは、デジタル・アップ・アンド・アウトとなり、プットはダウン・アンド・アウト（デジタル・バリア）となる。図13.20は、ダウン・アンド・アウト・デジタル・バリアを示している。

　経路依存的な「ワンタッチ」および「ノータッチ」バージョンは、非経路依存的な「アット・エクスパイアリ」デジタルよりも人気が高いが、権利行

図13.21　インスタント・ワンタッチ・デジタル・オプション（ダウン・アンド・イン）の例

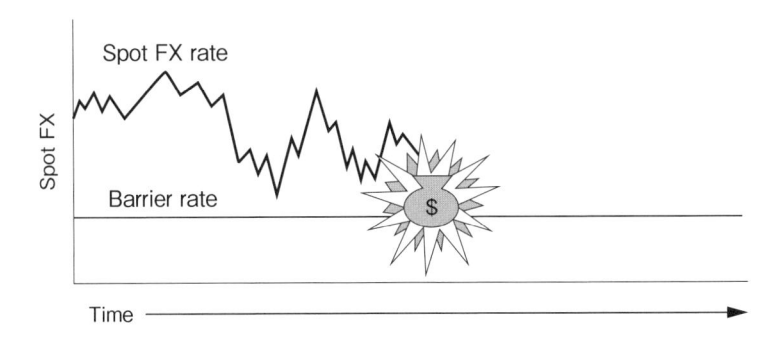

使期日前にスポットがバリアに到達する、または到達しない可能性が高くなるため、ヨーロピアン・デジタルよりもコストが高くなる。

「ワンタッチ」の若干異なるバリエーションが、「**インスタント・ワンタッチ**」またはアメリカン・デジタルで、スポット外国為替レートがバリアに到達した時点（もともとの権利行使期日ではなく）で、事前に決められた金額が支払われるものだ。図13.21は、ダウン・アンド・インのインスタント・ワンタッチ・デジタルを示している。

このバージョンは、バリアに到達した時点で資金が得られることから「ワンタッチ」デジタルよりも若干コストが高く、市場で取引されているあらゆるデジタルのなかで最も人気が高い。「インスタント・ノータッチ」を紹介することでデジタルの分野については締めくくりとなる。これはスポットがバリアに到達しなかったことで即座にペイアウトが発生するオプションだが、そのためには、権利行使期日まで待って確認する必要がある（通常の「ノータッチ」つまりデジタル・ノックアウト）。

デジタル・オプションは、ヨーロピアン・タイプの「アット・エクスパイアリ」であるか、２種類のワンタッチのいずれかであるかにかかわらず、非常に単純な固定コスト（プレミアム）と固定ペイアウト要素を伴っており、そこから非常に特殊な性質が生まれている。つまり、オプションに元本、つ

まりは額面金額が不要なのである。オプション行使の結果は、行使価格による通貨の交換ではなく、事前に決められた一つの通貨による固定金額の支払となる。

このため、デジタルにおいては、権利行使価格という言葉は不要となり（かわりにそれはバリアと呼ばれる）、コールやプットも不要（必要となるのはスポットからの方向のみ）で、額面金額も存在しない。実質的にオプションそのものをなしですませることが可能であり、単純な賭け事（ベット）と非常に似てみえる性質をもっている。

実際、デジタルは、しばしば「ベット」オプションとも呼ばれ、賭け事とまったく同じようなものであり、唯一の相違点は、用語が異なるというだけである。以下の表は、デジタルを競馬と比較したものである。

特徴	デジタル・オプション	賭け事（ベット）
固定コスト	プレミアム	賭け金
－支払時期	前払い（スポット）	前払い（現在）
固定リターン	ペイアウト	配当金
－支払時期	結果確定時	結果確定時
コスト／リターン	％で表示	オッズ
プライシング	イベントの発生確率	イベントの発生確率
	％で表示	オッズで表示
ペイアウトの対象	行使価格／バリア	決勝標
リスク	プレミアムの損失	賭け金の損失
購入者	購入者	ギャンブラー
売却者	オプションの売り手（ライター）	ブックメーカー

デジタル・オプションの売り手である銀行が、自らをブックメーカーだと考えていないのは間違いなく、これらのオプションをヘッジするために利用する方法が、ブックメーカーが使用している方法とはまったく異なることも事実である。たとえば、ブックメーカーはレース中に（トラックでの馬の順位に応じて）デルタヘッジや、デルタを再調整するためのツールをもってい

図13.22　1年物のアット・エクスパイアリGBPコール（USDプット）買いの例。行使価格／バリア1.60、支払プレミアムはペイアウト金額の25%（75%の潜在利益）、現在の外国為替レート1.50の場合

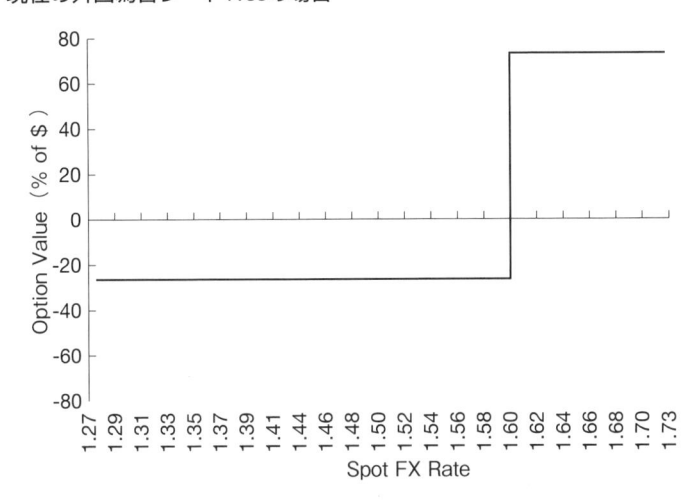

ないのに対し、オプション・トレーダーは行使の確率（原注17）に従って、スポット／フォワードの外国為替を市場で取引することができる。しかし、ブックメーカーの「取引」手法を、デジタル・オプションに取り入れることも可能であり、これは本章において後述する。

　図13.22は、デジタル・オプションの標準的なペイアウト特性を示している。この例では、プレミアムはペイアウト100％に対する比率でクォートされており、これはデジタル・プレミアムの表現方法として通常のものである。このため、オプションの購入者が100万USDのペイアウトを受けたい場合は、プレミアムは25万USDとなる。市場で一般的にはみられないが、プレミアムは、上記のケースで25：75となる比率でクォートされることもあり、それはリスク／報酬のパラメータを示すうえで利便性が高い。つまり、購入者は、25の損失を被るか、75の利益を得るかのどちらかということだ。ブックメーカーのオッズは通常はデジタルのクォートには使用されないが、この例では3：1のオッズが適用されていることがわかる（勝ちの金額が、賭

け金の3倍となっている）（原注18）。

（原注17）　デルタの定義の一つは、「おおよその行使確率」である。

（原注18）　賭け事のオッズは、勝ち／負けの比率であり合計リターンではない。
1ユニットの賭け金に対し、配当3ユニットで、合計リターンは4ユニット
となる（配当に加えて賭け金も返還される）。別の見方をすると、3：1の
オッズは、4チャンスのうち1チャンス、つまり1チャンスに対して3チャ
ンスがあるということである。

(1)　デジタル・プライシング

アット・エクスパイアリ（ヨーロピアン）・デジタルのプレミアムは、満期
時（at expiry）においてオプションがイン・ザ・マネーとなる確率のパーセ
ンテージである。オプション行使の確率（すなわち、満期時にイン・ザ・マ
ネーであること）は、デルタの定義の一つであるため、以下が成り立つ。

**バニラ・オプションのスポット・デルタは、同等の（アット・エクスパ
イアリ）デジタルのプレミアムである**

図13.22に示す例において、GBP1.60コール（USDプット）のプレミアム
は、100％のペイアウトに対し25％となっている。行使価格が同じく1.60で
あるバニラ・オプションは、スポット・デルタが25％で、フォワードデルタ
が26.5％（スポット・デルタ＋オプション期間1年の固定金利6％）となってい
る。このフォワード・バニラ・デルタは、満期時のデジタルの全コストを示
しているが、図13.22のグラフには金利コストは含まれていない（原注19）。

デジタル（つまり「バイナリー」）・オプションには二つの要素（プレミアム
とペイアウト）しかなく、また、いずれも固定されているため、コールの買
いとプットの売りの間には、オプションを購入する時にプレミアムを（現在
価格で）支払い、売却した時に（現在価格で）受領するという事実を除けば、
違いがないことになる（原注20）。すべてのオプションのプレミアムは、実
質的に満期時から固定の通貨金利で割り引かれているため、デジタル・コー
ルの買いと同等のデジタル・プットの売りの間には、正味の差異がないので
ある。

アット・エクスパイアリ・デジタルでペイアウト100％、コールのプレ
ミアム25％、プットのプレミアム69.34％

コール購入	％	プット売却	％
プレミアム支払（バリュー・スポット）	− 25.0000	プレミアム受領（バリュー・スポット）	69.3396
固定金利コスト 6 ％／年	− 1.5000	固定金利収入 6 ％／年	4.1604
満期時の累計コスト	− 26.5000	満期時の累計受領額	73.5000
潜在的な満期時のペイアウト	100.0000	潜在的な満期時のペイアウト	− 100.0000
想定利益	73.5000	想定損失	− 26.5000
想定損失	− 26.5000	想定利益	73.5000

　この例から、実際の比率はプレミアムに対する金利の影響によって、見た
目の25：75ではなく、26.5％：73.5％となることがわかる。

　ワンタッチのような経路依存型デジタル・バリア・タイプのプライシング
は、まったく違った話になる。スポットレートがオプションの満期の前にバ
リア（行使価格）に到達する確率を公式に算入すると、アット・エクスパイ
アリ・タイプと比べてプレミアムがはるかに高くなる。ごく大雑把な目安だ
が、インスタント・ワンタッチのプレミアムは、アット・エクスパイアリ・
デジタルの 2 倍程度になる。

　もちろん、同じバリアをもつワンタッチまたはノータッチのプレミアム
は、対象通貨の金利によるプレミアム調達コストを差し引けば、合計100％
となる。

■例

バリア1.60、プレミアム48.62％の 1 年物デジタル「ワンタッチ」、およ
び同じバリア、プレミアム45.73％の 1 年物デジタル「ノータッチ」

ワンタッチ	%	ノータッチ	%
プレミアム支払（バリュー・スポット）	-48.62	プレミアム支払（バリュー・スポット）	-45.73
固定金利コスト6％／年	-2.92	固定金利コスト6％／年	-2.74
満期時の合計コスト	-51.53	満期時の合計コスト	-48.47

$$51.53\% + 48.47\% = 100.00\%$$

リバース・バリアと同様に、経路依存型デジタルは、通常そのようなオプションのプライシングに使用されるモデルに基づく理論価値よりも、市場では高いレベルで取引される傾向がある。

（原注19）　単純化と比較のため、ほとんどのペイアウト・グラフにおいて、手数料の調達コスト／運用収益は考慮に入れていない。

（原注20）　2頭立ての競馬において、ギャンブラー（買い手）が勝つために1頭の馬を選択すると、ブックメーカー（売り手）が勝つには事実上もう一方の馬を選ぶしかない。コールの購入（一方の馬に賭ける）は、プットの売却（もう一方の馬に賭ける）と同じである。

(2)　デジタル・ヘッジ

デルタを用いたデジタル・オプションのヘッジは、非常に危険性が高い。まず、このオプションには額面金額がないため、デルタは必然的にプレミアムに適用され、結果としてデルタが数百パーセント、さらに数千パーセントになることさえある。たとえば、行使価格をアット・ザ・マネーに設定した「単純な」アット・エクスパイアリ・オプションでさえ、9％のボラティリティで、デルタが1年当り約400％になる。同じオプションが、残存期間1カ月では1,500％、1日では8,500％のデルタを示す。満期に近い時期に外国為替レートが行使価格に接近している場合は、ヘッジを行うのはほぼ不可能である。

①　アット・エクスパイアリ・デジタル——非経路依存型

アット・エクスパイアリ・デジタルをヘッジするために従来用いられてきた方法は、「狭い」コールまたはプットのスプレッドである。デジタルの潜

在的な損失額（ペイアウト－プレミアム）は、購入および売却されたコールまたはプットの行使価格の差異によって取り戻されるが、しかし、これが機能するには、両方のオプションが行使されるか、またはどちらも行使されないか、のいずれかが必要となる。こうした状況が確実に発生するようにするには、二つの行使価格のスプレッドは非常に狭い範囲で取引されるが、デジタルのペイアウト金額を取り戻すためには、そのスプレッドに対して非常に大きな額面金額が必要となる。

たとえば、スプレッドが10ポイントのレンジ、1.6000〜1.6010であるGBPコールから75万USDを取り戻すには、7億5,000万GBPのオプション（7億5,000万GBP×0.0010＝75万USD）が二つ必要となる。これによって、行使価格を1.60、ペイアウト100万USD（受取りプレミアム25万USDを含む）とするデジタルをカバーすることができるが、この規模は非現実的である。スプレッドの範囲を75ポイント、たとえば1.6000〜1.6075に広げることによって、規模を1億GBPに縮小することは可能だが、スポットが満期時にこの範囲に収まり、デジタルのペイアウトに見合った収入の喪失につながりうるという、若干の疑念が残る。さらに、コール・スプレッドの購入に伴うコスト（購入するオプションに対して支払うプレミアムと売却するオプションについて受領するプレミアムの差額）は、少額ではあるものの、行使価格の差異が広がるほど増加する。こうしたコストは、数式に反映しなければならない。

図表13.23では、垂直な側面をもつデジタルに対し、コール・スプレッドでは行使価格の間の傾斜があることを除けば、コール・スプレッドのペイアウト特性がデジタルと類似していることを示している。

コールまたはプットのスプレッドは、アット・エクスパイアリ・デジタルに対する非常に有効な防御策となりうるが、これに伴うコスト（ネット・スプレッド・プレミアム）が、デジタルのプレミアムを上回る可能性がある。デジタル・オプションの売り手にとって、コール（プット）・スプレッドの行使価格の幅はきわめて狭いほうが理想的である。なぜなら、これによって、(a)ネットプレミアム・コストが減少し、(b)より有利な防御が得られるか

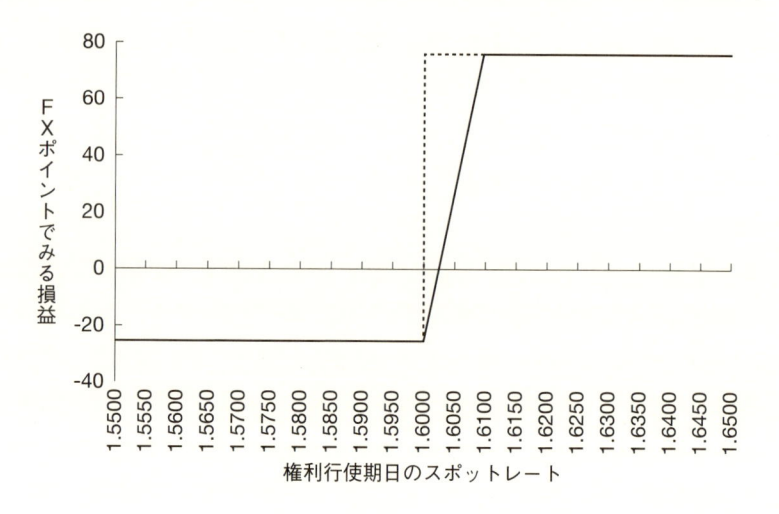

図13.23　GBPコール・スプレッド1.60：1.61（100FXポイント）の例。最大潜在利益75FXポイントに対するプレミアムは１GBP当り25FXポイント（最大損失）

らである。しかし、狭いスプレッドでは、二つのオプションの額面金額が非現実的なレベルまで高くなりうる（前述の160：1.6010スプレッド例参照）だけではなく、二つのオプション価格に関するビッド（買い呼値）－オファー（売り呼値）のスプレッドのコストも発生する。マーケット・メーカーがきわめて幅が狭いコールまたはプット・スプレッドに有利な価格をつけることは考えにくく、その結果、ヘッジを行う投資家は二つの別々の価格で取引せざるをえなくなるので、プレミアムは大幅な増加となりうる。

②　ワンタッチ、ノータッチ、インスタント・ワンタッチ——経路依存型

デジタルは、バリアに達すると即座に損失または利益が発生し、「グリークス」を異常なかたち（プレーン・バニラ・オプションとの比較で）で変動させ、満期の近くでスポットがバリアに接近した場合のデルタヘッジをほぼ不可能にするという点で、リバース・タイプ・バリアと同様の「不連続性」をもっている。たとえば、満期まで１週間のワンタッチ1.60GBPコール（USDプット）は、スポットレート1.5950、ボラティリティ８％で6,000％を超えるデルタがある。残り１日になると、デルタは１万2,000％近くまで上昇す

る。

デジタルはベット・オプションであるため、ヘッジを行うためにブックメーカー的なアプローチをとることも可能だが、まずは比較をより正確に行わなければならない。デジタルはプレミアムを失うか、ペイアウトを得るか、二つの結果しかなく、それが「バイナリー」オプションと呼ばれるゆえんだが、それは（多数の出走レーンのない）2頭立て競馬に賭けることに似ている。ブックメーカーは、各レースで起こりうる二つの結果のうち、いずれかに、常に自分の側に有利なオッズの「スプレッド」を設定する。たとえば、2頭の馬それぞれが勝利する確率を50：50とみなした場合、ブックメーカーはそれぞれの馬に10／11（賭け金11に対し配当10でリターン21）を賭ける（売る）。これにより、ブックメーカーは、双方の馬に同じ金額を賭けた場合、4.76％の収益を保証される（2×11＝22を受領、1頭の馬につき21のペイアウト＝21に対して1の利益＝4.76％）。このため、双方の馬への同額の賭けが許容される場合、ブックメーカーは、結果にかかわらず必ず勝つことになる。ここでの仕掛けは、双方の馬に同額を賭けるということだ。

赤と黒、および奇数と偶数のオッズを「イーブン」または1対1としたルーレットの「ハウス」で、別の比較を行うことができる。これらのオッズは、ブックメーカーの10／11（ブックメーカーの業界用語では11／10「オン」）よりは有利ではあるが、このような方式でプレイされるルーレットは、実際のところ、赤にも黒にもカウントされないゼロがあるため3頭立ての競馬となり、ハウスは約2.78％のスプレッドを得る（37個の数字のうち36個に対して支払の可能性がある＝37／36＝1.0278または2.78％）。米国では、ゼロが二つあるルーレットが使われることが多く、このためハウスへのスプレッドは5.56％（38対36＝1.05556）となる。

実際には、設定されたオッズに従って賭け金が均等に配分されている限り、ブックメーカーとカジノはヘッジをする必要がない。もちろん、そのようなことはレースでもルーレットでもまれであり、個々のペイアウトについては、ブックメーカー／ルーレットのテーブルが負けとなる結果もある。し

かし、長期的にみれば、負けのケースは勝ちのケースとバランスされ、ブックメーカー／カジノがつけたオッズに固有のスプレッドに近い結果となる。これは単純な「平均の法則」であり、通貨オプションのトレーディング・ブックにも同様に適用できるものである。

　通貨オプションのマーケット・メーカーには、デジタル価格のビッド・オファーのスプレッドがわかっているため、あとは自らのポートフォリオをバリア、方向（スポットに対する上下）、および時間の全体に適切に均等配分し、（マーケット・メーカーとして）できる限り多くの取引をすればよい。個々のケースについては損失の場合も利益の場合もあるだろうが、長期的にみれば、マーケット・メーカーの利益は平均へと回帰し、自身のプライシングに固有のスプレッドを生み出す。この方法の利点は、実際に行うべきヘッジ取引がなく、スポットがバリアに到達するか、しないかについて気を揉む必要がないということだ。難点は、1日に報告される利益／損失額の振れが大きくなる傾向があり、経営者にとって容認しがたいことがあるということだ。さらに、ある会計期間における利益を他の期間の損失と相殺するため、なんらかのかたちの引当会計を導入することが必要になる。

　ブックメーカーやカジノのたとえを使用したのは、それらの業界が賭け事、または賭け事として知られ、受け入れられているためだが、前述したブックメーカーまたはカジノのヘッジ手法は、（外国為替取引ではなく他の形態ではあるが）幅広くデジタル・オプションを取引している保険業界で採用されている手法に非常によく似ているとみることもできる。たとえば、生命保険は、デジタル・ダウン・アンド・イン・バリアにほかならない。生命保険の被保険者が「倒れ」れば、デジタル・オプションがノックインし、事前に決められた（保険金の）額がペイアウトされる。つまり、一種の「インスタント・ワンタッチ」だ。

　デジタル・オプション、賭け事、および保険には、実質的な違いはほとんどなく、ただそれらに異なる規則、税制が適用され、商品の受容性が違うというだけだ。たとえば、一部の国では、ギャンブルは違法とみなされている

が、デジタル・オプションは金融商品であるために違法ではない。

(3) ダブル・デジタル

バリア・オプションと同様に、デジタルも二つのバリアによって組成することができる。これによって、固定プレミアムおよび固定ペイアウト特性をもつ外国為替の「レンジ」ポジションが形成され、ダブル・デジタルは時に「レンジ・バイナリー」とも呼ばれる。これらは、ワンタッチやインスタント・ワンタッチと同様に経路依存型であり、一見すると異なる行使価格をもつデジタル・コールとプットの単純な組合せ（デジタル・ストラングルか）のようにみえる。しかし、レンジ・バイナリーは、二つのバリアのうちいずれかが、一つの固定したペイアウトを発生させる（またはダブル・ノータッチでは発生させない）特徴をもつため、これは当てはまらない。ワンタッチ・デジタル・コールとプットの組合せでは、高いほうの行使価格と低いほうの行使価格において二つの異なるペイアウトがあり、一つまたは二つのペイアウトが発生する可能性がある。

■定義

ダブル・デジタルは、スポット外国為替レートが二つの行使（バリア）価格のうちの一つに到達した場合、または、スポットがレンジのなか（二つの行使価格の間）にとどまっている場合のいずれかにおいて、固定された現金がペイアウトされるオプションである。

ダブル・デジタルは、コールとプットのかわりに、いずれかのバリアに到達した場合にペイアウトされるものと、いずれのバリアにも到達しない場合にペイアウトされるものに分けられる。いずれも購入または売却することが可能で、4種類のデジタルとなるが、ダブル・ワンタッチの購入は、ダブル・ノータッチの売却と同じとなる特性をもつという点は除く（原注21）。これはプットの購入がコールの売却と同じになるシングル・デジタルと同様の効果である（本章の前の部分を参照）。この効果について別の見方をすれば、ダブル・デジタルは、単純にレンジの外側でペイアウトするものと、レ

ンジの内側にある場合にペイアウトするものに分けられることになる。

　図13.24は、レンジの外側においてペイアウトされるダブル・デジタルを示している。68％の利益となるためには、スポットがオプションの有効期間中にいずれかのバリアに達する必要があるワンタッチのロングである。しかし、これは、スポットがいずれかのバリアにも到達しなければ、プレミアムを利益として受領できる、ダブル・ノータッチのショートにも当てはまる。

　図13.25は、図13.24のワンタッチのノータッチ・バージョンを示しており、68％のプレミアムが支払われ、オプションの有効期間3カ月の間にスポットが1.40または1.60のいずれにも到達しない場合に100％を受け取り、利益は32％となる。この特性は、スポットがいずれのバリアにも到達しなかった場合に、プレミアムから32％の利益が得られるダブル・ワンタッチのショートにも当てはまる。

　上記から、次のことがわかる。

図13.24　3カ月物のGBPダブル・ワンタッチ・デジタル・オプションの買い（スポットが1.40または1.60をヒットしたらペイアウト）の例。支払プレミアムはペイアウト金額の32％（68％の潜在利益）、現在の外国為替レート1.50の場合

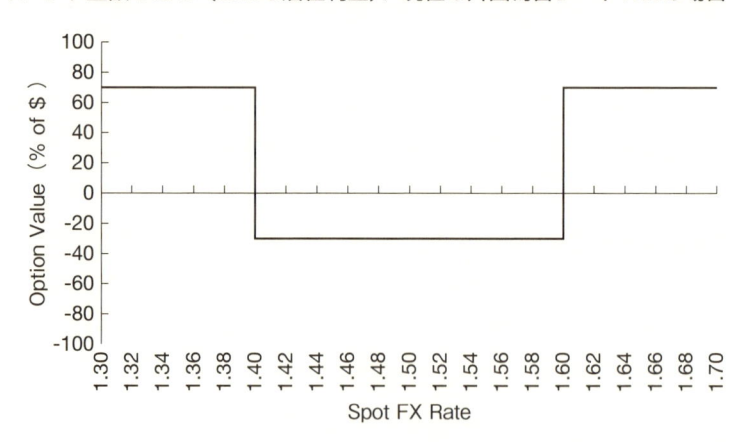

注：ダブル・ワンタッチの買い（支払プレミアムはペイアウト金額の32％、68％の潜在利益）。または、ダブル・ノータッチの売り（どちらか一方のバリアーにヒットした場合、受取プレミアム68％が潜在利益となる。ヒットしなければ32％の損失）。

ダブル・ワンタッチ(プレミアム)＋ダブル・ノータッチ(プレミアム)＝
100%

つまり、両方が購入された場合、100%をペイアウトするためのコストは100% = 0 となる。

一方の価格がわかっていれば、もう一方の価格もわかる。たとえば、

ダブル・ノータッチ(プレミアム)＝100% − ダブル・ワンタッチ(プレミアム)

ダブル・デジタルのプライシングは、オプションの有効期間中に、いずれかのバリアに達する確率に基づく。一つのバリアよりも二つのバリアのほうが到達する可能性は高くなるので、ワンタッチ・ダブル・バリアはプレミア

図13.25　3カ月物のGBPダブル・ノータッチ・デジタル・オプションの例。バリアは1.40と1.60、支払プレミアムはペイアウト金額の68%（32%の潜在利益）、現在の外国為替レート1.50の場合

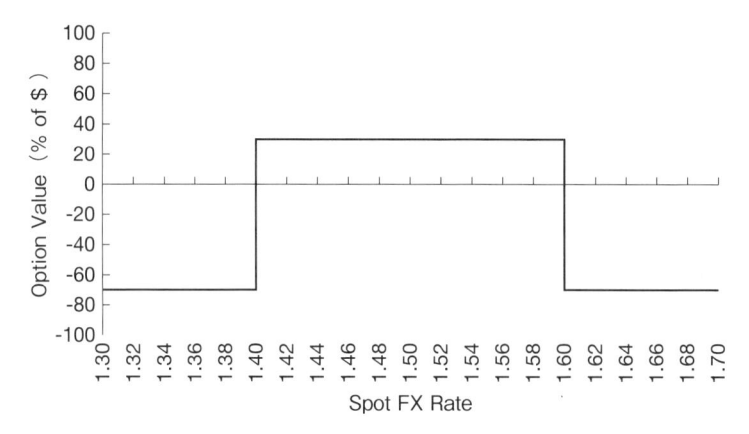

注：ダブル・ノータッチの買い（支払プレミアムはペイアウト金額の68%、いずれのバリアにもヒットしなければ32%の潜在利益）。または、ダブル・ワンタッチの売り（いずれのバリアにもヒットしなければ、受取プレミアム32%が潜在利益となる。いずれか一方のバリアにヒットした場合、68%の損失）。

ムが高くなる（ノータッチ・ダブル・バリアのプレミアムは低くなる）。図13.24の例は、3カ月の有効期間に対してプレミアムは32％であるが、同じオプションで有効期間が1年間の場合は、スポットがいずれかのバリアに到達する可能性がはるかに高くなるため、84％となる。前述した例で1.60のバリアを使用したシングル・バリア・ワンタッチは、1年間で48％にすぎない。

ダブル・デジタルは、図13.26（ロング・ダブル・ノータッチ／ショート・ダブル・ワンタッチ）および図13.27（ロング・ダブル・ワンタッチ／ショート・ダブル・ノータッチ）に示すように、ノックアウト・ダブル・バリアを通じて再現することができる。

ごくシンプルな代数学を用いて、以下を得ることができる。

+ ダブル・ノックアウト・コール + ダブル・ノックアウト・プット
= + ダブル・ノー・タッチ

図13.26　ダブル・ノックアウト・コールの買いとダブル・ノックアウト・プットの買い＝デジタル・ノータッチの買い（またはデジタル・ワンタッチの売り）

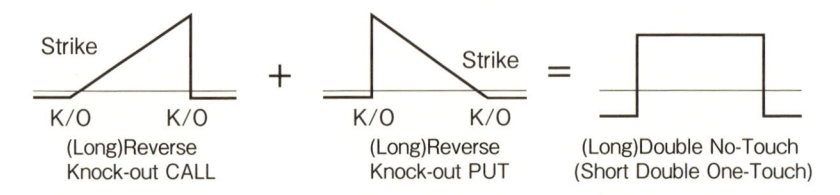

図13.27　ダブル・ノックアウト・コールの売りとダブル・ノックアウト・プットの売り＝デジタル・ワンタッチの買い（またはデジタル・ノータッチの売り）

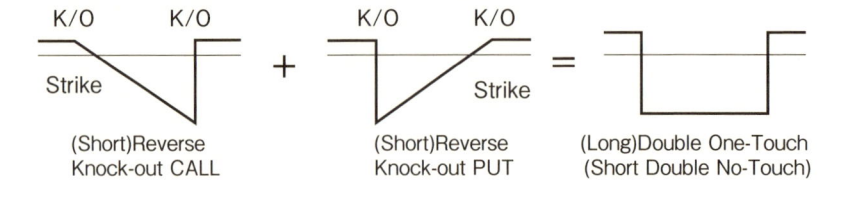

および

　－ダブル・ノックアウト・コール＋（－ダブル・ノックアウト・プット）
　＝－ダブル・ノータッチ

ここで、「＋」＝「ロング（買い）」、「－」＝「ショート（売り）」とする。
　このため、たとえば、

　ダブル・ノックアウト・コール＝ダブル・ノータッチ－ダブル・ノック
　アウト・プット
　（ダブル・ノックアウト・コールは、ロング・ダブル・ノータッチ・デ
　ジタルとショート・ダブル・ノックアウト・プットの合計と同じにな
　る）

　これらの関係を示すうえで、プレミアムの調達／収入に関する要素は無視
していることを忘れてはならない。実際は、オプション価格は、あらゆるオ
プションでも同様に、プレミアムに対する金利を考慮して自動的に（プライ
シングモデルを通して）調節される。
　このダブル・バリアとダブル・デジタルの関係は、あらゆる結果において
不連続的なペイアウト特性が限定的損失／限定的利益のシナリオをもたらす
ダブル・ノックアウト・バリアの場合にのみ成り立つ。ダブル・ノックイ
ン・バリアは、ロング・ポジションでは利益に限界がなく、ショート・ポジ
ションでは潜在的な損失に限界がないため、連続的なペイアウト特性を有し
ている。

　（原注21）　オプションの購入はプレミアムを支払うことを意味し、売却ではプ
　　　レミアムを受領するということは除く。このため、プレミアムに関する金利
　　　コスト／収入を無視することを前提とした場合にこの記述は正しいものとな
　　　る。

⑷　デジタル・コンビネーション

　デジタルは、一部の興味深い戦略を構築するために利用されている。

図13.28 デイリー・デジタル・コール・オプションでは、イン・ザ・マネーの際にあらかじめ決められた金額の支払が日々発生する

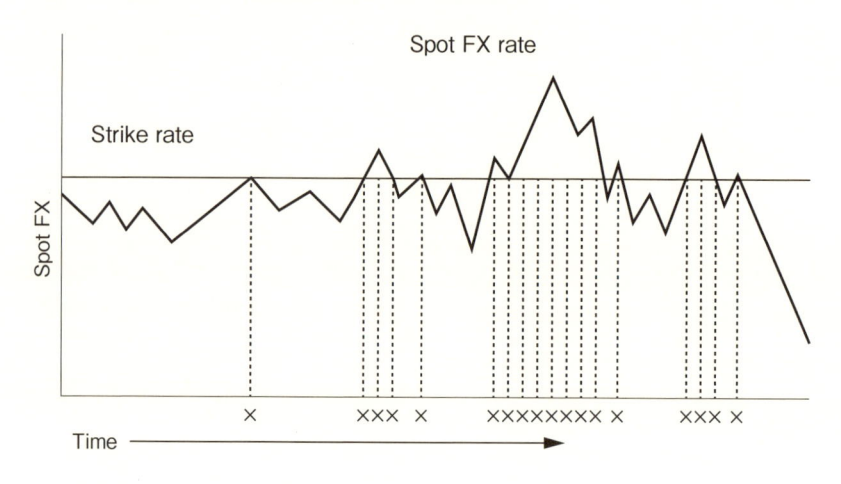

たとえば、「**デイリー・デジタル**」は、オプションがイン・ザ・マネーとなったすべての日について、事前に決められた固定金額を満期時にペイアウトするオプションである。これはアット・エクスパイアリ・デジタル・オプションのシリーズであり、デイリー・デジタルの有効期間中、毎日一つのオプションが満期となる。これは、1日当りの支払にデイリー・デジタルの日数を乗じた金額が最高リターンとなる可変ペイアウトのシナリオを提示している。潜在的損失は、通常どおり、支払プレミアムに限定されている。

図13.28では、デジタルにおいて合意された、1日当りの金額がペイアウトされる日数が18日のみとなっている。当然ながら、利益を確保するためには、この合計金額がプレミアムを上回らなければならない。総額の支払は、個々の発生日ではなく、通常このデイリー・デジタルの満期時に行われる。

「**コリドー**」または「**レンジ・アクルーアル**」オプションは、デイリー・デジタルを拡張したものである。このシリーズは、二つのデイリー・アット・エクスパイアリ・デジタル、つまり一つはコールでもう一つはプット（コールとプットのいずれかではなく）から構成されており、有効期間を通し

図13.29　スポットレートがレンジ外の場合にあらかじめ決められた金額の支払が
日々発生する、コリドー（レンジ・アクルーアル）オプションの例

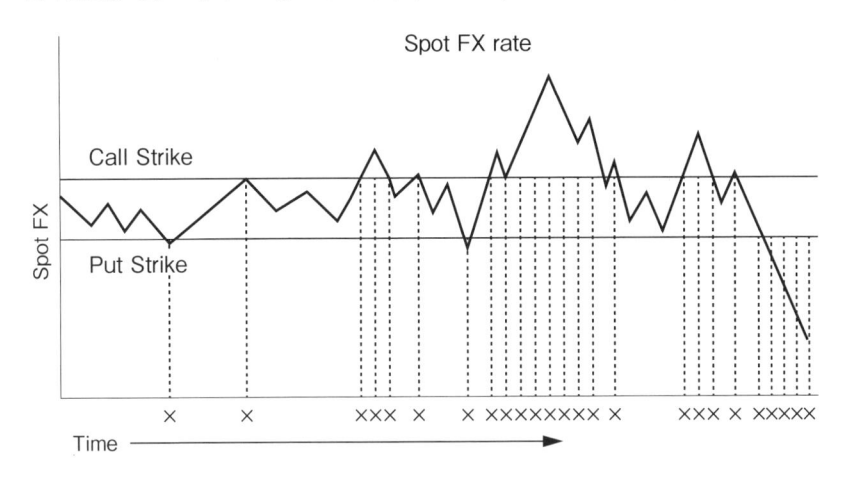

てレンジがもたらされる。コリドーは、レンジの外側または内側でのスポット取引に応じて、固定された１日当りの金額の合計を支払うように組成できる。総支払額はここでも、通常は満期時に支払われる。

　図13.29は、スポットがレンジの外側にある場合、つまりコールがイン・ザ・マネーまたはプットがイン・ザ・マネーのいずれかの場合に、ペイアウトが発生するコリドーを示している。この例では、オプションの有効期間中に、それが25回発生している。

⑸　行使価格とバリアがあるデジタル（デジタル・バリア）

　ワンタッチ・デジタル・バリアを、バリアと行使価格の両方をもつオプション（通常のノックアウトおよびノックイン）と組み合わせることによって、デジタルの仲間を拡大することができる。バリアによって、バリアに到達すると同時に、プレーン・バニラ・オプションの発生（ノックイン）または消滅（ノックアウト）がもたらされる。デジタル・ストライク・アンド・

バリアでは、ノックインはアット・エクスパイアリ・デジタルをもたらす。ノックアウトは、スポットがバリアに到達しない限り、同じくアット・エクスパイアリ・デジタルをもたらす。このタイプのノックイン・オプションは、バリアに到達し、オプションが行使価格に対してイン・ザ・マネーで終了した場合にペイアウトが発生する。同様に、ノックアウトは、バリアに到達せず、オプションがスポットに対してイン・ザ・マネーで満期を迎えた場合にペイアウトが発生する。

バリア・オプションと同様に、デジタル・ストライク・アンド・バリア・オプション（または単に「デジタル・バリア」（原注22））は、バリアに到達した時点で、原アット・エクスパイアリ・デジタルが行使価格に対してイン・ザ・マネーとなるリバースの一種になりうる。

通常のデジタルと同様に、デジタル・バリアのプレミアムも、原アット・エクスパイアリ・デジタルの100％ペイアウトに対する比率でクォートされる。これらのオプションが、市場で取引されることはまれである。

（原注22）　この章で前述したとおり、デジタル・ワンタッチは、実質的にデジタル・ノックイン・バリアである。これは、スポットレートのバリア到達という、ただ一つの事由だけでペイアウトが決まるために行使価格が不要である限りにおいて当てはまる。つまり、原資産が、固定金額の、満期時の支払である場合である。デジタル・ストライク・アンド・バリアでは、原資産は、アット・エクスパイアリ・デジタルとなり、満期時にペイアウトを受け取る事由が二つ必要になる。つまり、スポットがタッチする（ノックインの場合）か、タッチしない（ノックアウトの場合）こと、およびアット・エクスパイアリ・デジタルが満期時においてイン・ザ・マネーであること、である。

(6)　行使価格とバリアのあるダブル・デジタル（ダブル・デジタル・バリア）

デジタル・レンジの最後の段階は、デジタル・バリアにもう一つのバリアを追加し、ダブル・デジタル・バリアとすることである。ダブル・バリア同様、これにも上方と下方に一つずつ、二つのバリアが存在し、さらに行使価格があり、タイプはノックインとノックアウトの２種類のみである。ノック

インでは、原アット・エクスパイアリ・デジタルを発生させるためにいずれかのバリアに到達する必要があり、ノックアウトでは、アット・エクスパイアリ・デジタルを維持するために、いずれのバリアにも到達しないことが必要となる。

　すべてのデジタルと同様に、ダブル・デジタルも、原アット・エクスパイアリ・デジタルの100%ペイアウトに対する比率でクォートされる。これらのオプションは、市場ではごくまれにしかみられない。

⑺　デジタルの総括

　エキゾチック・オプションが台頭するなか、アット・エクスパイアリ、ワンタッチ、ノータッチおよびインスタント・ワンタッチ・デジタルは、バリア・オプションのすぐ後に続いて登場した。実際、デジタルとバリアの双方の不連続的な側面は、両者が類似した特性をもちうることを意味しており、リバース・ノックアウト・バリアとダブル・デジタルの関係も同様である。

　1996年の一時期のように外国為替レートの変動が少ない時期において、デジタルは、スポット外国為替取引からは不可能な、「何も起こらない」状況から収益をあげるために理想的な商品である。潜在的損失が固定されているという安全要因によって、動きのない時期に市場では「レンジ・バイナリー」が台頭しており、そのような市場において起こる外国為替収益の低下に対するヘッジとして、こうしたオプションが銀行などに利用された可能性は高い。外国為替のボラティリティが増加するほど、レンジ・バイナリーの人気は低下する傾向にある。

　デジタルは、通常はブックメーカーの領域にある、単純な賭け事である。ほとんどの形式の保険も同様であり、唯一の相違点は、潜在的なイベント・リスクが何かである。つまり、銀行は「デジタル」を利用して外国為替に賭け、ブックメーカーは「オッズ」を利用してあらゆる形態のスポーツに賭け、保険会社は「保険証券」を利用してあらゆる種類の災害に賭けているのだ。これらは実質的に同じことであるため、将来的には、これら三つの業界

が、競争、より低い取引コスト、不均一な税制や規制によって生み出される
サヤ取りの可能性を通じて、統合されるかもしれない。通貨オプションでは
それほどではないが、ブックメーカーと金融その他のセクターの間や、ブッ
クメーカーと保険会社の間では、すでに一部で重複が起こっている。たとえ
ば、ギャンブルが合法である英国では、外国為替レート、株価指標をはじめ
として、取引所取引が行われるほとんどの金融商品を賭けの対象とする「金
融ブックメーカー」が存在する。単に価格を賭けの対象にできるなら、ブ
ローカー手数料、取引コストや税金（印紙税）を伴う株式を購入する必要が
あるだろうか。保険市場においては、時に同等の保険証券による「保険金
額」よりも有利な「オッズ」をブックメーカーから取得することができる
ケースもある。

　この融合は、ギャンブルが非合法、非倫理的とされているか、または宗教
上の理由によって禁止されている一部の諸国では問題を生じさせる可能性が
ある。しかし、ある人にとっての賭けは別の人にとってはヘッジとなるた
め、これは結局のところ認識の問題のように思える。いずれにせよ、当面わ
れわれとしては、デジタルがオプションの一つの形態にすぎず、それゆえに
金融デリバティブとしての位置づけを許容されるであろうということで、納
得することができる。

9　コンティンジェント（ペイレイター）・オプション

　コンティンジェント・オプションは、それ自体はエキゾチック・オプショ
ンではなく、単なるアット・エクスパイアリ・デジタルとプレーン・バニ
ラ・ヨーロピアン・オプションの組合せだが、個々の関係を説明する前に、
まず仕組み取引（原注23）としての組合せの結果をみてみよう。

　コンティンジェント、またはペイレイター・オプションのプレミアムは、
オプションの行使時にのみ支払われる。開始時の支払はなく、オプションが
権利行使期日にアウト・オブ・ザ・マネーの場合、支払はゼロとなる。話が

うますぎて信じがたいだろうか。欠点はといえば、権利行使期日にオプションがイン・ザ・マネーであった場合には、プレミアムをカバーするだけの十分な本源的価値があるか否かにかかわらず、購入者がオプションを行使する義務があるということである。

コンティンジェント・オプションは開始時にプライシングされるため、オプションが行使された場合のペイレイター・プレミアムは事前にわかっている。アット・ザ・マネー・ペイレイター・オプションは、行使価格、満期およびボラティリティ次第で、同等の通常のヨーロピアン・オプションの2倍を超えるコストがかかる可能性が高い。プライシングにおけるこの差異は、ペイレイター・オプションの購入者による、原資産である外国為替レートが一方向に大きく変動することへの期待を示唆している。しかし、外国為替レートの不利な動きに対する防御を求める多くの企業にとっては、事前にプレミアムの支払がなく、オプションがアウト・オブ・ザ・マネーで権利行使期限を迎えた場合はまったくコストが発生しないということに安心感がある。こうした結果になった場合、好ましい変動によって得られる利得を、コストをかけることなくすべて手にすることができる。

図13.30は、6カ月物のUSDコール（DEMプット）・コンティンジェント・オプションのペイアウト特性を、同じ行使価格と満期をもつプレーン・バニラ・コールのおなじみの「ホッケースティック」グラフと比較して示している。コンティンジェントのコスト4.61％は、バニラの2.19％の2倍を超えている。

図13.30の例は、USDのショート・ポジション（FXレート上昇に対する防御を必要とする）に対するヘッジとして利用できる。このようなケースでは、ヘッジをする側は、プレミアム支払がないことによる恩恵を受け、レートが1.60未満に下がった場合は、通貨をより有利なレートで交換することにより、ヘッジされていないポジションからすべての利得を手にすることができる。一方で、レートがヘッジする者にとって不利な上昇となった場合、多額のプレミアムを支払うことになるが、行使価格での権利行使により、これを総コストの「上限」とすることができる。

図13.30 コンティンジェント・オプションの例。6カ月物の1.60USDコール（DEMプット）、プレミアムは4.61%だが、権利行使期日にスポットレートが1.60以上の場合にのみ支払が発生。損益分岐点は1.6773（1.6773−1.60＝0.773/1.6773×100＝4.61%）。現在のスポットレートは1.60、ボラティリティは8％。プレーン・バニラのコール（点線、プレミアム2.19%）との比較も示している

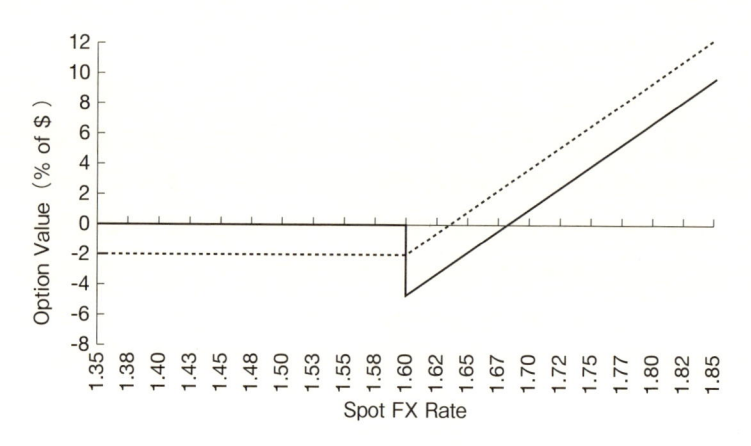

オプションがイン・ザ・マネーの場合に固定の事前に定められた金額を支払うということは、前項で説明したデジタル（アット・エクスパイアリ）・オプションと少し似ているように思われる。これらには二つの違いがある。

(1) コンティンジェント・オプションは、通常のヨーロピアン・オプションのように、通貨を行使価格で引き渡す（デジタルは異なる）。

(2) デジタルには、通常のヨーロピアン・オプションと類似した開始時のプレミアムがある（コンティンジェントにはない）。

コンティンジェント・オプションのプレミアムの金額は事前に定められるため、オプションが権利行使期日にイン・ザ・マネーの場合に同じ固定金額をペイアウトするデジタル・オプションを購入することが可能であり、同じ行使価格、金額および満期日を使用することができる。以下の例はこれを示している。

■例

⑴ 行使価格1.60（DEM／USD）、権利行使期日まで6カ月のコンティ
ンジェントUSDコール（DEMプット）を1,000万USD購入する。権利
行使期日にスポットが1.60を超えている場合、プレミアム46万
1,000USDを支払う。

⑵ 行使価格1.60（DEM／USD）、権利行使期日まで6カ月、権利行使
期日のスポットが1.60を超えている場合に固定金額46万1,000USDが
支払われるデジタルUSDコール（DEMプット）を購入する。プレミア
ムは21万9,000USD。

［権利行使期日における結果］

・スポットが1.60未満

⑴ 行使なし、プレミアム支払なし、コスト＝0

⑵ ペイアウトなし、プレミアム支払ずみ、コスト＝21万9,000USD。

最終結果：当初の支払21万9,000USD。

・スポットが1.60超

⑴ オプションを行使、通貨で決済、プレミアム46万1,000USDを支
払。

⑵ 固定金額46万1,000USDを受領、通貨の決済なし、プレミアム21万
9,000USD支払ずみ。

最終結果：通貨決済、固定支払ゼロ、当初の支払21万9,000USD。

行使価格レベルの1.60の上下における二つの最終結果をみると、読者は通
常のヨーロピアン・タイプの1.60USDコール（DEMプット）を期間6カ月、
プレミアム21万9,000USDで購入したのとまったく同じ状況が存在すること
に気づくであろう。このため、アット・エクスパイアリ・デジタルとコン
ティンジェント・オプションの間には、以下のように簡単に表すことのでき
る直接的な関係が存在する。

コンティンジェント・オプション＋アット・エクスパイアリ・デジタル・オプション＝プレーン・バニラ

　別の言い方をすると、コンティンジェント・オプションは、（売却された）アット・エクスパイアリ・デジタルとプレーン・バニラ・オプションの合計にすぎず、その組合せがもつ潜在的な利点を示しているのである。

　コンティンジェントの購入者は、オプションが権利行使期日にイン・ザ・マネーの場合にのみプレミアムを支払う。それがこの商品の主たる特徴だ。しかし、先ほど例にあげた、USDのショート・ポジションが存在する状況で（たとえばドイツの輸入業者）、原資産である外国為替レートの上昇に備えた防御のために、コンティンジェント・コール・オプションを購入してヘッジを行う場合を考えてみよう。プレミアムは、原ポジションに対してレートが不利な方向（USDの上昇）に動いたときに支払われる。権利行使期日にオプションがアウト・オブ・ザ・マネーであった場合、つまり外国為替レートがポジションに対して有利な方向（USD下落）に動いた場合に、プレミアムを支払ったほうがよくはないだろうか。そのような状況では、プレミアム・コストを原ポジションの利得を活かして削減することができる。「真の」コンティンジェント・オプションとはいえないが、このような戦略は、アット・エクスパイアリ・デジタルのコールではなく、プットを利用することによって簡単に組成することができる。

■例

(1)　6カ月物のプレーン・バニラの1.60USDコール（DEMプット）を2.19％で購入。

(2)　アット・エクスパイアリ1.60USDプット（DEMコール）・デジタルを47.5％（ペイアウト100％に対し）で売却。現在受領するプレミアムは2.19％（上記(1)支払のため）であるため、スポットが権利行使期日に1.60以下である場合、デジタルのペイアウトは4.61％となる（2.19％／47.5×100）。

これで、ヘッジする者はスポットが権利行使期日に1.60以上となった場合のコストが不要となり、このレートにおいて完全にヘッジされることとなる。1.60未満の場合は、デジタルのペイアウト4.61%を被るが、その損失は原資産である1.60でのUSDショート・ポジションによって低減される。図13.31は、この組合せによるペイアウトのグラフを示している。

図13.31から、ロング・バニラ・コール、ショート・デジタル・プットおよび原外国為替のショートを組み合わせたポジションは、ロング・コンティンジェント・プットと同じであることがわかる。これは実際、プット・コール・パリティによる、合成ロング・コンティンジェント・プットである。

前述の例のように、純コストである4.61%は、合成バニラ・プットのコスト2.19%の2倍を超えているが、この戦略には1.60を上回るすべてのレート

図13.31　6カ月物の1.60USDコール（DEMプット）の買い（プレミアム2.19%）、6カ月物の1.60デジタルUSDプット（DEMコール）の売り（プレミアムはペイアウト額の47.5%、すなわち4.61%のペイアウトに対して2.19%）、原資産の1.60でUSD売り（DEM買い）の合成。損益分岐点は1.5294（1.60−1.5294＝0.0706/1.5294×100＝4.61%）。現在のスポットレート1.60、ボラティリティ8%の場合。プレーン・バニラのコール（プレミアム2.19%）と原資産である外国為替のショート・ポジション＝合成プット注（点線）との比較も示している

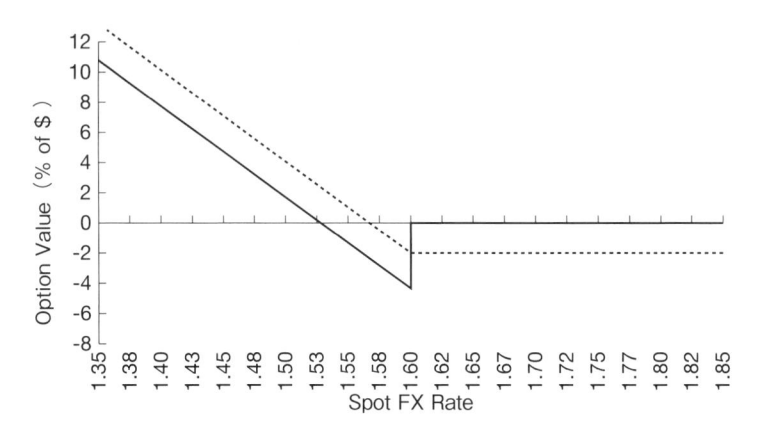

注：プット・コール・パリティ（第4章）により、＋Call−FX＝＋Put（コールの購入とFXの売りはプットの購入に等しい）。

において全額がカバーされ、しかも、ヘッジする者にとってコストがゼロとなるメリットがある。

（原注23）「仕組み取引」（structured transaction）とは、通常は異なる種類のオプションの組合せ、またはオプションとその他の金融商品の組合せで、特定の呼称（名前）をもたないものを指す。仕組み取引は、通常は特定の顧客の要求を満たすために組成され、二つ以上の原市場にまたがることが多い。

10 ルックバック（オプティマル、ミニマム／マキシマム）・オプション

経路依存型のもう一つのオプション、ルックバック・コール・オプションは、オプションの有効期間中に発生する最も低いスポットレートで買う機会を購入者に付与する。同様に、ルックバック・プット・オプションは、最も高いスポットレートで売る機会を付与する。これは、権利行使期日の行使価格を最低（コールの場合）または最高（プットの場合）のスポットレートに設定することによって行われる。FENICSでは、これを「オプティマル・ストライク」オプションと呼んでおり、一方、「オプティマル・レート」オプションでは、購入者が事前に決められた行使価格に対して、最低スポットレート（プットの場合）または最高スポットレート（コールの場合）を適用することができるようになっている（アベレージ・レート・オプションやアベレージ・ストライク・オプションで利用される方法に多少類似している）。このため、たとえば、オプティマル・オプションの有効期間中に発生した最低レートは、オプティマル・ストライク・コール・オプションの行使価格、またはオプティマル・レート・プット・オプション（事前に決められた行使価格）のプット・レートとして設定される。通常の方法は、行使価格を「ルックバック」オプションと同じに設定するものである。

理論上、ルックバック・オプションの利用には、多大なる利点がある。たとえば、企業は、存在した最もよいレートで取引する保証を得ることができ、株主を黙らせることができる。問題はコストであり、ルックバック・オ

プションは、ボラティリティとルックバックの期間次第では、通常のヨーロピアン・オプションに比べ、100%以上高コストになることがある。そのため、市場のボラティリティがそのコストに見合うほど十分に高いことを、購入者が確信する必要がある。

ルックバック・ストラドルは、通貨を最低レートで購入し、最高レートで売却することができる、「ハイ・ロー」オプションを購入者に付与する。ペイアウトは、二つの行使価格の差異となる。ハイ・ロー・オプションの購入者は、将来の市場ボラティリティが、ルックバック・ストラドルのインプライド・ボラティリティよりも高くなることに賭けているのだ。このような戦略は同じレースですべての馬に賭けたうえで、「アウトサイダー」（原注24）が勝つことを期待することに似ている。

ルックバック・オプションは、常に低い価格で購入、または高い価格で売却できる（「ノー・リグレット」オプションとも呼ばれている）という、その「理想的な」ヘッジ品質によって、理論家から高く評価されているが、プレミアム・コストの高さのため、実際に行われる取引はごく少数である。ほとんどの企業の財務担当者は、防御拡大のためにプレミアムを増やすことより、プレミアムの削減を念頭に置いている（たとえオプションによる防御について多少の譲歩を許容するとしても。たとえば、バリア・オプション）。

ルックバック・オプションは通貨オプションのインターバンク市場では、ごくまれにしか取引されていない。

（原注24）　賭け事の業界用語では、アウトサイダーは勝つ可能性がほとんどない（ごく「わずかな」可能性しかない）ものを意味し、そのために勝ちに対するオッズが高くなる。低デルタのオプションと同様の原理である。

11　クリケット・オプション

クリケット・オプションは、固定した行使価格をもつプレーン・バニラ・オプションとして開始し、その後、事前に設定された一連の日付において、

行使価格がリセットされ、原資産である外国為替レートと同じになる。行使価格がリセットされるたびに、プラスの本源的価値が確定する。リセット日にオプションがアウト・オブ・ザ・マネーである場合は、行使価格がより有利なレベル（コールの場合は下方、プットの場合は上方）に設定される以外には何も起こらない。

たとえば、最初の行使価格を1.60（アット・ザ・マネー、スポット）、四半期ごとのリセット日を3月15日、6月15日、9月15日の3回とし、12月15日を権利行使期日とする1年物のUSDコール（DEMプット）のクリケット・オプションを考えてみよう。最初の3カ月間、オプションは、行使価格を1.60とする通常のヨーロピアン・オプションのような働きをする。3カ月経過後の3月15日に、スポットが1.65となり、オプションが500DEMポイント（0.05DEM、または、5ペニヒ（原注25））の本源的価値をもつと仮定しよう。この500ポイントの金額は確定され、行使価格はリセットされ、6月15日までの次の3カ月間1.65となる。次に2期目の3カ月間で、USDが1.62に下がったとしよう。この場合、USD・コールは3ビッグ・フィギュア、つまり300ポイントのアウト・オブ・ザ・マネーとなり、本源的価値は発生しない。このため、すでに「バッグのなか」にある500ポイントには何も加算されない。しかし、9月15日までの次の3カ月間の行使価格はリセットされ、1.62に下げられる。9月15日までに、USDが1.68まで大幅に上昇したと仮定すると、オプションは600ポイントの本源的価値をもち、これがすでに計上された500ポイントに加算され、合計1,100ポイント、つまり1USD当り11ペニヒとなる。行使価格は再びリセットされ、12月15日の満期日まで残る3カ月間1.68となる。12月15日にはスポットが1.70となり、オプションがさらに200ポイントの本源的価値を積み増すと想定する。このため、合計ペイアウトは、1,300ポイント（500＋600＋200）、つまり1USD当り13ペニヒとなり、その金額がこの時点でオプションの購入者に支払われる。図13.32は、この例をグラフによって示している。

上記の例のクリケット・オプションの購入者は、1年物のプレーン・バニ

ラ・オプションを最初の行使価格1.60で購入することもできるが、その場合のペイアウトは、クリケット・オプションの1,300に対し、権利行使期日のスポット1.70によって1,000ポイントとなる。

本質的に、クリケット・オプションは、先に説明したフォワード・スタート・オプションをひとつなぎにし、最初の期のプレーン・バニラを加えたものである。図13.33は、これをグラフによって示している。唯一の相違点は、一連のフォワード・スタートは、一連の有効期間のなかで本源的価値に相当する金額を生み出し、その資金を利用した金利収入を得られる可能性があることである。クリケットは、累積した本源的価値の合計が権利行使期日に支払われるだけである。

クリケット・オプションは、原資産である外国為替レートの上昇（クリケット・コールの場合）または下落（クリケット・プットの場合）に対して、利益を確定する特徴を含んでいるため、有用な場合がある。多くの戦略において、オプションが権利行使期日を迎えるまでに途中の利益が消滅してしまい、もっと早く利益を確保できていればと所有者が願う状況があまりにも頻繁に起こる。クリケット・オプションは、外国為替レートが有利（高いまたは低い）な時と、行使価格をリセットする日が一致することを前提に、これを実現する一つの方法となっている。問題はコストで、ルックバックほど高くはないものの、クリケットは、同等のプレーン・バニラと比較して、非常に高コストになりうる。

クリケット・オプションは、外国為替においてはまれにしかみられないが、株式、債券または金利を含む仕組み取引の一部として利用されることがある。一部の書籍や、外国為替以外の市場では、クリケットは時にラチェット・オプションと呼ばれているが、これは非常に残念なことで、ラチェットは別の商品であるラダー・オプション（原注26）の別名になっている（以下参照）。

（原注25）　1ペニヒは1DEMの100分の1である。
（原注26）　英国銀行協会の定義によれば、ラチェット・オプションはラダー・

図13.32 クリケット・オプションの例。USDコール（DEMプット）で、初期の権利行使価格は1.60。権利行使期日までに、ほかに3日間の権利行使価格のリセット日がある。本源的価値の蓄積も示されている

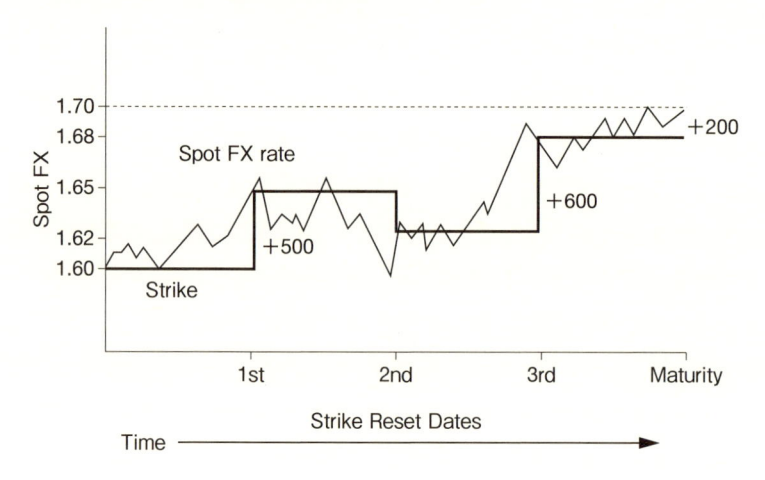

図13.33 クリケット・オプションの例。USDコール（DEMプット）で、初期の権利行使価格は1.60。1.60のプレーン・バニラ・オプションと3個のフォワード・スタート・オプションから組成される

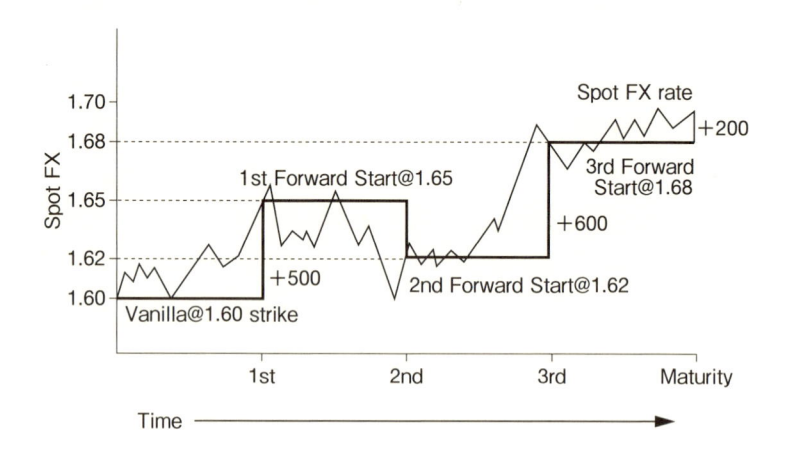

オプションと同じものである。

12 ラダー（ラチェット）・オプション

ラダー（またはラチェット）・オプションは、固定された行使価格のバニラ・オプションとして開始するが、行使価格は、事前に定められたスポットのレベルにおいてリセットされ、原資産である外国為替レートと同じになる。行使価格がリセットされるたびに、本源的価値はそれまでの行使価格から確定する。ラダーは、事前に定められた日に本源的価値（もしあれば）が確定するクリケットと方式が多少類似している。

たとえば、1年物のラダーUSDコール（DEMプット）・オプションの購入者が、当初の行使価格をスポットレートのアット・ザ・マネーである1.60に設定し、事前に定める四つのリセット行使価格を2ペニヒの間隔で設定したと仮定しよう。すると200FXポイントのロックイン・レベル四つと最終行使価格1.68が発生する。この最後の、そして最高の行使価格は、権利行使時において追加の本源的価値が得られる通常のプレーン・バニラ・オプションである。では、USDが、オプションの有効期間中に上昇し、最高で1.6780に到達したと仮定してみよう。購入者は、スポットが権利行使期日にいくらで終了したかにかかわらず、1.62、1.64、1.66の三つのレベルそれぞれで200ポイント、計600ポイントを確定することになる（図13.34参照）。

この例では、スポットが1.64で終了し、当初の行使レート1.60から400ポイント上回っただけで、プレーン・バニラ・ヨーロピアン・オプションでは、プレミアムを無視すればこれがペイアウトとなる。600ポイントとなるラダーは、このケースでは明らかにより有利な選択肢だ。

クリケット・オプションと同様に、ラダーも原資産である外国為替レートの上昇（ラダー・コールの場合）または下落（ラダー・プットの場合）時に利益を確定できる特徴をもつことにより、有用な場合がある。これを実現するうえで、ラダー・オプションは一連の日付ではなく、実際のスポットレベル

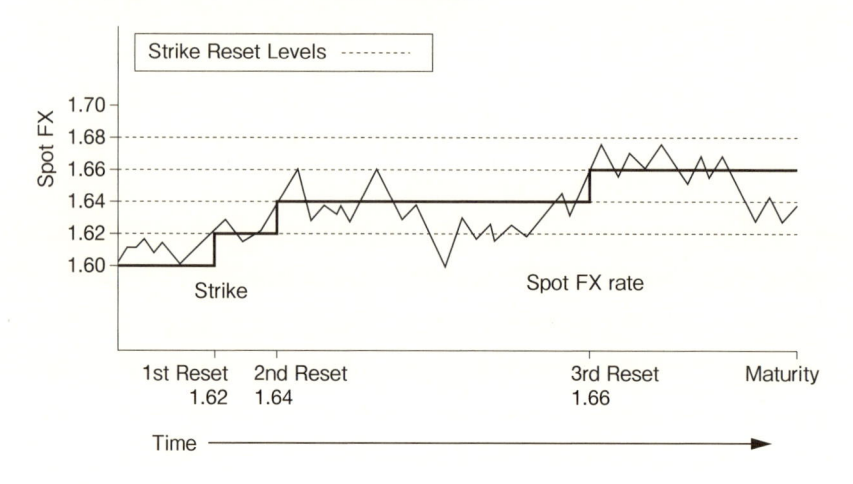

図13.34　ラダー・オプションの例。USDコール（DEMプット）、当初の権利行使価格は1.60で、権利行使期日までにほかに４つの権利行使価格のリセット・レート（1.62、1.64、1.66、1.68）がある場合

を使用するため、クリケットより一歩進んでいる。しかし、クリケットには、より低い行使価格（コールの場合）またはより高い行使価格（プットの場合）を確定することができるという利点があり、一方、ラダーの行使価格は、ラダー・コールでは上方、プットでは下方の一方向にしかリセットされない。この点で、購入者にとって幸運にも原外国為替レートが大幅に変動し、行使価格リセット日の近くで極端な高値と低値をつけた場合、クリケットはラダーよりもより有効に働く可能性が非常に高い。図13.35は、ラダーの600FXポイントに対し、クリケットのペイアウトが合計1,300FXポイントとなるケースを示している。

　ラダーは、外国為替レートが事前に定められたレベルに到達した場合にのみ行使価格が設定されるという点を除けば、ルックバックと似た部分がある。ルックバックでは、外国為替レートがより高くなるたび（プットの場合）、または、より低くなるたびに（コールの場合）、行使価格のリセットが行われる。

図13.35　ラダー・オプションの例。USDコール（DEMプット）、当初の権利行使価格は1.60で、権利行使期日までにほかに４つの権利行使価格のリセット・レート（1.62、1.64、1.66、1.68）がある場合。同じ当初権利行使価格と３日間の権利行使価格リセット日をもつクリケット・オプションとの比較も示されている

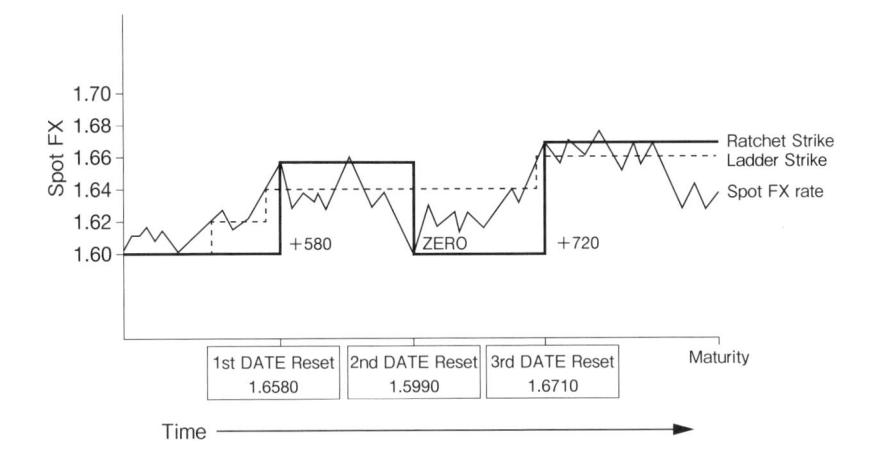

上記で説明した例のラダー・オプションには、いつの時点においても、（バニラ・オプションと同様に）権利行使期日に適用できる行使レートが常に存在する。そのようなかたちで、その時点における本源的価値が実現される。もしこの特徴をなしですまそうとするなら、スポットが事前に定められたレベルに到達した場合に、それぞれの行使価格の間の差異（上記の例では200FXポイント）をペイアウトするように設定された一連のワンタッチ・デジタルを通じて、ラダー・オプションを構成することができる。それぞれの行使価格の間で本源的価値を確保する必要があるのであれば、三つのオプションの購入によってラダー・オプションを構成することができる。

(1)　（ロング）リバース・ノックアウトで、行使価格を１番目（開始時）の権利行使価格とし、バリアを二つ目の権利行使価格とする。

(2)　（ロング）プレーン・バニラで、権利行使価格を２番目の権利行使価格とする（アウト・オブ・ザ・マネー）。

(3) （ロング）ワンタッチ・デジタルで、2番目のレベルの権利行使価格で確定ペイアウト（権利行使価格2 − 権利行使価格1）する。

これによって、ラダーの最初の段階が完了、または1段のはしご（ラダー）がつくられる。これに続く権利行使価格（段）がある場合は、以下を追加することで2段目ができる。

(4) （ショート）リバース・ノックインで、権利行使価格を2番目の行使価格とし、バリアを3番目の権利行使価格とする。

(5) （ロング）ワンタッチ・デジタルで、3番目のレベルの権利行使価格で確定ペイアウト（権利行使価格3 − 権利行使価格2）する。

(6) （ロング）プレーン・バニラで、3番目の権利行使価格を権利行使価格とする（アウト・オブ・ザ・マネー）。

(4)(5)(6)は、その後の段においても反復が可能だ。図13.36は、上述の例で使用したラダーに一致するそれぞれのペイアウトのグラフを示している。

図13.36において、プレーン・バニラのロング(2)とリバース・ノックインのショート(4)を組み合わせると、バリア・パリティ（本章で前述した「バリア」参照）によって、以下のようにリバース・ノックアウトのロングと同じになるのも興味深い。

ノックアウト・オプション＋ノックイン・オプション＝通常のヨーロピアン・オプション（権利行使価格、トリガー、金額、および日付が同じであることを前提とする）

したがって、

通常のヨーロピアン・オプション − ノックイン・オプション＝ノックアウト・オプション

このケースでは、権利行使期日の本源的価値の支払を保証するためにプレーン・バニラが必要となる最後の段を除き、ラダーの途中のすべての段についてロング・リバース・ノックアウトを代用として使うことができる。

図13.36 当初の権利行使価格1.60のラダーUSDコール（DEMプット）をバリア・オプション、プレーン・バニラ、デジタル・オプションを使って組成する方法を示す

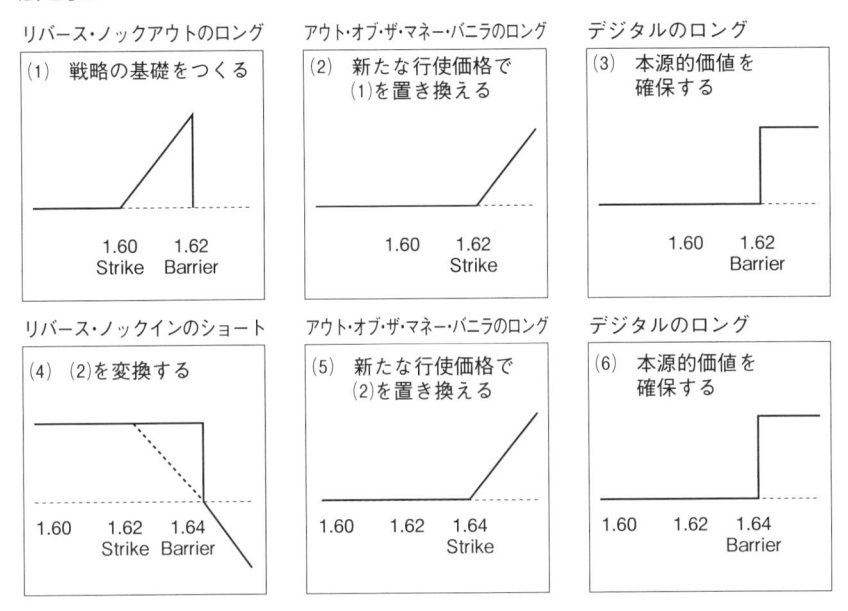

ラダーについてある程度の詳細な考察を行ってきたが、その趣旨は、繰り返しとなるが、これが他のオプション（このケースではほとんどエキゾチック）を利用して構築できる戦略であることを示すことにある。ラダー・オプションは、同等のプレーン・バニラと比較し、プレミアムの点で非常に高価になることが通常であり、外国為替ではまれにしかみられないが、クリケットと同様に、その他のリスク商品を伴う仕組み取引の一部を形成することがある。

13 シャウト・オプション

　シャウト・オプションは、クリケットおよびラダー・オプションの「ロックイン」特性に、もう一つの仕掛けを加えたものだ。クリケットでは、行使

価格が一連の事前に定められた日付にリセットされ、ラダーでは事前に定められた外国為替レートでリセットされ、いずれのケースでも本源的価値があればそれが確定される。シャウト・オプションでは、購入者が行使価格をリセットしたい時にリセットされ、やはりその時点で本源的価値が確定する。その時点で、購入者は最終的に最も有利と考えるレベルにおいて行使価格をリセットすることを、売却者に対し「シャウト（叫ぶ）」する。たとえば、シャウト・USDコール（DEMプット）・オプションの購入者が、当初の行使価格をスポットレートに対しアット・ザ・マネーである1.60に設定し、その後の変動を経て、スポットレートが1.67に達したと想定しよう。この時点で、オプションの購入者が売却者に対し、権利行使価格を1.67にリセットすることを「シャウト」し、本源的価値を700FXポイントで確定したいと考えるかもしれない。この瞬間以降、オプションは新たに権利行使価格を1.67とするプレーン・バニラのような働きをする。

図13.37は、オプションの権利行使期日にスポットが1.70に接近し、ロッ

図13.37　当初の権利行使価格1.60のシャウトUSDコール（DEMプット）。スポットレートが1.67になったときに「シャウト（行使価格の変更を宣言）」できる権利をもつ

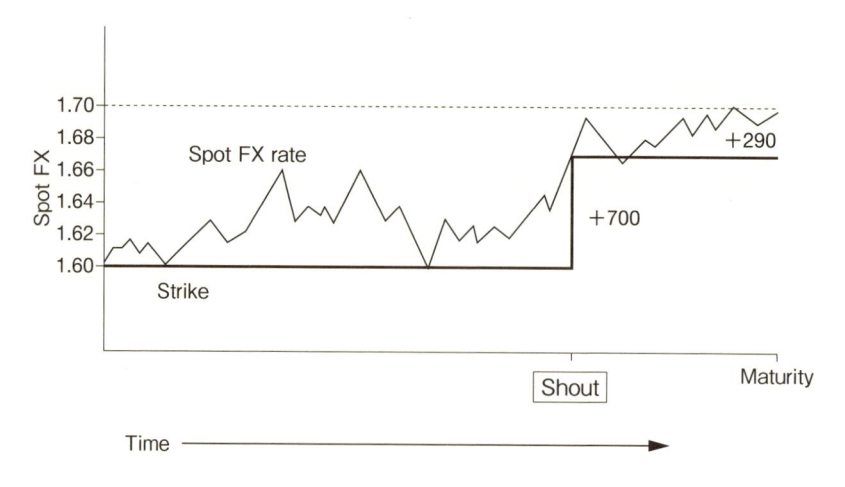

クインされた700に最後の本源的価値（このケースでは290FXポイント）が加算され、合計990FXポイントがペイアウトされる例を示している。

　クリケットおよびラダー・オプションと同様に、シャウト・オプションも、原資産である外国為替レートの上昇（ラダー・コール）または下落（ラダー・プット）の場合に利益を固定できるため、有用となりうる。シャウト・オプションは、いつ、どのレートでリセットするかという責任を購入者に移転しており、そうした理由からシャウト・オプションはラダー・オプションよりも低コストとなりうるのである。シャウト・オプションは、外国為替ではまれにしかみられない。

14　マルチファクター・オプション

　マルチファクター・オプションは、二つ以上の原資産である外国為替レートの価格に依存するペイアウト特性を有し、さまざまなタイプが存在するため、そのうちよく知られているものについて以下で詳細を説明する。さまざまなタイプをみる前に、読者には、これらのオプションのプライシングの主要な要素は、二つ以上の通貨ペアの間の相関関係であることに注意してもらいたい。通貨オプションでは、幸いなことに、さまざまな通貨ペアの取引された（インプライド）ボラティリティに関する非常に流動的な市場がいくつか存在し、それが予想される将来の相関関係を示してくれる。たとえば、通常のスポットまたはフォワードでは、二つのUSDレートからクロスレート（原注27）を算定することができる。通貨オプションでは、三つの構成ペアの取引されたボラティリティから、所定の通貨ペアの相関関係を算定することができる。たとえば、GBP／USD、USD／DEM、およびGBP／DEMの三つのペアは、流動性のある市場を有し、取引されたボラティリティはそれぞれ12%、10%、8％となる。

$$GBP/DEM\,相関係数 = \frac{(GBP/USD\ Vol)^2 + (USD/DEM\ Vol)^2 - (GBP/DEM\ Vol)^2}{2 \times GBP/USD\ Vol \times USD/DEM\ Vol}$$

GBPとDEMの予想相関係数は75％と算定できる。

$$GBP/DEM\,相関係数 = \frac{144 + 100 - 64}{2 \times 12 \times 10} = \frac{180}{240} = 75\%$$

もしある通貨ペアの相関係数がわかっているか、または予測できるとすれば、他の二つのボラティリティに基づき、そのペアの取引されたボラティリティを算定することができる。上記の公式のこのバージョンは、容易に利用できるボラティリティがないオプションの値決めに幅広く用いられている。たとえば、USDはタイバーツ（THB）やインドネシアルピア（IDR）に対してかなり活発に取引されているが、タイバーツとインドネシアルピアのクロスレートは流動性が低い。オプション・トレーダーは、USD／THB、およびUSD／IDRのボラティリティをもとに、THB／IDRの相関係数の過去の推移を利用して、そのクロスレートのオプションのプライシングをするために必要なボラティリティを算定することができる。

　以下のマルチファクター・オプションは最も一般的なものだが、（バスケット・オプションを例外として）外国為替だけのデリバティブとして使用されることはほとんどなく、多くは、他の市場のデリバティブと組み合わせて仕組み取引を構成する。

（原注27）「クロスレート」は通常、いずれの通貨もUSDではない通貨ペアを指す。たとえば、GBP、DEM、USDの３通貨によって、GBP／USD、USD／DEM、GBP／DEMの３種類の外国為替レートを得ることができる。GBP／DEMのペアは、他の二つのペアから導くことのできるクロスレートである。

(1)　バスケット・オプション

　多国籍企業は、多くの通貨建てでの外国為替リスクを抱える傾向がある。

このリスクのヘッジは、それぞれの通貨のオプションを購入するか、または、すべての通貨の「バスケット」をカバーする一つのオプションを購入することで実現できる。

　バスケット・オプションは、通常のヨーロピアン・オプションと同様の働きをするが、購入者が指定する通貨（通常は会計通貨）に対して重みづけをした各通貨の価値に基づいて行使価格が決まる点のみが異なっている。たとえば、USDを基本通貨とする企業が、現時点の価値で1,000万USD相当の通貨残高を保有していると仮定しよう。アット・ザ・マネー（スポット）・バスケット・プット・オプションは、1,000万USDの行使価格で、アウト・オブ・ザ・マネーのプットの行使価格が900万USDなどということになる。行使において、購入者は、行使価格で通貨のバスケットを売却（プット）し、USDを購入（コール）する権利をもつ。通常、権利行使期日の本源的価値は、通貨の交換ではなく、現金決済で実現する。おもな利点は、通貨バスケットは個々の構成通貨と比較してボラティリティが低く、そのためにバスケット・オプションのプレミアムが低くなることである。プレミアム・コストの節減はバスケットの構成および個々の通貨の相関関係の程度によって異なるが、25〜35％程度の節減が一般的である。

　このシナリオは、プレミアムの低減が、ボラティリティを低下させるためのグループ化によって実現できる点でAVROと類似している。AVROでは、日ごと、週ごとまたは月ごとにオプションが足し合わされるが、バスケット・オプションでは、通貨が足し合わされている。しかし、アベレージ・レート・バスケット・オプションを利用することも可能なのである。バスケット・オプションは、購入者がすべての異なる通貨価値を一体としてみる場合に、多通貨リスクを管理するための非常に効率的な方法である。たとえば、さまざまな通貨に投資しているが、パフォーマンスをトータルで報告するファンドマネージャーのような場合である。

　そのほかの場合においては、バスケット・オプションは必ずしも最高の解決策となるわけではない。購入者が、個々のオプションを10個購入し、権利

行使期日に六つがアウト・オブ・ザ・マネー、四つがイン・ザ・マネーとなったと仮定しよう（同時に、10通貨を含むバスケット・オプションが、権利行使期日にアウト・オブ・ザ・マネーだったと仮定する）。一つ目のケースでは、購入者は、四つのイン・ザ・マネーのオプションを行使していくらかの金額を手にすることができるが、バスケット・オプションの収益はゼロである。

問題は、行使によって得られる金額が、10件のオプション合計と一つのバスケットの間のプレミアムの差異よりも大きいか否かである。

バスケット・オプションは、現状よりも、もっと人気があってしかるべきだが、プレミアム節減を考えれば、将来的には、より多くの企業顧客がこの市場に参入することが予想される。そうなるかどうかは、おもに教育の問題である。

⑵ デュアル・ファクター（アウトパフォーマンス）・オプション

デュアル・ファクター（またはデュアル・アセット、もしくはツー・カラー・レインボー）・オプションは、二つの異なる投資のうち、一つの基準（すなわち現金）に対して有利なほうについてペイアウトする。

たとえば、ある投機家はUSDが大幅に下落すると考えているものの、DEMとGBPのいずれに投資するべきか迷っているとする。デュアル・カレンシーDEM／GBPコール・オプション（USDプット）は、二つの外国為替レート（DEM／USDとGBP／USD）のうち有利なほう、つまり大きく動いたほうについてペイアウトする。このオプションは、二つのオプションを買うよりは安いが、一つのみを買うよりは高い。

⑶ レインボー・オプション

レインボー・オプションは、時にマルチ・ファクター（またはマルチ・アセット）とも呼ばれ、デュアル・アセット・オプションとも類似しているが、支払が三つ以上の通貨、資産、投資などのうち、最も有利なものについて行われる点のみ異なっている。したがって、バスケットは一種のレイン

ボーのようなものだが、違いは、バスケット内のペイアウトが、構成通貨の
うち最大のリターンではなく、加重平均に基づいているという点である。

⑷ クォント・オプション

クォント・オプションのペイアウトは、原資産価格の変動だけではなく、
その変動によって生み出される規模または金額にも依存する。この名称は、
「クォンティティ・アジャステッド・オプション」を省略したものである。
クォントは、海外株式市場における投資によって外国為替リスクが発生する
場合のファンド・マネジメントに広く利用されており、外国為替の商品とい
うよりも、外国為替リスクを除去する株式ベースの商品である。

15 未来を考える

未来においては、特定の要因が金融市場を支配するであろう。一つはオプ
ションであり、もう一つは外国為替リスクのマネジメントである。もはや株
主に対して「外国為替レートの不利な変動」のために利益が減少した、と説
明するだけではすまなくなるだろう。外国為替リスクを管理するツールはす
でに存在しており、現在欠如しているのは、オプションやそのデリバティブ
などといったツールの幅広い利用だけである。

新たなミレニアムに突入するにあたってオプション市場に参加する若い
人々は、よりこの商品に適応し、最終的に現在多くの企業の体制において実
体化している抵抗感を取り除いてくれるかもしれない。今日でさえも、オプ
ションについて呈される反対意見のなかで最も多いのが「リスクが高すぎ
る！」というものだ。何もしないで外国為替レートのせいにしたほうがよ
い、という主義は、将来においては通用しなくなるだろう。

仮にボラティリティがゼロであれば、オプションは無料だということを忘
れてはならない。新しいミレニアムの最初の数年間は、フリーランチ（ただ
で手に入るもの）はないだろうが、オプションやそのあらゆる種類のデリバ

ティブはすっかり定着している。リスクは、リスクとして精査され、銀行、保険または……ブックメーキングを問わず、金融リスクを伴うあらゆる業界を横断して、規則、規制やコンプライアンス手順がますます統合されてゆくだろう。

　成り行きを見守るとしよう！

事項索引

通貨オプション入門

2018年8月15日　第1刷発行
2024年8月8日　第2刷発行

著　者　Alan Hicks
監訳者　一般社団法人金融先物取引業協会
発行者　加　藤　一　浩
印刷所　株式会社太平印刷社

〒160-8520　東京都新宿区南元町19
発　行　所　一般社団法人 金融財政事情研究会
企画・制作・販売　株式会社きんざい
出版部　TEL 03(3355)2251　FAX 03(3357)7416
販売受付　TEL 03(3358)2891　FAX 03(3358)0037
URL http://www.kinzai.jp/

※2023年4月1日より企画・制作・販売は株式会社きんざいから一般社団法人
金融財政事情研究会に移管されました。なお連絡先は上記と変わりません。

ISBN978-4-322-13061-4